Capa da cópia de 1471 do livro *Confissões de Santo Agostinho*.

Conheça os títulos da coleção SÉRIE OURO:

365 REFLEXÕES ESTOICAS
1984
A ARTE DA GUERRA
A DIVINA COMÉDIA - INFERNO
A DIVINA COMÉDIA - PURGATÓRIO
A DIVINA COMÉDIA - PARAÍSO
A IMITAÇÃO DE CRISTO
A INTERPRETAÇÃO DOS SONHOS
A METAMORFOSE
A MORTE DE IVAN ILITCH
A ORIGEM DAS ESPÉCIES
A REVOLUÇÃO DOS BICHOS
ALICE NO PAÍS DAS MARAVILHAS
ALICE ATRAVÉS DO ESPELHO
ANNA KARENINA
CARTAS A MILENA
CONFISSÕES DE SANTO AGOSTINHO
CONTOS DE FADAS ANDERSEN
CRIME E CASTIGO
DOM CASMURRO
DOM QUIXOTE
FAUSTO
GARGÂNTUA & PATAGRUEL
MEDITAÇÕES
MEMÓRIAS PÓSTUMAS DE BRÁS CUBAS
MITOLOGIA GREGA E ROMANA
NOITES BRANCAS
O CAIBALION
O DIÁRIO DE ANNE FRANK
O IDIOTA
O JARDIM SECRETO
O LIVRO DOS CINCO ANÉIS
O MORRO DOS VENTOS UIVANTES
O PEQUENO PRÍNCIPE
O PEREGRINO
O PRÍNCIPE
O PROCESSO
ORGULHO E PRECONCEITO
OS IRMÃOS KARAMÁZOV
PERSUASÃO
RAZÃO E SENSIBILIDADE
SOBRE A BREVIDADE DA VIDA
SOBRE A VIDA FELIZ & TRANQUILIDADE DA ALMA
VIDAS SECAS

Conheça os títulos da coleção SÉRIE LUXO:

JANE EYRE
O MORRO DOS VENTOS UIVANTES

Traduzido por Edward Bouverie Pusey

CONFISSÕES
DE SANTO
AGOSTINHO

CONHEÇA NOSSO LIVROS
ACESSANDO AQUI!

Copyright desta tradução © IBC - Instituto Brasileiro De Cultura, 2023

Título original: The Confessions of St. Augustine by Bishop of Hippo Saint Augustine
Reservados todos os direitos desta tradução e produção, pela lei 9.610 de 19.2.1998.

5ª Impressão 2025

Presidente: Paulo Roberto Houch
MTB 0083982/SP

Coordenação Editorial: Priscilla Sipans
Coordenação de Arte: Rubens Martim (capa)
Tradução e notas: Murilo Oliveira de Castro Coelho
Preparação de texto: MC Coelho - Produção Editorial
Apoio de Revisão: Leonan Mariano

Vendas: Tel.: (11) 3393-7727 (comercial2@editoraonline.com.br)

Foi feito o depósito legal.
Impresso na China

Dados Internacionais de Catalogação na Publicação (CIP)
de acordo com ISBD

H667e   Hipona, Agostinho de

Confissões de Santo Agostinho - Edição Luxo / Agostinho de Hipona;
traduzido por Edward Bouverie Pusey. - Barueri, SP : Garnier, 2023.
240 p. ; 15,1cm x 23cm.

ISBN: 978-65-84956-39-1

1. Filosofia. 2. Aurélio Agostinho de Hipona. 3. Santo Agostinho.
I. Pusey, Edward Bouverie. II. Título.

2023-3321   CDD 100
                         CDU 1

Elaborado por Odilio Hilario Moreira Junior - CRB-8/9949

IBC — Instituto Brasileiro de Cultura LTDA
CNPJ 04.207.648/0001-94
Avenida Juruá, 762 — Alphaville Industrial
CEP. 06455-010 — Barueri/SP
www.editoraonline.com.br

SUMÁRIO

LIVRO I 7
LIVRO II 22
LIVRO III 30
LIVRO IV 42
LIVRO V 57
LIVRO VI 70
LIVRO VII 87
LIVRO VIII 104
LIVRO IX 121
LIVRO X 140
LIVRO XI 173
LIVRO XII 192
LIVRO XIII 213

Aurélio Agostinho de Hipona, um dos maiores filósofos cristãos da Antiguidade.

LIVRO I

Grande és tu, Senhor, e muito digno de louvor. Grande é o teu poder e infinita a tua sabedoria. O ser humano, que carrega consigo sua mortalidade, o testemunho de seu pecado, o testemunho de que tu resistes aos soberbos, ainda assim te louvaria. Ele, apenas uma partícula de tua criação. Desperta-nos para nos deleitarmos em teu louvor, pois nos criaste para ti, e nosso coração está inquieto, até que repouse em ti. Concede-me, Senhor, saber e compreender o que devo fazer primeiro, invocar-te ou louvar-te? Novamente, conhecer-te ou invocar-te? Quem pode invocar-te sem conhecer-te? Aquele que não te conhece pode invocar-te como se não fostes tu. Mas, como invocarão aquele em quem não creram? Ou como crerão sem pregador? E os que buscam o Senhor o louvarão, porque os que buscam o acharão, e os que acham o louvarão. Eu te buscarei, Senhor, invocando-te, e o invocarei, crendo em ti, porque a nós foste pregado. A minha fé, Senhor, te invocará, a qual me deste, com a qual me inspiraste, por meio da encarnação de teu filho, por meio do ministério do pregador.

E como invocarei meu Deus, meu Deus e Senhor, uma vez que, quando eu o chamar, estarei chamando-o para mim mesmo? Que espaço há dentro de mim, onde meu Deus pode entrar em mim? Onde Deus pode entrar em mim, Deus que fez o céu e a Terra? Há, de fato, ó Senhor meu Deus, algo em mim que possa conter-te? Então, o céu e a Terra, que tu fizeste, e onde tu me fizeste, contêm o Senhor? Porque nada que existe poderia existir sem ti, então tudo o que existe contém o Senhor? Visto que eu também existo, por que procuro que entres em mim, se não existes, se não estás em mim? Por quê? Porque eu não desci ao inferno, mas Tu também estás lá. Pois se eu descer ao inferno Tu estarás lá. Então, eu não poderia estar, ó meu Deus, não poderia estar de modo algum, se não estivestes em mim; ou melhor, se eu não estivesse em Ti, de quem são todas as coisas, por quem são todas as coisas, em quem estão todas as coisas? Assim mesmo, Senhor, assim mesmo. Para onde posso ir além do céu e da Terra, para que o meu Deus entre em mim, que disse: Eu encho o céu e a Terra?

Ou os encheis e ainda assim os transbordais, visto que o céu e a Terra não te contêm? Ou não tens necessidade de que alguma coisa te contenha, Tu que conténs todas as coisas, visto que aquilo que enches, enches ao te conter? Pois os vasos que enches não te retêm, visto que, embora quebrados, não foste derramado. E quando te derramas sobre nós, não és abatido, mas nos elevas; não te dissipas, mas nos recolhes. Ou, uma vez que todas as coisas não podem te conter totalmente, elas contêm parte de ti? E todas ao mesmo tempo a mesma parte? Ou cada uma sua parte, a maior mais, a menor menos? E, então, uma parte de ti é maior, outra menor? Ou tu estás totalmente em todos os lugares, e nada te contém totalmente?

Que és, pois, meu Deus? Que és, senão o Senhor Deus? Pois quem é Senhor senão o Senhor? Ou quem é Deus senão o nosso Deus? O mais elevado, o melhor, o mais potente, o mais onipotente, o mais misericordioso, o mais justo, o mais oculto, o mais presente, o mais belo, o mais forte, o mais estável, o mais incompreensível, o imutável, o que tudo muda, o que nunca é novo, nunca é velho, o que tudo renova, que traz a velhice sobre os soberbos, e eles não o sabem, o que trabalha sempre, mas sempre descansa, o que ainda reúne, mas nada falta, o que sustenta, o que enche e o que transborda, o que cria, o que nutre e o que amadurece, o que busca, mas tem todas as coisas. Tu amas, sem paixão, és ciumento, sem ansiedade, arrependes-te, mas não te afliges, estás irado, mas sereno, mudas tuas obras, mas teu propósito permanece inalterado; recebes de novo o que encontras, mas nunca perdeste; nunca passas necessidade, mas te regozijas com os ganhos; nunca és cobiçoso, mas exiges usura. Tu recebes mais e mais, para que possas dever; e quem tem algo que não seja teu? Pagas as dívidas, sem nada dever; remites as dívidas, sem nada perder. E que diria eu agora, meu Deus, minha vida, minha santa alegria? Ou que diz qualquer ser humano quando fala de ti? Ai daquele que não fala, pois até os mais eloquentes são mudos. Oh! Que eu possa repousar em ti! Oh! Que tu entres em meu coração e o embriagues, para que eu possa esquecer meus males e abraçar-te, meu único bem! O que o Senhor é para mim? Em tua piedade, ensina-me a dizê-lo. Ou o que sou eu para ti, que exiges o meu amor e, se eu não o der, estarás irado comigo e me ameaçarás com graves desgraças? É, então, um pequeno infortúnio não te amar? Por amor à Tua misericórdia, dize-me, Senhor meu Deus, o que és para mim. Dize à minha alma: Eu sou a tua salvação. Fala, pois, para que eu ouça. Eis que, Senhor, o meu coração está diante de ti, abre-lhe os ouvidos, e dize à minha alma: Eu sou a tua salvação. Depois dessa voz, apresse-me e me apegar a ti. Não escondas de mim o teu rosto. Deixa-me morrer – para que eu não morra – mas deixa-me ver tua face.

Estreita é a mansão de minha alma. Amplia-a, para que possas entrar. Ela está em ruínas, tu a consertarás. Há nela algo que deve ofender teus olhos, eu confesso e sei disso. Mas quem o purificará? Ou a quem clamarei, senão a ti? Senhor, purifica-me de minhas faltas secretas e poupa teu servo do poder do inimigo. Eu creio, e por isso falo. Senhor, tu sabes. Não confessei a ti minhas transgressões contra mim mesmo, e tu, meu Deus, perdoaste a iniquidade de meu coração? Não contendo contigo em juízo, que és a verdade; temo enganar-me a mim mesmo, para que a minha iniquidade não se ache em si mesma. Portanto, não contendo contigo em juízo, pois, se tu, Senhor, marcares as iniquidades, ó Senhor, quem o suportará?

Permite-me, porém, falar à tua misericórdia, eu, pó e cinza. Mas permite-me falar, pois falo à tua misericórdia, e não ao escarnecedor. Tu também, talvez, me desprezes, mas voltarás e terás compaixão de mim. Pois o que eu diria, Senhor meu Deus, senão que não sei de onde vim para esta vida agonizante (devo chamá-la assim?) ou morte viva. Então, imediatamente, os confortos de tua compaixão me levaram para cima, como ouvi (pois não me lembro disso) dos pais de minha carne, de cuja substância tu, em algum momento, me formaste. Assim, recebi os confortos do leite de mulher. Nem minha mãe nem minhas amas armazenaram os próprios seios para mim, mas tu concedeste o alimento de minha infância por meio delas, de acordo com a tua ordenança, pela qual distribuis tuas riquezas por meio das fontes ocultas de todas as coisas. Também me concedeste não desejar mais do que o que me concedeste, e às minhas enfermeiras dar-me de boa vontade o que lhes concedeste. Pois elas, com uma afeição ensinada pelos céus, davam-me de bom grado o que lhes sobrava de ti. Pois esse meu bem, vindo delas, era bom para elas. De fato, não era delas, mas por meio delas, pois de ti, ó Deus, vêm todas as coisas boas, e do meu Deus vem toda a minha saúde. Isso eu aprendi desde então, tu, por meio desses teus dons, dentro e fora de mim, proclamando a ti mesmo para mim. Naquela época, eu só sabia sugar, descansar no que me agradava e chorar com o que ofendia minha carne, nada mais.

Mais tarde, comecei a sorrir, primeiro dormindo, depois acordado, pois assim me foi dito de mim mesmo, e eu acreditei, pois vemos o mesmo em outras crianças, embora eu não me lembre disso. Assim, pouco a pouco, tomei consciência de onde estava e tive o desejo de expressar meus desejos àqueles que podiam satisfazê-los, mas eu não podia, pois os desejos estavam dentro de mim, e eles fora. Tampouco podiam entrar em meu espírito por nenhum sentido deles. Assim, eu me movia com membros e voz aleatórios, fazendo os poucos sinais que podia, e os que podia, parecidos com o que eu desejava, embora na verdade muito pouco parecidos. E quando não me obedeciam (porque meus desejos eram ofensivos ou ininteligíveis), eu me indignava com os mais velhos por não se submeterem a mim, com aqueles que não me deviam nenhum serviço, por não me servirem, e me vingava deles com lágrimas. Aprendi que os bebês são assim observando-os, e que eu era assim, todos inconscientes, eles me mostraram melhor do que minhas enfermeiras que sabiam disso.

E eis que minha infância morreu há muito tempo, e eu vivo. Mas tu, Senhor, que para sempre vives e em quem nada morre, pois antes da fundação dos mundos, e antes de tudo o que pode ser chamado de "antes", tu és, e és Deus e Senhor de tudo o que criaste. Em ti permanecem, fixas para sempre, as primeiras causas de todas as coisas imutáveis, e de todas as coisas mutáveis, as fontes permanecem em ti imutáveis. Em ti vivem as razões eternas de todas as coisas irracionais e temporais. Diz, Senhor, a mim, teu suplicante; diz, todo-piedoso, a mim, teu miserável. Diz que minha infância sucedeu a outra idade minha que morreu antes dela? Foi aquela que passei dentro do ventre de minha mãe? Pois disso ouvi falar um pouco, e eu mesmo vi mulheres grávidas? O que, antes daquela vida de novo, ó Deus, minha alegria, eu era em qualquer lugar ou em qualquer corpo? Pois não tenho ninguém que me diga isso, nem pai nem mãe, tampouco experiência de outros ou minha memória. O Senhor zomba de mim por perguntar isso, e me manda louvar-te e reconhecer-te, pois isso eu sei?

Eu te reconheço, Senhor do céu e da Terra, e te louvo pelos meus primeiros rudimentos de existência e pela minha infância, da qual não me lembro de nada, pois tu determinaste que o ser humano deve adivinhar tanto dos outros quanto de si mesmo, acreditando muito na força das mulheres fracas. Mesmo assim, eu tinha existência e vida, e (no final de minha infância) podia procurar sinais pelos quais pudesse dar a conhecer aos outros minhas sensações. De onde poderia vir tal ser, a não ser de ti, Senhor? Ou pode haver em outro lugar qualquer veia que possa fluir essência e vida para dentro de nós, a não ser de ti, ó Senhor, em quem essência e vida são uma só coisa? Pois tu és o altíssimo, e não mudas, nem em ti o dia de hoje chega ao fim. Contudo, em ti ele chega ao fim, porque todas essas coisas também estão em ti. Pois elas não tinham como passar, a menos que tu as sustentasses. E como teus anos não falham, teus anos são um só hoje. Quantos dos nossos anos e dos anos de nossos pais passaram pelo teu "dia de hoje", e dele receberam a medida e o molde do ser que tinham; e outros ainda passarão, e assim receberão o molde de teu grau de ser. Mas tu ainda és o mesmo. O Senhor ainda é o mesmo, e todas as coisas de amanhã, e todas as que estão além, e todas as de ontem, e todas as que estão além, o Senhor fez hoje. Que tenho eu com isso, se alguém não compreende? Alegre-se ele também e diga: Que é isso? Que ele se regozije assim mesmo! E se contente antes em não descobrir para te descobrires, do que em descobrir para não te descobrires.

CONFISSÕES DE SANTO AGOSTINHO

Ouve, ó Deus. Ai do pecado do ser humano! Assim diz o ser humano, e tu te compadeces dele, pois tu o criaste, mas não criaste nele o pecado. Quem me faz lembrar os pecados de minha infância? Pois, aos teus olhos, ninguém é puro de pecado, sequer a criança, cuja vida é apenas um dia sobre a Terra. Quem me faz lembrar? Não é cada criança, em quem vejo o que de mim mesmo não me lembro? Pois se eu fizesse isso agora, por causa de um alimento adequado à minha idade, eu seria justamente ridicularizado e repreendido. O que eu fiz na época era digno de repreensão. Mas como eu não podia entender a repreensão, o costume e a razão me proibiram de ser repreendido. Esses hábitos, quando crescem, arrancamos pela raiz e jogamos fora. Ora, ninguém, embora podando, lança fora intencionalmente o que é bom. Ou seria então bom, mesmo que por um tempo, clamar por aquilo que, se dado, machucaria? Ressentir-se amargamente de que as pessoas livres e os próprios anciãos, sim, os próprios autores de seu nascimento, não o serviram? Que muitos além disso, mais sábios do que ele, não obedeceram ao aceno de seu bom prazer? Fazer o possível para bater e machucar, porque as ordens não foram obedecidas, as quais foram obedecidas para seu prejuízo? A fraqueza dos membros infantis, portanto, não é sua vontade, é sua inocência. Eu mesmo vi e conheci até um bebê invejoso; ele não podia falar, mas ficou pálido e olhou com amargura para seu irmão adotivo. Quem não sabe disso? Mães e enfermeiras lhe dizem que aliviam essas coisas com remédios que não sei quais são. Será que isso é inocência demais, quando a fonte de leite está fluindo em abundância, para não permitir que alguém a compartilhe, embora em extrema necessidade, e cuja própria vida ainda depende dela? Suportamos tudo isso com brandura, não como se fossem males inexistentes ou leves, mas porque desaparecerão com o passar dos anos; pois, embora tolerados agora, os mesmos temperamentos são totalmente intoleráveis quando encontrados em anos mais maduros.

Tu, então, ó Senhor meu Deus, que deste vida a esta minha infância, provendo assim de sentidos (como vemos) a estrutura que deste, compactando os membros, ornamentando as proporções e, para seu bem geral e segurança, implantando nela todas as funções vitais, tu me ordenas a louvar-te nessas coisas, a confessar-te e a cantar ao teu nome, altíssimo. Pois tu és Deus, todo-poderoso e bom, mesmo que não tivesses feito nada além disso, o que ninguém poderia fazer a não ser tu: cuja unidade é o molde de todas as coisas; que a partir de tua justiça faz todas as coisas justas; e ordena todas as coisas por tua lei. Então, Senhor, essa idade da qual não tenho lembrança, que tomo pela palavra de outros e adivinho de outras crianças por quem eu passei, por mais verdadeira que seja a suposição, ainda assim não quero contar nesta minha vida que vivo neste mundo. Pois nada menos do que o que passei no ventre de minha mãe está escondido de mim nas sombras do esquecimento. Mas, se fui formado em iniquidade, e em pecado me concebeu minha mãe, onde, ó meu Deus, onde, Senhor, ou quando, foi o teu servo inocente? Mas eis que esse período já passou, e o que tenho agora a ver com isso, período do qual não me lembro sequer de qualquer vestígio?

Passando da infância, cheguei à juventude, ou melhor, ela chegou até mim, substituindo a infância. Ela também não se foi (pois, para onde foi?) e, no entanto, não existia mais. Eu não era mais um bebê que não falava, mas um menino que falava. Lembro-me disso e, desde então, tenho observado como aprendi a falar. Não foi que meus pais me ensinaram palavras (como, logo depois, outros aprendizados) em qualquer método definido; mas eu, desejando expressar meus pensamentos por meio de gritos e sotaques quebrados e vários movimentos de meus membros para que pudesse ter minha vontade, e ainda assim incapaz de expressar tudo o que desejava ou a quem desejava, eu mesmo, pelo entendimento de que tu, meu Deus, me deste, praticava os sons em minha memória. Quando eles nomeavam qualquer coisa e, ao falarem, voltavam-se para ela, eu via e me lembrava de que eles chamavam aquilo que apontavam pelo nome que pronunciavam. E o fato de que se referiam a essa coisa e a nenhuma outra era evidente pelo movimento de seus corpos, a linguagem natural, por assim dizer, de todas as nações, expressa pelo semblante, olhares, gestos dos membros e tons de voz, indicando as afeições da mente, conforme ela persegue, possui, rejeita ou evita. E assim, ouvindo constantemente as palavras, à medida que ocorriam em várias sentenças, eu gradualmente percebi o que elas representavam. E tendo quebrado minha boca para esses sinais, eu assim dei expressão à minha vontade. Assim, troquei com aqueles que me cercavam esses sinais atuais de nossas vontades e, dessa forma, lancei-me mais profundamente no tempestuoso convívio da vida humana, ainda dependendo da autoridade paterna e do comando dos mais velhos.

Ó Deus, meu Deus, que misérias e zombarias eu experimentei agora, quando a obediência aos meus professores me foi proposta, como algo adequado a um menino, a fim de que neste mundo eu pudesse prosperar e me destacar na ciência da língua, que deveria servir para o "louvor dos homens" e para riquezas enganosas. Em seguida, fui colocado na escola para aprender, na qual eu (pobre coitado) não sabia qual era a utilidade. Mas ainda assim, se ficasse ocioso no aprendizado, era espancado. Pois isso foi julgado correto por nossos antepassados, e muitos, seguindo o mesmo caminho antes de nós, traçaram para nós caminhos cansativos, pelos quais estávamos dispostos a passar, multiplicando o trabalho e a dor sobre os filhos de Adão. Mas, Senhor, descobrimos que os homens te invocavam, e aprendemos com eles a pensar em ti (de acordo com nossas forças) como um grande ser que, embora oculto aos nossos sentidos, podia nos ouvir e ajudar. Foi assim que comecei, quando menino, a orar a ti, meu auxílio e refúgio, e quebrei os grilhões de minha língua para invocar-te, pedindo-te, ainda que em voz baixa, mas com muita seriedade, que eu não fosse espancado na escola. E quando não me ouviste (não me entregando à insensatez), meus pais, sim, os próprios genitores, que ainda assim não me desejavam mal, zombaram de meus açoites, meu então grande e grave mal.

Há, Senhor, alguma alma tão grande, e que se apegue a ti com tão intensa afeição (pois uma espécie de estupidez de certa forma o fará). Mas existe alguém que por se apegar devotamente a ti seja dotado de um espírito tão grande, que possa pensar tão levianamente sobre as torturas, os ganchos e outros tormentos (contra os quais, em todas as terras, as pessoas te invocam com extremo pavor), zombando daqueles por quem eles são mais amargamente temidos, como nossos pais zombavam dos tormentos que sofríamos na infância de nossos mestres? Não temíamos menos nossos tormentos, tampouco orávamos menos a ti para escapar deles. E ainda assim pecamos, escrevendo, lendo ou estudando menos do que nos era exigido. Pois não nos faltava, ó Senhor, memória ou capacidade, pois a tua vontade nos dava o suficiente para a nossa idade, ao passo que nosso único prazer era brincar, e por isso fomos castigados por aqueles que ainda estavam fazendo o mesmo. Mas a ociosidade dos mais velhos é chamada de "negócio", ao passo que a dos meninos, sendo realmente a mesma coisa, é punida pelos mais velhos, e ninguém se compadece nem dos meninos nem dos homens. Pois alguém com bom senso aprovaria o fato de eu ter sido espancado quando menino, porque, ao jogar bola, fiz menos progresso nos estudos que deveria aprender, apenas para que, como homem, eu pudesse jogar de forma mais imprópria? E o que mais fez aquele que me espancou? Que, se fosse prejudicado em alguma discussão insignificante com seu colega professor, ficava mais amargurado e ciumento do que eu quando era espancado por um companheiro de jogo?

AGOSTINHO DE HIPONA

E, no entanto, eu pequei aqui, ó Senhor Deus, o criador e o cuidador de todas as coisas da natureza, do pecado somente o criador, ó Senhor meu Deus, pequei transgredindo as ordens de meus pais e de meus senhores. Pois o que eles, por qualquer motivo, queriam que eu aprendesse, eu poderia, depois, ter feito bom uso. Pois eu desobedeci, não por uma escolha melhor, mas por amor às brincadeiras, por amar o orgulho da vitória em minhas competições e para fazer cócegas em meus ouvidos com fábulas mentirosas, para que ficassem ainda mais irritados; a mesma curiosidade que brilhava em meus olhos cada vez mais, pelos espetáculos e jogos dos mais velhos. No entanto, aqueles que dão esses espetáculos têm tamanha estima que quase todos desejam o mesmo para seus filhos e, ainda assim, estão muito dispostos a espancá-los se esses mesmos jogos os desviarem dos estudos. Olha com piedade, Senhor, para essas coisas, e livra-nos, a nós que te invocamos agora. Livra também aqueles que ainda não te invocam, para que possam invocar-te, ó Senhor, para os libertar.

Quando menino, eu já tinha ouvido falar de uma vida eterna, prometida pela humildade do Senhor nosso Deus, que se curva a fim de alcançar nosso orgulho; e mesmo desde o ventre de minha mãe, que muito esperava em ti, fui selado com a marca de tua cruz e salgado com teu sal. Tu viste, Senhor, como, quando ainda menino, fui acometido por uma súbita opressão do estômago, e quase à beira da morte – viste, meu Deus (pois tu eras meu guardião), a avidez e fé que eu buscava, com os piedosos cuidados de minha mãe e de tua Igreja, a mãe de todos nós, o batismo de teu Cristo, meu Deus e Senhor.

Então, a mãe de minha carne, estando muito perturbada (pois, com um coração puro em tua fé, ela ainda mais amorosamente, deu à luz para a minha salvação), quis, com grande pressa para minha consagração e purificação por meio dos sacramentos que dão saúde, confessando-te, Senhor Jesus, para a remissão dos pecados, a menos que eu tivesse me recuperado subitamente. E assim, como se eu tivesse de ser novamente poluído se eu vivesse, minha purificação foi adiada, porque as impurezas do pecado, após essa lavagem, trariam uma culpa maior e mais perigosa.

Eu, pois, já cria, e minha mãe, e toda a casa, exceto meu pai.

Minha mãe e toda a casa, exceto meu pai; contudo, ele não prevaleceu sobre o poder da minha mãe em mim, para que, como ele ainda não acreditava, eu também não acreditasse.

Pois era seu grande desejo que tu, meu Deus, e não ele, fosses meu pai; e nisso tu a ajudaste a prevalecer sobre seu marido, a quem ela melhor obedeceu, obedecendo também a ti, que assim ordenou.

Rogo-te, meu Deus, que eu queira saber, se assim o desejas, se por acaso for para o meu bem que a rédea foi solta, por assim dizer, sobre mim, para que eu pecasse?

Se não, por que ainda ecoa em nossos ouvidos por todos os lados? "Deixe-o em paz, deixe-o fazer o que quiser, pois ele ainda não foi batizado"? Mas, com relação à saúde corporal, ninguém diz: "Deixem-no piorar, pois ainda não está curado".

Quão melhor seria, então, se eu tivesse sido curado imediatamente; e então, por meus amigos e por mim mesmo, a saúde recuperada de minha alma havia sido mantida em segurança sob a guarda de quem a deu. Realmente melhor. Mas quantas e grandes ondas de tentação pareciam pairar sobre mim depois de minha infância! Minha mãe as previu, mas preferiu expor a elas o barro de onde eu posteriormente fui moldado ao próprio molde, quando feito.

Na infância (tão menos temida para mim do que a juventude), eu não gostava de estudar e odiava ser forçado a isso. No entanto, fui forçado, e isso foi bem feito para mim, mas não me saí bem, pois, a menos que fosse forçado, eu não teria aprendido. Mas ninguém faz o bem contra sua vontade, mesmo que o que faça seja bom. E também não fizeram bem os que me forçaram, mas o bem me veio de ti, meu Deus. Pois eles não sabiam como eu deveria o que me forçaram a aprender, exceto para saciar os desejos insaciáveis de uma rica mendicância e de uma glória vergonhosa. Mas tu, por quem os cabelos de nossa cabeça estão contados, usaste para o meu bem o erro de todos os que me incitaram a aprender; e o meu, que não quis aprender, tu para meu castigo – um castigo adequado para um menino tão pequeno e tão grande pecador. Assim, por aqueles que não fizeram o bem, o Senhor fez o bem por mim; e pelo meu pecado, tu me castigaste com justiça. Pois tu ordenaste, e assim é, que toda afeição desordenada deve ser o próprio castigo.

Mas, por que eu odiava tanto o grego, que estudei quando menino? Ainda não sei completamente. Eu amava o latim, não o que meus primeiros mestres, mas o que os chamados gramáticos me ensinaram. Para aquelas primeiras lições, leitura, escrita e aritmética, eu considerava um fardo e uma penalidade tão grandes quanto qualquer grego. E, no entanto, de onde vinha isso também, senão do pecado e da vaidade desta vida, porque eu era carne, e um sopro que passa e não volta mais? As primeiras lições foram certamente melhores, porque eram mais certas. Foi por meio delas que obtive, e ainda mantenho, o poder de ler o que encontro escrito, e de escrever o que quero, ao passo que nas outras fui forçado a aprender as andanças de um Eneias, esquecendo-me das minhas, e a chorar pela morte de Dido,[1] porque ela se matou por amor. Com os olhos secos, eu suportava meu miserável "eu" morrendo entre essas coisas, longe de ti, ó Deus, minha vida.

Que coisa mais miserável do que um ser miserável que não se compadece de si mesmo, chorando a morte de Dido por amor a Eneias, mas não chorando a própria morte por falta de amor a ti, ó Deus? Tu, luz do meu coração, pão do meu íntimo, poder que dás vigor à minha mente, que vivificas meus pensamentos, não te amei. Eu me prostituí contra ti, e ao meu redor, quando eu me prostituía, ecoava "Muito bem! Muito bem!", pois a amizade deste mundo é uma prostituição contra ti, e "Muito bem! Muito bem!" ecoa até que alguém se envergonhe de não ser um homem assim. E por tudo isso eu não chorei, eu que chorei por Dido morta, e "buscando pela espada um golpe e uma ferida extrema", eu mesmo buscando um extremo pior, o extremo e o mais baixo de tuas criaturas, tendo te abandonado, a terra passando para a terra. E se me proibiam de ler tudo isso, eu me afligia por não poder ler o que me afligia. Uma loucura como essa é considerada um aprendizado mais elevado e mais rico do que aquele pelo qual aprendi a ler e escrever.

Mas agora, meu Deus, clama em voz alta em minha alma, e deixa que tua verdade me diga: "Não é assim, não é assim. Muito melhor foi aquele primeiro estudo". Veja só, eu esqueceria prontamente as andanças de Eneias e todo o resto, em vez de saber ler e escrever. Mas sobre a entrada da Escola de Gramática há um véu! É verdade. No entanto, isso não é tanto um emblema de algo recôndito quanto um manto de erro. Que aqueles que eu não mais temo não clamem contra mim, enquanto eu confesso a ti, meu Deus, o que quer que minha alma queira, e concordo com a condenação de meus maus caminhos, para que eu possa amar teus bons caminhos. Que nem os compradores nem os vendedores de Gramática clamem contra mim. Pois se eu lhes perguntar se é verdade que Eneias foi a Cartago em algum momento, como conta o poeta,

---

1   Na mitologia grega, Dido era filha de Belo, rei de Tiro. Era casada com Siqueu, o homem mais rico de todo o reino. Quando o rei Belo faleceu o irmão de Dido tomou o trono e matou seu marido. Mas Dido não sabia quem tinha assassinado seu marido até que Siqueu apareceu a ela em sonho e revelou o ocorrido, o local onde estavam escondidas suas riquezas, bem como que seu irmão planejava sua morte. Portanto, ela reuniu seus súditos e partiu para as costas da África, tornando-se a rainha de Cartago. Eneias, filho de Afrodite, era o chefe dos troianos que havia partido de Troia depois da guerra e navegou por muito tempo até chegar ao reino construído Dido, que se apaixonou por ele. Vivem um romance até que Eneias recebe o mensageiro Mercúrio, que vem ordenar que parta para o cumprimento do seu destino. Após uma tentativa frustrada de convencer Eneias a ficar, Dido apunhala a si mesma e se jogan em uma pira funerária.

os menos instruídos responderão que não sabem, e os mais instruídos que ele nunca foi. Mas se eu perguntar com que letras o nome "Eneias" está escrito, todos os que aprenderam isso me responderão corretamente, de acordo com os sinais que as pessoas convencionaram. Se, novamente, eu perguntar o que pode ser esquecido com menos prejuízo para as preocupações da vida, ler e escrever ou essas ficções poéticas? Quem não prevê o que todos devem responder que não se esqueceram totalmente de si mesmos? Pequei, então, quando, quando menino, preferi esses estudos vazios aos mais lucrativos, ou melhor, amei um e odiei o outro. "Um e um, dois, dois e dois, quatro", isso era para mim uma canção odiosa. "O cavalo de madeira alinhado com homens armados, o incêndio de Troia" e "a sombra e o triste simulacro de Creusa"[2] eram os espetáculos preferidos de minha vaidade.

Por que, então, eu odiava os clássicos gregos, que têm histórias semelhantes? Pois Homero também teceu curiosamente as mesmas ficções, e é muito docemente vaidoso, mas era amargo para meu gosto infantil. E assim suponho que Virgílio seria para as crianças gregas, quando forçadas a aprendê-lo como eu aprendi Homero. Dificuldade, na verdade, a dificuldade de uma língua estrangeira, que, por assim dizer, destruiu com fel toda a doçura da fábula grega. Pois eu não entendia uma única palavra e, para me fazer entender, era pressionado veementemente com ameaças e punições cruéis. Também era tempo (quando bebê) em que eu não sabia latim, mas isso eu aprendi sem medo ou sofrimento, por mera observação, em meio às carícias do meu berçário e às brincadeiras dos amigos, sorrindo e me encorajando esportivamente. Isso eu aprendi sem nenhuma pressão de punição para me incentivar, pois meu coração me incentivava a dar à luz suas concepções, o que eu só poderia fazer aprendendo as palavras não daqueles que ensinavam, mas sim daqueles que conversavam comigo, em cujos ouvidos eu também dava à luz os pensamentos, quaisquer que fossem minhas concepções. Não há dúvida, portanto, de que uma curiosidade livre tem mais força em nosso aprendizado dessas coisas do que uma imposição assustadora. Somente essa imposição restringe os desvarios dessa liberdade, por meio de tuas leis, ó meu Deus, tuas leis, desde a bengala do mestre até as provações do mártir, sendo capazes de temperar para nós um amargo sadio, lembrando-nos de ti, daquele prazer mortal que nos atrai para longe de ti.

---

2   Creusa era a filha de Príamo, o rei de Troia, esposa de Eneias. Ela indica ao seu marido não somente a direção que ele deveria tomar em exílio por mar em razão da urgência e necessidade de abandonar Troia, mas também anuncia uma esposa real e um reino fértil. Eneias foi parar no reino de Cartago, em construção pela rainha Dido. Na fuga com Eneias, Creusa se perde e o herói retorna para buscá-la. Ela aparece a Eneias sob a forma de uma imagem, um simulacro, dizendo a ele que é impossível prosseguirem juntos porque foi a vontade dos deuses.

Ouve, Senhor, minha oração. Não deixes minha alma desfalecer sob tua disciplina, nem deixes que eu desfaleça em confessar-te todas as tuas misericórdias, pelas quais tu me tiraste de todos os meus maus caminhos, para que tu possas te tornar um deleite para mim acima de todas as seduções que eu outrora perseguia; para que eu possa amar-te mais inteiramente, e apertar tua mão com todas as minhas afeições, e tu possas ainda me resgatar de toda tentação, até o fim. Pois eis que, ó Senhor, meu rei e meu Deus, para teu serviço seja qualquer coisa útil que minha infância tenha aprendido; para teu serviço, que eu fale, escreva, leia, conte. Tu me concedeste tua disciplina, enquanto eu estava aprendendo vaidades, e perdoaste meu pecado de deleitar-me nessas vaidades. Nelas, de fato, aprendi muitas palavras úteis, mas elas podem muito bem ser aprendidas em coisas não vãs. E esse é o caminho seguro para os passos da juventude.

Mas ai de você, torrente de costumes humanos! Até quando não secarás? Até quando rolarão os filhos de Eva naquele imenso e hediondo oceano, que sequer aqueles que sobem a cruz conseguem ultrapassar? Não li em você sobre Jove,[3] o trovejante e o adúltero? Ambos, sem dúvida, ele não poderia ser; mas assim o trovão fingido poderia dar cobertura e favorecer o adultério real. E agora, qual de nossos mestres de toga dá ouvidos sóbrios a alguém que, da própria escola, grita: "Essas foram as ficções de Homero, transferindo coisas humanas para os deuses; se ele tivesse trazido as coisas divinas para nós"? Ainda mais verdadeiro seria se ele tivesse dito: "Essas são, de fato, suas ficções; mas atribuindo uma natureza divina aos homens perversos, para que os crimes não fossem mais crimes, e quem os comete pudesse parecer imitar não os homens abandonados, mas os deuses celestiais".

No entanto, tu, torrente infernal, em ti são lançados os filhos dos homens com ricas recompensas, por obterem tal aprendizado; e uma grande solenidade é feita disso, quando isso está acontecendo no fórum, à vista de leis que designam um salário além dos pagamentos do estudioso; e tu lascas tuas rochas e ruges: "Assim, as palavras são aprendidas; daí a eloquência; mais necessária para conquistar seus fins ou manter opiniões". Como se nunca tivéssemos conhecido palavras como "chuva de ouro", "colo", "seduzir", "templos dos céus" ou outras nessa passagem, a menos que Terêncio tivesse levado um jovem lascivo ao palco, apresentando Júpiter como seu exemplo de sedução.

> Vendo um quadro, onde a história foi desenhada,
> De Jove descendo em uma chuva de ouro

---

3   Jove era nome pelo qual Júpiter, o deus romano do dia, também era chamado.

CONFISSÕES DE SANTO AGOSTINHO

Para o colo de Danae, uma mulher para seduzir.

E então observe como ele se excita com a luxúria como se fosse por autoridade celestial:

E que Deus? O grande Jove,
Que sacode os templos mais altos do céu com seu trovão,

E eu, pobre homem mortal, não faço o mesmo!
Eu o fiz, e com todo o meu coração eu o fiz.

Nem um pouco mais facilmente as palavras são aprendidas para toda essa vileza, mas por meio delas a vileza é cometida com menos vergonha. Não que eu culpe as palavras, que são, por assim dizer, vasos escolhidos e preciosos, mas o vinho do erro que é bebido nelas por professores intoxicados. Se nós também não bebermos, seremos derrotados e não teremos um juiz sóbrio a quem possamos recorrer. No entanto, ó meu Deus (em cuja presença eu agora, sem mágoa, posso me lembrar disso), tudo isso, infelizmente, eu aprendi de boa vontade e com grande prazer, e por isso fui declarado um menino esperançoso.

Tolere-me, meu Deus, enquanto falo um pouco de minha inteligência, teu dom, e em que doestos eu a desperdicei. Pois me foi dada uma tarefa, bastante incômoda para minha alma, com termos de louvor ou vergonha, e medo de açoites, para dizer as palavras de Juno,[4] enquanto ela se enfurecia e lamentava não poder "Este príncipe troiano de Latinum se voltará."

Palavras que eu tinha ouvido dizer que Juno nunca pronunciou, mas fomos forçados a nos desviar dos passos dessas ficções poéticas e a dizer em prosa muito do que ele expressou em verso. E sua fala foi muito aplaudida, em quem as paixões da raiva e da tristeza eram mais preeminentes, e revestidas da linguagem mais adequada, mantendo a dignidade da personagem. O que é para mim, ó minha verdadeira vida, meu Deus, que minha declamação foi mais aplaudida do que tantas de minha idade e classe? Teus louvores, Senhor, teus louvores poderiam ter contido o ainda tenro rebento de meu coração com o apoio de tuas escrituras. Assim, ele não teria se arrastado em meio a essas ninharias vazias, uma presa suja para as aves do céu, pois, em mais de uma maneira, os homens sacrificam aos anjos rebeldes.

Mas que admira que eu me tenha deixado levar pelas vaidades e tenha saído da tua presença, ó meu Deus, quando se puseram diante de mim pessoas

---

4   Na mitologia romana Juno é a esposa de Júpiter e rainha dos deuses.

como modelos, as quais, se ao relatarem alguma ação sua, em si mesma não má, cometiam alguma barbaridade ou solecismo, sendo censurados, ficavam envergonhados. Porém, quando, em discurso rico, adornado e bem ordenado, relatavam a própria vida desordenada, sendo louvadas, glorificavam-se? Tu vês essas coisas, Senhor, e te calas. Longânimo, e abundante em misericórdia e verdade. Tu te calarás para sempre? Mesmo agora tiras desse horrível abismo a alma que te busca, que tem sede dos teus prazeres, cujo coração te diz: "Busquei a tua face. Tua face, Senhor, buscarei". Pois afeições obscurecidas são um afastamento de ti. Não é por nossos pés, ou por mudança de lugar, que os seres humanos te deixam ou retornam a ti. Ou será que teu filho mais novo procurou cavalos, carruagens ou navios, voou com asas visíveis ou viajou com o movimento de seus membros, para que pudesse, em um país distante, desperdiçar em vida desregrada tudo o que tu lhe deste em sua partida? Um pai amoroso, quando tu lhe deste, e mais amoroso com ele, quando ele voltou vazio. Assim, pois, na luxúria, isto é, nas afeições obscurecidas, está a verdadeira distância de tua face.

Observa, ó senhor Deus, sim, observa pacientemente, como tu costumas fazer, quão cuidadosamente os filhos dos homens observam as regras pactuadas de letras e sílabas recebidas daqueles que falaram antes deles, negligenciando o convênio eterno de salvação eterna recebido de ti. De tal forma que um professor ou aprendiz das leis hereditárias da pronúncia ofenderá mais os homens falando sem a aspiração, de um "ser humano", apesar das leis da Gramática, do que se ele, um "ser humano", odiar um "ser humano" apesar das tuas. Como se qualquer inimigo pudesse ser mais prejudicial do que o ódio com o qual ele se enfurece contra ele; ou pudesse ferir mais profundamente aquele a quem ele persegue, do que ele fere a própria alma com sua inimizade. Certamente, nenhuma Ciência das Letras pode ser tão inata quanto o registro da consciência, "que ele está fazendo a outro o que de outro ele não gostaria de sofrer". Quão profundos são teus caminhos, ó Deus, tu que és o único grande, que estás sentado silenciosamente nas alturas e que, por meio de uma lei incansável, dispensa a cegueira penal aos desejos sem lei. Em busca da fama da eloquência, uma pessoa que se apresenta diante de um juiz humano, cercado por uma multidão humana, declamando contra seu inimigo com o ódio mais feroz, prestará muita atenção para que, por um erro de linguagem, não assassine a palavra "ser humano"; mas não presta atenção para que, pela fúria de seu espírito, não assassine o verdadeiro ser humano.

Esse era o mundo em cujo portão eu jazia infeliz em minha infância; esse era o estágio em que eu temia mais cometer uma barbaridade do que, tendo cometido uma, invejar aqueles que não a cometeram. Essas coisas eu digo e confesso a ti, meu Deus, pelas quais fui elogiado por eles, a quem eu achava que era uma virtude agradar. Pois não vi o abismo de vileza em que fui lançado para longe de teus olhos. Com inúmeras mentiras, enganando meu tutor, meus mestres e meus pais, por amor às brincadeiras, pela ânsia de ver espetáculos vãos e pela inquietação de imitá-los. Eu também roubava da adega e da mesa de meus pais, escravizado pela ganância, ou para dar aos meninos, que me vendiam suas brincadeiras, das quais eles gostavam tanto quanto eu. E o que eu poderia suportar tão mal, ou, quando o detectava, repreendia-me tão ferozmente, como o que estava fazendo aos outros? E pelo qual, se detectado, eu era repreendido, preferia brigar a ceder. Essa é a inocência da infância? Não é assim, Senhor, não é assim, eu clamo por tua misericórdia, meu Deus. Por esses mesmos pecados, à medida que os anos se sucedem, esses mesmos pecados são transferidos de tutores e mestres, de nozes, bolas e pardais, para magistrados e reis, para ouro, mansões e escravos, assim como punições mais severas substituem a bengala. Foi a baixa estatura da infância que tu, nosso rei, recomendaste como emblema de humildade, quando disseste: "Dos tais é o reino dos céus".

No entanto, Senhor, a ti, o criador e governador do Universo, o mais excelente e o melhor, devemos agradecer a ti, nosso Deus, mesmo que tenhas destinado a mim apenas a infância. Pois, mesmo naquela época, eu era, vivia e sentia, e tinha uma providência implantada sobre meu bem-estar – um traço daquela unidade misteriosa da qual eu provinha. Eu guardava, pelo sentido interno, a plenitude de meus sentidos e, nessas buscas minuciosas e em meus pensamentos sobre coisas minuciosas, aprendi a me deleitar com a verdade. Odiava ser enganado, tinha uma memória vigorosa, era dotado de fala, era acalmado pela amizade, evitava a dor, a baixeza e a ignorância. Em uma criatura tão pequena, o que não era maravilhoso, não era admirável? Mas todos são dons do meu Deus. Não fui eu quem os deu, e são bons, e todos eles juntos são eu mesmo. Bom, pois, é aquele que me fez, e ele é o meu bem, e diante dele exultarei por todo bem que tive como menino. Pois foi meu pecado que, não nele, mas em suas criaturas, em mim mesmo e nos outros, procurei prazeres, sublimidades, verdades, e assim caí de cabeça em tristezas, confusões e erros. Graças a ti, minha alegria, minha glória e minha confiança, meu Deus, graças a ti por teus dons, mas preserva-os para mim. Pois assim me conservarás, e as coisas que me deste serão ampliadas e aperfeiçoadas, e eu mesmo estarei contigo, pois tu me deste o poder de estar.

LIVRO II

Agora, vou relembrar minha sujeira passada e as corrupções carnais de minha alma, não porque eu as ame, mas para que eu possa te amar, ó meu Deus. Por amor ao teu amor, eu o faço, revendo meus caminhos mais perversos na amargura de minha lembrança, para que tu possas te tornar doce para mim (tu, doçura que nunca falhas, tu, doçura bem-aventurada e segura), tirando-me novamente daquela minha dissipação em que fui despedaçado quando me afastava de ti, o único bem, e me perdia entre uma multiplicidade de coisas. Em minha juventude até as queimei para me saciar com as coisas inferiores, e ousei me tornar selvagem novamente, com esses vários e sombrios amores, uma vez que minha beleza se consumiu, e eu cheirava mal aos teus olhos, agradando a mim mesmo e desejando agradar a pessoas.

Mas eu não guardava a medida do amor, de mente a mente, o limite brilhante da amizade, mas da concupiscência lamacenta da carne e dos entusiasmos da juventude fumegavam névoas que obscureciam e encobriam meu coração de modo que eu não conseguia discernir o claro brilho do amor da névoa da luxúria. Ambos fervilhavam confusamente em mim, e precipitaram minha juventude inabalável no precipício dos desejos profanos, afundando-me em um abismo de flagelações. Tua ira se abateu sobre mim, e eu não sabia. Fiquei surdo com o ruído da corrente de minha mortalidade, o castigo do orgulho de minha alma, e me afastei de ti, e tu me deixaste sozinho, jogado de um lado para o outro, desperdiçado e dissipado, fervendo em minhas fornicações, e tu te calaste, ó minha alegria tardia! Então, tu te calaste, e eu me afastei cada vez mais de ti, em mais e mais sementeiras infrutíferas de tristezas, com um orgulho desapontado e um cansaço inquieto.

Oh! se alguém tivesse então controlado minha desordem, e levado em conta as belezas efêmeras desses pontos extremos de tua criação! Se alguém tivesse colocado um limite em sua agradabilidade, de modo que as marés de minha juventude pudessem ter se lançado na praia do casamento, se não pudessem ser acalmadas e mantidas dentro do objeto de uma família, como tua lei prescreve, ó Senhor: quem assim forma a prole desta nossa morte, sendo capaz de, com uma mão gentil, embotar os espinhos que foram excluídos de teu paraíso? Pois tua onipotência não está longe de nós, mesmo quando estamos longe de ti. De outra forma, eu deveria ter ouvido com mais cuidado a voz das nuvens. Todavia, os tais terão aflição na carne, mas eu os pouparei. E é bom que o homem não toque na mulher. E o solteiro pensa nas coisas do Senhor, em como há de

CONFISSÕES DE SANTO AGOSTINHO

agradar ao Senhor, ao passo que o casado cuida das coisas deste mundo, em como há de agradar sua mulher.

Essas palavras eu deveria ter ouvido com mais atenção e, sendo separado por causa do reino dos céus, teria esperado com mais alegria os teus abraços. Mas eu, pobre coitado, espumei como um mar revolto, seguindo a correnteza de minha maré, abandonando-te e ultrapassando todos os teus limites. Contudo, não escapei de teus flagelos, pois, que mortal pode fazê-lo? Tu sempre foste misericordiosamente rigoroso comigo, e polvilhavas com a mais amarga liga todos os meus prazeres ilegais, para que eu buscasse prazeres sem liga. Mas não pude descobrir onde encontrá-los, a não ser em ti, ó Senhor, que nos ensinas pela dor, e nos feres para nos curar e nos matas para que não morramos de ti. Onde estava eu, e quão longe estava eu exilado das delícias de tua casa, naquele décimo sexto ano da idade de minha carne, quando a loucura da luxúria (à qual a falta de pudor humana dá livre licença, embora não seja permitida por tuas leis) assumiu o domínio sobre mim, e eu me resignei totalmente a ela? Meus amigos, nesse meio tempo, não se preocuparam em se casar para evitar minha queda, sua única preocupação era que eu aprendesse a falar de forma excelente e a ser um orador persuasivo.

Durante aquele ano, meus estudos foram interrompidos. Após meu retorno de Madaura[5] (uma cidade vizinha, para onde eu tinha viajado para aprender Gramática e Retórica), as despesas para uma nova viagem a Cartago estavam sendo providenciadas para mim, e isso mais pela resolução do que pelos meios de meu pai, que era apenas um pobre homem livre de Tagaste.[6] A quem digo isso? Não a ti, meu Deus, mas diante de ti, à minha espécie, mesmo àquela pequena porção da humanidade que pode ter acesso a estes meus escritos. E com que propósito? Para que todo aquele que ler isso possa pensar de que profundezas devemos clamar a ti. Pois o que está mais próximo de teus ouvidos do que um coração que confessa e uma vida de fé? Quem não exaltou meu pai por ter fornecido a seu filho, além de seus recursos, tudo o que era necessário para uma viagem longa por causa de seus estudos? Muitos cidadãos bem mais capazes não faziam tal coisa por seus filhos. Mas, ainda assim, esse mesmo pai não se preocupava em saber como eu crescia em relação a ti, ou quão casto eu era, de modo que eu era

---

5   Madaura foi uma cidade onde havia uma diocese da Igreja Católica no antigo estado da Numídia, na atual Argélia. Ressalte-se que Santo Agostinho era natural de Hipona, a antiga Hippo Regius, atual Annaba, na Argélia.

6   A antiga cidade romana de Tagaste, correspondente à cidade de Souk Ahras, na Argélia, foi a sede de uma antiga diocese episcopal durante o Império romano.

abundante em palavras, embora fosse estéril em relação à tua cultura, ó Deus, que é o único verdadeiro e bom Senhor do teu campo, meu coração.

Enquanto eu vivia com meus pais, no décimo sexto ano, deixando de estudar por um tempo (um período de ociosidade foi interrompido pela estreiteza da fortuna de meus pais), as sarças dos desejos impuros cresceram sobre minha cabeça, e não havia mão para arrancá-las. Quando meu pai me viu nos banhos, já crescendo em direção à idade adulta e dotado de uma juventude inquieta, como se já estivesse antecipando seus descendentes, ele contou isso de bom grado à minha mãe, regozijando-se com aquele tumulto dos sentidos em que o mundo se esquece de ti, seu criador, e se enamora de tua criatura, em vez de ti, pelos vapores daquele vinho invisível de sua vontade própria, desviando-se e curvando-se às coisas mais baixas. Mas, no peito de minha mãe tu já havias começado teu templo e o alicerce de tua santa habitação, ao passo que meu pai ainda era apenas um catecúmeno,[7] e isso há pouco tempo. Então, ela se assustou com um santo temor e tremor e, embora eu ainda não fosse batizado, temia por mim, pelos caminhos tortuosos em que andam aqueles que te dão as costas, e não o rosto.

Ai de mim! E ouso perguntar se tu te calaste, ó meu Deus, enquanto eu me afastava de ti? De fato, tu te calaste para mim? E de quem, a não ser de ti, foram essas palavras que, por meio de minha mãe, tua fiel, cantaste em meus ouvidos? Nada disso penetrou em meu coração, a ponto de fazê-lo se alterar. Pois ela desejava, e eu me lembro que com grande ansiedade me advertiu: "não cometer fornicação, especialmente nunca contaminar a esposa de outro homem". Esses me pareceram conselhos femininos, aos quais eu me envergonharia de obedecer. Mas eles eram teus, e eu não sabia. Pensei que tu estavas em silêncio e que era ela quem falava. Tu não estavas em silêncio para mim, e nela foste desprezado por mim, seu filho, o filho de tua serva, teu servo. Mas eu não sabia, e corri de cabeça com tal cegueira, e entre os meus iguais eu me envergonhava de uma menor falta de vergonha, quando os ouvia se vangloriarem de sua flagelação, sim, e quanto mais se vangloriavam, mais eram degradados. Mas eu tinha prazer, não apenas no prazer do ato, mas no louvor. O que é digno de desprezo, senão o vício? Eu me tornava pior do que era, para não ser menosprezado, e quando em alguma coisa eu não pecava como os abandonados, eu dizia que

---

7 Aquele que se prepara e se instrui nos princípios da religião cristã para receber o batismo; todo aquele que está sendo catequizado (CATECÚMENO. Michaelis. Disponível em: https://michaelis.uol.com.br/busca?r=0&f=0&t=0&palavra=catec%C3%BAmeno. Acesso em: 15 ago. 2023).

tinha feito o que não tinha feito, para não parecer desprezível na medida em que era inocente, ou de menor importância, quanto mais casto.

Vê os companheiros com quem percorri as ruas da Babilônia e chafurdei na sua lama, como se estivesse em um leito de especiarias e unguentos preciosos. Para que eu pudesse fender o mais rápido até o seu centro, o inimigo invisível me pisoteou e me seduziu, pois eu era fácil de ser seduzido. Nem a mãe da minha carne (que já havia fugido do centro de Babilônia, mas que se aproximava mais lentamente dele, enquanto me aconselhava à castidade, atentando para o que ouvira de seu marido a meu respeito, a fim de restringir dentro dos limites da afeição conjugal, se não pudesse ser cortada até a morte) o que ela achava ser degradante no presente e perigoso no futuro. Ela não deu atenção a isso, pois temia que uma esposa se tornasse um empecilho e um obstáculo para minhas esperanças. Não as esperanças do mundo vindouro, que minha mãe depositava em ti, mas a esperança de aprender, que ambos os meus pais desejavam muito que eu alcançasse. Meu pai, porque ele quase não pensava em ti, e em mim apenas em vãs concepções; minha mãe, porque ela considerava que os cursos habituais de aprendizado não apenas não seriam um obstáculo, mas até um avanço para te alcançar. Pois é assim que eu imagino, lembrando, da melhor forma possível, a disposição de meus pais. As rédeas, enquanto isso, foram afrouxadas para mim, além de toda a severidade devida, para que eu passasse meu tempo em esportes. Sim, até a dissolução em tudo o que eu quisesse. E em tudo havia uma névoa, interceptando de mim, ó meu Deus, o brilho de tua verdade, e minha iniquidade irrompeu como de uma grande gordura.

O roubo é punido pela tua lei, Senhor, e pela lei escrita no coração dos homens, que a própria iniquidade não apaga. Nem mesmo um ladrão rico, que rouba por necessidade. Mas eu desejei roubar, e o fiz, não por fome nem por pobreza, mas por causa da alegria de fazer o bem e da iniquidade. Eu roubava o que tinha de sobra e muito melhor. E não me importava em desfrutar do que roubava, mas me alegrava com o roubo e com o pecado. Havia uma pereira perto de nosso vinhedo, carregada de frutas, que não eram tentadoras nem pela cor nem pelo sabor. Para sacudi-la e roubá-la, alguns jovens lascivos foram até lá, tarde da noite (tendo, de acordo com nosso costume degradante, prolongado nossos esportes nas ruas até então), e pegaram grandes quantidades, não para comer, mas para atirar aos porcos, depois de apenas prová-las. E isso para fazermos o que nos agradava, porque não nos agradava. Eis o meu coração, ó Deus, eis o meu coração, do qual te compadeceste no fundo do abismo. Agora, permita que meu coração te diga o que buscava ali, que eu fosse gratuitamente mau, não tendo nenhuma tentação para o mal, mas o próprio mal. Era mau e eu o amava, pois amava perecer, amava minha culpa, não aquela pela qual eu era culpado, mas a própria culpa. Era uma falta, alma imunda, caindo do teu firmamento para a destruição total, sem buscar nada através da vergonha, mas a própria vergonha!

Pois há um atrativo nos corpos belos, no ouro e na prata, e em todas as coisas, bem como no toque corporal, a simpatia tem muita influência, e cada um dos outros sentidos tem o próprio objeto temperado de forma adequada. A honra mundana também tem sua graça, e o poder de vencer e de dominar, de onde também surge a sede de vingança. Ainda assim, para obter tudo isso não podemos nos afastar de ti, ó Senhor, tampouco declinar de tua lei. A vida que vivemos aqui também tem seu encanto, por meio de uma certa proporção própria, e uma correspondência com todas as coisas belas aqui embaixo. A amizade humana também é revestida de um doce vínculo em razão da unidade formada por muitas almas. Por ocasião de todas essas coisas e outras semelhantes o pecado é cometido, ao passo que por meio de uma inclinação imoderada para esses bens da ordem mais baixa os melhores e mais elevados são abandonados – tu, nosso Senhor Deus, tua verdade e tua lei. Essas coisas inferiores têm seus prazeres, mas não como o meu Deus, que fez todas as coisas, pois nele se deleita o justo, e ele é a alegria dos retos de coração.

Quando, portanto, perguntamos por que um crime foi cometido, não acreditamos nele, a menos que pareça que houve algum desejo de obter alguns dos que chamamos de bens inferiores, ou um medo de perdê-los. Eles são belos e formosos, embora quando comparados com os bens mais elevados e nobres sejam abjetos e baixos. Um homem assassinou outro. Por quê? Porque amava sua esposa ou sua propriedade, ou queria roubar para o próprio sustento, ou temia perder algumas dessas coisas por causa dele. Ou, injustiçado, estava ansioso para se vingar. Quem acreditaria nisso? Quanto àquele homem furioso e selvagem, de quem se diz que era gratuitamente mau e cruel, ainda assim a causa é atribuída: "para que" (diz ele) "a mão ou o coração não se tornassem inativos por causa da ociosidade". E para que fim? Para que, por meio dessa prática de culpa, ele pudesse, tendo tomado a cidade, alcançar honras, império, riquezas e ser liberado do medo das leis, bem como de seus embaraços das necessidades domésticas e da consciência de vilanias. Assim, sequer o próprio Catilina[8] amava suas vilanias, mas outra coisa, por quem ele as praticava.

---

8   O troiano, companheiro de Eneias, Lúcio Sérgio Catilina tentou um golpe contra a República romana. Habituado a cometer crimes, seus discursos eram em tom de indignação contra os abusos da elite, posicionando-se como o candidato que defenderia o povo. Entretanto, era um conspirador. É célebre a afirmação no pronunciamento do cônsul Cícero no Senado: "Até quando, Catilina, abusarás de nossa paciência?".

O que, então, eu, miserável, amava tanto em ti, meu furto, teu ato de escuridão, naquele décimo sexto ano de minha idade? Não eras amável, porque eras um roubo. Porventura és tu alguma coisa, para que eu te fale assim? Belas eram as peras que roubamos, porque eram tua criação, tu mais belo de todos, criador de todos, tu bom Deus, o soberano bem e meu verdadeiro bem. Belas eram aquelas peras, mas não eram elas que minha alma miserável desejava. Eu tinha um estoque de melhores do que aquelas que eu colhia apenas para poder roubar. Depois de colhidas, eu as jogava fora, e meu único banquete era meu pecado, do qual eu gostava de desfrutar. Se alguma daquelas peras entrava em minha boca, o que a adoçava era o pecado. E agora, ó Senhor meu Deus, pergunto-me o que naquele furto me deleitou, e eis que não tem beleza alguma, não me refiro à beleza da justiça e da sabedoria, tampouco à da mente, da memória, dos sentidos e da vida animal do ser humano, nem ainda como as estrelas são gloriosas e belas em seus orbes; ou a Terra ou o mar, cheios de vida embrionária, substituindo por seu nascimento aquilo que se decompõe. Não, nem mesmo aquela beleza falsa e sombria que pertence aos vícios enganadores.

Assim, o orgulho imita a exaltação, ao passo que somente tu és Deus exaltado sobre todos. O que busca a ambição, senão honras e glória? A crueldade dos grandes gostaria de ser temida. Mas, quem deve ser temido, senão somente Deus, de cujo poder nada pode ser arrancado ou retirado? Quando, ou onde, ou para onde, ou por quem? As ternuras do devasso seriam consideradas amor. No entanto, nada é mais terno do que tua caridade. Nada é amado de forma mais saudável do que tua verdade, brilhante e bela acima de tudo. A curiosidade parece um desejo de conhecimento, mas tu sabes tudo de forma suprema. Sim, a ignorância e a insensatez são disfarçadas sob o nome de simplicidade e inofensividade, porque nada é mais simples do que tua verdade. O que é menos prejudicial, já que são suas obras que prejudicam o pecador?

Sim, a preguiça gostaria de estar em repouso; mas que repouso estável além do Senhor? O luxo parece ser chamado de fartura e abundância, mas tu és a plenitude e a abundância inesgotável de prazeres incorruptíveis. A prodigalidade apresenta uma sombra de liberalidade, mas tu és o mais transbordante doador de todo o bem. A cobiça quer possuir muitas coisas, mas tu possuis todas as coisas. A inveja disputa a excelência: quem é mais excelente do que tu? A raiva busca vingança: quem se vinga com mais justiça do que tu? O medo se assusta com coisas inesperadas e repentinas, que colocam em perigo as coisas amadas e exigem precaução para sua segurança. Mas, para ti, o que é inesperado ou repentino, ou quem separa de ti o que tu amas? Ou onde, senão em ti, há segurança inabalável? A tristeza anseia por coisas perdidas, o deleite de seus desejos, porque nada lhe seria tirado, como nada pode ser tirado de ti.

Assim, a alma comete fornicação quando se afasta de ti, buscando sem ti o que não encontra puro e imaculado, até que retorne a ti. Assim, todos os que te imitam de forma pervertida se afastam de ti e se levantam contra ti. Mesmo assim, ao te imitarem insinuam que és o criador de toda a natureza, de modo que não há lugar para se afastar de ti. O que, então, amei naquele roubo? E em que imitei meu Senhor de forma corrupta e pervertida? Desejava eu, mesmo furtivamente, fazer algo contrário à tua lei, porque pelo poder eu não podia, de modo que, sendo um prisioneiro, eu pudesse imitar uma liberdade mutilada, fazendo impunemente coisas que não me eram permitidas, uma semelhança obscurecida de tua onipotência? Eis que teu servo foge de seu senhor e obtém uma sombra. Ó podridão, ó monstruosidade da vida, e profundidade da morte! Poderia eu gostar do que não posso, só porque não posso?

Que darei ao Senhor, para que, enquanto minha memória se lembra dessas coisas, minha alma não se assuste com elas? Eu te amarei, Senhor, te agradecerei e confessarei teu nome, porque tu me perdoaste esses meus atos tão hediondos. Atribuo à tua graça e à tua misericórdia o fato de teres derretido meus pecados como se fossem gelo. À tua graça atribuo também tudo o que não fiz de mal; pois o que eu não teria feito, se amasse o pecado por causa dele? Sim, tudo o que confesso me foi perdoado, tanto os males que cometi pela própria vontade quanto os que não cometi por tua orientação. Que homem é esse que, avaliando sua enfermidade, ousa atribuir sua pureza e inocência à própria força, para que assim te ame menos, como se tivesse menos necessidade de tua misericórdia, pela qual remetes os pecados àqueles que se voltam para ti? Todo aquele que, chamado por ti, seguir tua voz e evitar as coisas que me lê recordando e confessando de mim mesmo, não despreze a mim, que, estando doente, fui curado por aquele médico, com cuja ajuda ele não ficou, ou melhor, ficou menos doente, e por isso ele te ame tanto quanto, sim e mais, pois por quem ele vê que eu fui recuperado de tão profundo consumo de pecado, vendo-se preservado de igual consumo de pecado.

Que fruto tive eu (homem miserável!) naquelas coisas, de cuja lembrança agora me envergonho? Especialmente naquele furto que eu amava por causa do furto, mas ele também não era nada, e, portanto, mais miserável eu, que o amava. Sozinho, eu não o havia cometido: assim era eu então, eu me lembro, sozinho eu nunca o havia cometido. Eu também amava a companhia dos cúmplices, com quem o fiz? Naquela época, eu não amava nada além do roubo, ou melhor, eu não amava nada além disso, pois a circunstância da companhia também não era nada. Quem pode me ensinar, a não ser aquele que ilumina meu coração e descobre seus cantos escuros? O que é que veio à minha mente para indagar, discutir e considerar? Se eu tivesse amado as peras que roubei e quisesse desfrutar delas, poderia tê-lo feito sozinho, se a simples prática do roubo bastasse para alcançar meu prazer. Não precisaria ter inflamado a coceira de meus desejos com a excitação de cúmplices. Meu prazer não estava naquelas peras, estava na própria ofensa, que a companhia de outros pecadores ocasionou.

O que era, então, esse sentimento? Porque, na verdade, era muito desagradável, e ai de mim, que o tinha. Ainda assim, o que era? Quem pode entender seus erros? Era o esporte que, por assim dizer, fazia cócegas em nossos corações, que enganava aqueles que pouco se importavam com o que fazíamos e que não gostavam muito disso. Por que, então, meu prazer era de tal ordem que eu não o fazia sozinho? Por que normalmente ninguém ri sozinho? Normalmente, ninguém. No entanto, o riso às vezes domina os homens sozinhos e isolados, quando não há ninguém com eles, se algo muito ridículo se apresenta a seus sentidos ou mente. No entanto, eu não havia feito isso sozinho; sozinho eu nunca havia feito isso. Eis, meu Deus, diante de ti, a vívida lembrança de minha alma; sozinho, eu nunca havia cometido aquele furto em que o que eu roubava não me agradava, mas sim o que eu roubava, nem só a mim agradou fazê-lo nem eu o fiz. Ó amizade muito hostil, incompreensível corruptor da alma, ganância de fazer mal por diversão e libertinagem, sede de perda alheia, sem desejo de ganho próprio ou vingança, mas quando é dito: "Vamos lá, vamos fazer isso", temos vergonha de não sermos desavergonhados.

Quem pode desembaraçar esse nó torcido e intrincado? É sujo. Odeio pensar nisso, olhar para isso. Mas eu anseio por ti, ó retidão e inocência, belo e agradável a todos os olhos puros, e de uma satisfação insaciável. Em ti há descanso completo e vida imperturbável. Quem entra em tua presença entra na alegria de seu Senhor; não temerá e se sairá muito bem no todo-excelente. Afastei-me de ti e vaguei, ó meu Deus, muito longe de ti, meu lar, nos dias de minha juventude, tornando-me uma terra estéril.

LIVRO III

Cheguei a Cartago, onde cantava ao meu redor, em meus ouvidos, um caldeirão de amores profanos. Eu ainda não amava, mas amava amar e, por causa de um desejo profundo, eu me odiava por não querer. Busquei o que poderia amar, apaixonado por amar, e odiei a segurança e um caminho sem armadilhas. Dentro de mim havia fome daquele alimento interior, tu mesmo, meu Deus. Contudo, durante essa fome, eu não tinha fome, mas estava sem qualquer desejo pelo sustento incorruptível, não porque estivesse cheio dele, mas quanto mais vazio, mais eu o detestava. Por essa razão, minha alma estava doente e cheia de feridas, lançando-se miseravelmente para fora, desejando ser raspada pelo toque dos objetos dos sentidos. No entanto, se não tivessem alma não seriam objetos de amor. Amar, então, e ser amado era doce para mim, mais ainda quando eu conseguia desfrutar da pessoa que eu amava, eu contaminava, portanto, a fonte da amizade com a imundície da concupiscência, e obscurecia seu brilho com o inferno da luxúria. Assim, sujo e indecoroso, eu desejaria por vaidade excessiva ser fino e cortês. Caí, então, de cabeça no amor que eu desejava ser enlaçado. Meu Deus, minha misericórdia, com quanto fel, de tua grande bondade, me embelezaste com essa doçura? Eu era amado, e secretamente cheguei ao vínculo do gozo, com alegria fui acorrentado com laços que traziam tristeza, para que eu pudesse ser açoitado com as barras de ferro ardentes do ciúme, e suspeitas, e medos, e raivas, e brigas.

As peças teatrais também me levavam para longe, cheias de imagens de minhas misérias e de combustível para meu fogo. Por que o ser humano deseja ficar triste, contemplando coisas trágicas e tristes, que ele mesmo não sofreria de forma alguma? Uma pessoa é tanto mais afetada por essas ações quanto menos livre estiver de tais afeições. De qualquer forma, quando sofre na própria pessoa, isso costuma ser chamado de miséria; quando um ser humano se compadece dos outros, então é misericórdia. Mas, que tipo de compaixão é essa por paixões fingidas e cênicas? O auditor não é chamado para aliviar, mas sim para entristecer, e ele aplaude o ator dessas ficções quanto mais ele se entristece. E se as calamidades dessas pessoas (sejam elas dos tempos antigos ou meras ficções) são representadas de tal forma que o espectador não se comove até as lágrimas, ele vai embora desgostoso e criticando; mas se ele se comover até a paixão, ele permanecerá firme e vai chorar de alegria.

Serão as tristezas demasiado amadas? De fato, todos desejam a alegria. Ou, se ninguém gosta de ser infeliz, agrada-lhe, todavia, ser misericordioso? O que,

CONFISSÕES DE SANTO AGOSTINHO

pelo fato de não poder ser feito sem paixão, só por essa razão as paixões são amadas? Isso também provém da veia da amizade. Mas, para onde vai essa veia? Para onde ela flui? Por que ela corre para aquela torrente de piche que borbulha aquelas marés monstruosas de luxúria imunda, nas quais ela é voluntariamente mudada e transformada, sendo pela própria vontade precipitada e corrompida de sua clareza celestial? A compaixão deve, então, ser eliminada? De modo algum. Então, que as tristezas sejam amadas às vezes. Mas guarda-te da impureza, ó minha alma, sob a guarda do meu Deus, o Deus de nossos pais, que há de ser louvado e exaltado acima de tudo para sempre, guarda-te da impureza. Porque ainda não deixei de ter piedade; antes, nos teatros, eu me regozijava com os amantes quando se divertiam maldosamente, embora isso fosse imaginário apenas na peça. Quando se perdiam um ao outro, como que por grande compaixão, eu me entristecia com eles, mas tinha prazer em ambos. Agora, tenho muito mais pena daquele que se regozija em sua maldade do que daquele que pensa que sofrerá dificuldades por perder algum prazer pernicioso ou alguma felicidade miserável. Essa é certamente a misericórdia mais verdadeira, mas nela a tristeza não se deleita. Ainda que aquele que se entristece pelos miseráveis seja louvado por seu ofício de caridade, aquele que é genuinamente compassivo preferiria que não houvesse nada pelo que se entristecer. Se a boa vontade for má (o que nunca pode ser), então aquele que verdadeira e sinceramente se compadece pode desejar que haja algum miserável, para que possa se compadecer. Assim, pode-se permitir alguma tristeza, mas não se pode amar. Tu, ó Senhor Deus, que amas as almas muito mais puramente do que nós, e que tens mais incorruptível piedade delas, ainda assim não és ferido com nenhuma tristeza. E quem é suficiente para essas coisas?

Mas eu, miserável, gostava de me entristecer e procurava motivos para me entristecer. Na miséria alheia, fingida e personificada, aquela ação me agradava mais e me atraía com mais veemência, o que me arrancava lágrimas. Que maravilha é que uma ovelha infeliz, afastada de teu rebanho e impaciente com tua guarda, tenha sido infectada por uma doença imunda? E daí o amor pelos sofrimentos; não aqueles que se aprofundavam em mim, pois eu não amava sofrer, o que amava era olhar; mas aqueles que, ao ouvir suas ficções, arranhavam levemente a superfície, sobre a qual, como em unhas envenenadas, seguiam-se inchaços inflamados, imposturas e uma ferida putrefata. Sendo minha vida assim, seria ela vida, ó meu Deus?

E tua fiel misericórdia pairava sobre mim de longe. Em quão graves iniquidades eu me consumia, perseguindo uma curiosidade sacrílega que, tendo te abandonado, poderia me levar ao abismo traiçoeiro e ao serviço sedutor dos demônios, aos quais eu sacrificava minhas más ações, e em todas essas coisas tu me flagelavas! Ousei até, enquanto tuas solenidades eram celebradas dentro dos muros de tua Igreja, desejar e realizar um negócio que merecia a morte por seus frutos, pelo qual tu me açoitaste com punições severas, embora nada fosse culpa minha, ó tu, minha extrema misericórdia, meu Deus, meu refúgio daqueles terríveis destruidores, entre os quais eu vagava com a cerviz rígida, afastando-me ainda mais de ti, amando meus caminhos, e não os teus, amando uma liberdade errante.

Esses estudos também, que eram considerados louváveis, tinham o objetivo de se sobressair nos tribunais de litígio, pois quanto mais elogiado, mais astuto. Tal é a cegueira das pessoas, que se gloriam até em sua cegueira. E agora eu era o chefe da escola de Retórica, o que me alegrava com orgulho e me enchia de arrogância, embora (Senhor, tu sabes) muito mais calmo e completamente distante das subversões daqueles "subversores" (esse nome maldito e diabólico era o próprio distintivo da galanteria) entre os quais eu vivia, com uma vergonha desavergonhada de não ser como eles. Com eles eu vivia, e às vezes me deliciava com sua amizade, cujos atos eu sempre abominei – isto é, suas "subversões", com as quais eles perseguiam arbitrariamente a modéstia de estranhos, que eles perturbavam com uma zombaria gratuita, alimentando com isso seu nascimento malicioso. Nada pode ser mais parecido com as próprias ações dos demônios do que isso. O que, então, poderia ser mais verdadeiramente chamado do que "subvertedores"? Eles mesmos subvertidos e totalmente pervertidos, com os espíritos enganadores secretamente zombando deles e os seduzindo, nos quais eles mesmos se deleitam em zombar e enganar os outros.

Entre esses, naquela minha idade instável, estudei livros de eloquência, nos quais eu desejava ser eminente, por um fim condenável e vanglorioso, uma alegria na vaidade humana. No curso normal dos estudos me deparei com um certo livro de Cícero, cuja fala quase todos admiram, mas não seu coração. Esse livro contém uma exortação à Filosofia e é chamado de "Hortênsio".[9] Mas esse livro alterou minhas afeições e voltou minhas orações para ti, Senhor, fazendo-me ter outros propósitos e desejos. Toda esperança vã se tornou imediatamente inútil para mim; e eu ansiava com um desejo incrivelmente ardente por uma imortalidade de sabedoria, razão pela qual comecei agora a me levantar para poder voltar a ti. Não foi para afiar minha língua (coisa que eu parecia estar

---

9   *Hortênsio* é uma das obras perdidas de Cícero que ficou famosa em razão de Agostinho de Hipona ter atribuído sua conversão ao cristianismo à leitura desses escritos.

comprando com as mesadas de minha mãe, naquele meu décimo nono ano, pois meu pai havia morrido dois anos antes), não foi para afiar minha língua que usei aquele livro; ele não me infundiu seu estilo, mas sua matéria.

Como eu ansiava, então, meu Deus, voltar das coisas terrenas para ti, sem saber o que farias comigo. Pois em ti está a sabedoria. O amor à sabedoria é chamado em grego de "filosofia", e foi com isso que esse livro me inflamou. Alguns há que seduzem por meio da filosofia, sob um grande, suave e honroso nome, colorindo e disfarçando os próprios erros; e quase todos os que, naquela e em épocas anteriores, eram assim são censurados e expostos nesse livro. Ali também se torna claro o saudável este conselho de teu espírito, dado por teu bom e devoto servo: acautelai-vos para que ninguém vos perturbe por meio de filosofia e vãos enganos, segundo a tradição dos homens, segundo os rudimentos do mundo, e não segundo Cristo. Porque nele habita corporalmente toda a plenitude da divindade. E como naquele tempo (tu, ó luz do meu coração, sabes) a escritura apostólica não era conhecida por mim, fiquei tão encantado com essa exortação que fui fortemente despertado, aceso e inflamado para amar, buscar, obter, manter e abraçar não uma ou outra seita, mas a própria sabedoria, seja ela qual for. Somente isso me impediu de ficar tão aceso, que o nome de Cristo não estava nela. Pois esse nome, de acordo com tua misericórdia, ó Senhor, esse nome de meu salvador, teu filho, meu tenro coração, mesmo com o leite de minha mãe, bebeu devotamente e guardou profundamente, e tudo o que estava sem esse nome, embora nunca tão erudito, polido ou verdadeiro, não se apoderou inteiramente de mim.

Então, resolvi inclinar minha mente para as Sagradas Escrituras, para ver o que eram. Mas eis que vejo uma coisa que não é compreendida pelos soberbos, tampouco aberta às crianças, de acesso humilde, em seus recessos elevados e velados com mistérios; e eu não era de entrar nela nem de inclinar o pescoço para seguir seus passos. Não foi assim que me senti quando me voltei para aquelas Escrituras, mas elas me pareceram indignas de serem comparadas à imponência de Tully,[10] pois meu orgulho enérgico se encolhia diante de sua humildade, e minha inteligência aguçada não conseguia penetrar em seu interior. No entanto, eles eram tais que cresceriam em um pequeno. Mas eu desdenhei ser um pequeno e, inchado de orgulho, considerei a mim mesmo um grande.

Por isso caí no meio de homens orgulhosos, muito carnais e faladores, em cujas bocas havia laços do diabo, misturados com as sílabas do teu nome, e de

---

10   Marco Túlio Cícero (em latim, Marcus Tullius Cicero) é chamado de Tully.

nosso Senhor Jesus Cristo, e do Espírito Santo, o paráclito[11], nosso consolador. Esses nomes não saíam de sua boca, mas apenas do som e do ruído da língua, pois o coração estava vazio de verdade. Contudo, clamavam: "Verdade, verdade", e falavam muito disso para mim, mas não estava neles; antes, falavam falsidades, não somente de ti (que verdadeiramente és a verdade), mas também dos elementos deste mundo, tuas criaturas. E eu, de fato, deveria ter passado por cima até dos filósofos que falavam a verdade a respeito deles, por amor a ti, meu pai, supremamente bom, beleza de todas as coisas belas. Ó verdade, verdade, como a medula de minha alma ofegava por ti, quando eles frequentemente e diversamente, e em muitos e enormes livros, ecoavam de ti para mim, embora fosse apenas um eco? E esses foram os pratos em que, para mim, faminto de ti, em vez de ti eles serviram o Sol e a Lua, belas obras tuas, mas ainda assim tuas obras, não tu mesmo, nem tuas primeiras obras. Pois tuas obras espirituais são anteriores a essas obras corporais, embora sejam celestiais e brilhantes. Eu não tinha fome e sede nem mesmo daquelas tuas primeiras obras, mas de ti mesmo, a verdade, em quem não há variação nem sombra de variação. Contudo, elas ainda se apresentavam diante de mim naqueles pratos, fantasias cintilantes, do que seria melhor amar esse mesmo Sol (que é real, pelo menos para a nossa visão) do que aquelas fantasias que, com nossos olhos, enganam nossa mente. No entanto, como eu pensava que eram tu, eu me alimentava delas; não com avidez, pois tu não tinhas nelas o sabor que tens; pois tu não eras esses vazios, tampouco eu me alimentava deles, mas estava exausto. O alimento durante o sono é muito semelhante ao nosso alimento quando estamos acordados. Contudo, os que estão dormindo não são nutridos por ele, pois estão dormindo. Mas aqueles não se assemelhavam de modo algum a ti, como agora me falaste; pois eram fantasias corpóreas, corpos falsos, dos quais corpos verdadeiros, celestiais ou terrestres, que com nossa visão carnal contemplamos, são muito mais certos. Essas coisas as bestas e os pássaros discernem tão bem quanto nós, e são mais certas do que quando as imaginamos. E também, com mais certeza, nós os imaginamos, do que por eles conjecturamos outros corpos mais vastos e infinitos que não têm existência. Naquela época, eu me alimentava de tais cascas vazias, e não me alimentava. Mas tu, amor de minha alma, ao procurar por quem eu falho, para que eu possa me tornar forte, não és nem aqueles corpos que vemos, embora no céu, nem aqueles que não vemos lá, pois tu os criaste, tampouco os consideras entre as maiores de tuas obras. Quão longe, pois, estás das minhas fantasias, fantasias de corpos que não são, do que as imagens desses corpos,

---

11   A luz de Deus, aquele que conduz nosso coração à verdade para que conheçamos e amemos a verdade.

CONFISSÕES DE SANTO AGOSTINHO

que são, são muito mais certas, e mais certas ainda são os próprios corpos, que tu não és. Não, nem ainda a alma, que é a vida dos corpos. Portanto, melhor e mais certa é a vida dos corpos do que os corpos. Mas tu és a vida das almas, a vida das vidas, tendo a vida em ti mesmo; e não mudas, vida da minha alma.

Onde estavas tu, pois, para mim, e quão longe de mim? Muito longe de ti me afastei, impedido de entrar nas próprias cascas dos porcos, que eu alimentava com cascas. Pois quão melhores são as fábulas dos poetas e dos gramáticos do que essas armadilhas? Porque os versos, e os poemas, e a "Medeia voadora"[12] são mais proveitosos do que os cinco elementos desses homens, disfarçados de várias maneiras, que correspondem a cinco antros de trevas, que não têm existência, mas matam o crente. Para versos e poemas, posso recorrer ao verdadeiro alimento, e "Medeia voando", embora eu cantasse, eu não mantinha; embora eu ouvisse cantada, eu não acreditava; mas essas coisas eu acreditava. Ai, ai, por quais degraus fui levado às profundezas do inferno! Labutando e me debatendo por causa da falta de verdade, já que eu te busquei, meu Deus (a ti eu confesso, que tiveste misericórdia de mim, mas ainda não confessei), não de acordo com o entendimento da mente, no qual tu quiseste que eu superasse os animais, mas de acordo com o sentido da carne. Tu eras para mim mais íntimo do que o meu mais íntimo, e mais alto do que o meu mais alto. Vi aquela mulher ousada, simples e que nada sabe, representada em Salomão, sentada à porta e dizendo: "Comei de boa vontade pão de segredos, e bebei águas doces roubadas". Ela me seduziu, porque achou minha alma habitando nos olhos da minha carne, e ruminando o alimento que eu havia devorado por meio dela.

Pois, além disso, eu não conhecia o que realmente é; e fui, como se fosse por agudeza de inteligência, persuadido a concordar com enganadores tolos, quando eles me perguntaram: "de onde vem o mal?". "Deus é limitado por uma forma corpórea, e tem cabelos e unhas?". "Devem ser considerados justos aqueles que tiveram muitas esposas ao mesmo tempo, mataram homens e sacrificaram criaturas vivas?". Diante disso, eu, em minha ignorância, fiquei muito perturbado e, afastando-me da verdade, parecia estar indo em direção a ela; porque eu ainda não sabia que o mal não era nada além de uma privação do bem, até que, por fim, uma coisa deixa de ser completamente. E como eu poderia ver, se a visão dos meus olhos alcançava apenas corpos, e a da minha mente, um

---

12   Medeia é uma peça trágica escrita por Eurípedes e encenada nas Dionísias em 431 a.C. Relata a saga de Jasão e os jovens argonautas na embarcação Argó em busca do novelo de ouro. Medeia, filha do rei de Cólquida, apaixona-se por Jasão, que solicita sua ajuda prometendo se casar com ela e ser eternamente fiel. Medeia deixa a própria família para se unir ao amor de sua vida, mas foi traída e rejeitada, sem ter para onde ir. Então, arquiteta um plano de vingança para destruir seus inimigos.

fantasma? E eu não sabia que Deus era um espírito, não alguém que tivesse partes estendidas em comprimento e largura, ou cujo ser fosse volume, pois todo volume é menor em uma parte do que no todo. E se for infinito, deve ser menor na parte que é definida por um certo espaço do que em sua infinitude, por isso não está totalmente em todos os lugares, como espírito, como Deus. E eu ignorava completamente o que deveria haver em nós, pelo qual fôssemos semelhantes a Deus e pudéssemos ser corretamente considerados segundo a imagem de Deus.

Nem conhecia eu aquela verdadeira justiça interior, que não julga segundo os costumes, mas segundo a justíssima lei do Deus todo-poderoso, pela qual os caminhos dos lugares e dos tempos são dispostos segundo esses tempos e lugares. Sendo ela mesma, entretanto, a mesma sempre e em todo lugar, não uma coisa em um lugar e outra em outro, segundo a qual Abraão, Isaque, Jacó, Moisés e Davi eram justos, e todos os que foram recomendados pela boca de Deus, mas foram julgados injustos por homens tolos, que julgavam com base no julgamento humano e mediam pelos próprios hábitos mesquinhos os hábitos morais de toda a humanidade. Como se, em um arsenal, alguém que desconhece o que é adequado para cada parte cobrisse a cabeça com grevas, ou procurasse ser calçado com um capacete, e reclamasse que não serviam: ou como se, em um dia em que o comércio é publicamente interrompido à tarde, alguém ficasse irritado por não lhe ser permitido manter a loja aberta, porque ele havia estado durante a manhã; ou quando em uma casa ele observa que algum servo pega uma coisa em sua mão, com a qual o mordomo não pode se intrometer; ou algo permitido fora de casa, que é proibido na sala de jantar; e deveria ficar irritado porque em uma casa e em uma família, a mesma coisa não é distribuída em todos os lugares e para todos. Tais são os que se irritam ao ouvir que algo era lícito para pessoas justas antigamente, mas agora não é mais; ou que Deus, para certos aspectos temporais, ordenou-lhes uma coisa, e a elas outra, obedecendo a ambos com a mesma justiça. Ao passo que eles veem, em uma pessoa, e em um dia, e em uma casa, coisas diferentes para diferentes membros, e uma coisa anteriormente lícita, depois de certo tempo não é mais; em um canto permitido ou ordenado, mas em outro corretamente proibido e punido. A justiça é, portanto, variada ou mutável? Os tempos que ela preside não fluem uniformemente, porque são tempos. Mas os seres humanos, cujos dias são poucos sobre a Terra, não podem por seus sentidos harmonizar as causas das coisas em épocas passadas e em outras nações, das quais não tinham experiência, com as que têm experiência, ao passo que em um mesmo corpo diã ou família veem facilmente o que convém a cada membro, estação, parte e pessoa; a um fazem exceções, a outro se submetem.

Essas coisas eu não sabia nem observava, mas elas atingiam minha visão por todos os lados, apesar de eu não as ver. Eu escrevia versos em que não podia colocar todos os pés em todos os lugares, mas de forma distinta em diferentes metros, sequer em um único metro o mesmo pé em todos os lugares. No entanto, a própria arte pela qual eu escrevia não tinha princípios diferentes para esses distintos casos, mas incluía tudo em um só. Ainda assim eu não via como aquela justiça, à qual pessoas boas e santas obedeciam, continha de forma muito mais excelente e sublime em uma só coisa todas as coisas que Deus ordenou, e em nenhuma parte variava. Embora em tempos variados ela não prescrevesse tudo de uma vez, mas distribuísse e ordenasse o que era adequado para cada um. E eu, em minha cegueira, censurei os santos padres, não apenas quando eles fizeram uso de coisas presentes como Deus ordenou e os inspirou, mas também quando eles estavam predizendo coisas futuras, como Deus estava se revelando neles.

Pode, em qualquer tempo ou lugar, ser injusto amar a Deus de todo o coração, de toda a alma e de todo o entendimento, e ao próximo como a si mesmo? Portanto, os delitos que são contra a natureza devem ser detestados e punidos em todo lugar e em todo tempo, como os dos habitantes de Sodoma, os quais, se todas as nações cometessem, seriam todos culpados do mesmo crime, segundo a lei de Deus, que não fez os seres humanos de tal maneira que eles pudessem abusar uns dos outros. Mesmo a relação que deveria existir entre Deus e nós é violada, quando a mesma natureza, da qual Ele é autor, é poluída pela perversidade da luxúria. Mas as ações que são ofensas aos costumes dos humanos devem ser evitadas de acordo com os costumes que prevalecem em cada país; de modo que uma coisa acordada e confirmada pelo costume ou pela lei de qualquer cidade ou nação não pode ser violada ao bel-prazer de qualquer um, seja nativo ou estrangeiro. Qualquer parte que não se harmonize com o todo é ofensiva. Mas quando Deus ordena que se faça uma coisa contra os costumes ou o pacto de qualquer povo, ainda que nunca tenha sido feita por eles até então, deve ser feita. Caso seja interrompida, deve ser restaurada, e se nunca foi ordenada, deve ser ordenada agora. Se for lícito a um rei, no Estado em que reinar, ordenar o que ninguém antes dele, nem ele mesmo, havia ordenado até então, e obedecer a ele não pode ser contra o bem comum do Estado (não, seria contra se ele não fosse obedecido, pois obedecer aos príncipes é um pacto geral da sociedade humana), quanto mais sem hesitação devemos obedecer a

Deus, em tudo o que Ele ordenar, o governante de todas as suas criaturas! Assim como entre os poderes da sociedade humana a autoridade maior é obedecida em detrimento da menor, do mesmo modo deve ser Deus acima de tudo.

Nos atos de violência em que há o desejo de ferir, seja por reprovação ou injúria, e isso por vingança, como um inimigo contra outro, ou por algum lucro pertencente a outro, como o ladrão contra o viajante, ou para evitar algum mal, como em relação a alguém que é temido, ou por inveja, como um menos afortunado em relação a outro mais afortunado, ou um bem-sucedido em qualquer coisa, em relação àquele que, por ser igual a ele, ele teme ou se entristece, ou pelo mero prazer na dor de outro, como espectadores de gladiadores, ou zombadores e escarnecedores de outros. Essas são as cabeças da iniquidade que brotam da concupiscência da carne, dos olhos ou do domínio, quer individualmente, quer combinadas, ou todas juntas. Assim, as pessoas vivem mal contra os três e os sete, aquele saltério de dez cordas, teus Dez Mandamentos, ó Deus, altíssimo e dulcíssimo. Que atos de violência contra ti, que não podes ser prejudicado? Mas tu vingas o que os seres humanos cometem contra si mesmos, visto que, quando pecam contra ti, praticam iniquidade contra as próprias almas, e a iniquidade se faz valer, corrompendo e pervertendo sua natureza, que tu criaste e ordenaste, ou por um uso imoderado de coisas permitidas, ou queimando coisas não permitidas, para aquele uso que é contra a natureza. Ou são considerados culpados, enfurecendo-se com o coração e a língua contra ti, chutando contra as picadas; ou quando, rompendo os limites da sociedade humana, ousadamente se regozijam em combinações ou divisões obstinadas, de acordo com qualquer objetivo a ser obtido ou objeto de ofensa. E essas coisas são feitas quando tu és abandonado, ó fonte da vida, que és o único e verdadeiro criador e governador do Universo, e por um orgulho obstinado, qualquer coisa falsa é escolhida e amada. Então, por meio de uma humilde devoção, retornamos a ti, e tu nos purificas de nossos maus hábitos, e és misericordioso com os pecados que confessamos, e ouves o gemido do prisioneiro, libertando-nos das correntes que criamos para nós mesmos, isso se não erguermos contra ti os chifres de uma liberdade irreal, sofrendo a perda de tudo, por meio da cobiça de mais, amando mais nosso bem particular do que a ti, o bem de todos.

Em meio a esses delitos de imundície e violência e a tantas iniquidades há pecados de pessoas que, em geral, estão se tornando proficientes. Essas, segundo a regra da perfeição, são desaconselhadas por quem julga corretamente, mas as pessoas são elogiadas na esperança de frutos futuros, como na folha verde do milho em crescimento. E há alguns que se assemelham a ofensas de imundície ou violência, mas que não são pecados, porque não ofendem nem a ti, nosso Senhor Deus, tampouco à sociedade humana. Quando, a saber, coisas adequadas para um determinado período são obtidas para o serviço da vida, e não sabemos se por desejo de ter; ou quando as coisas são, para fins de correção, punidas por autoridade constituída, e não sabemos se por desejo de ferir. Muitas ações que, à vista dos seres humanos são desaprovadas, são por teu testemunho aprovadas; e muitas, que são elogiadas pelos seres humanos são (sendo tu a testemunha) condenadas, porque a manifestação da ação, a mente de quem a pratica e a exigência desconhecida do momento variam. Mas quando tu, de repente ordenas uma coisa inesperada e impensada, sim, embora tu a tenhas proibido em algum momento, e ainda assim escondas a razão de tua ordem, e ela seja contra a ordenança de alguma sociedade de humanos, quem duvida que ela deva ser feita, visto que a sociedade humana é justa e te serve? Bem-aventurados são aqueles que conhecem teus mandamentos! Pois todas as coisas foram feitas por teus servos, seja para mostrar algo necessário para o presente, seja para mostrar coisas futuras.

Eu, ignorante dessas coisas, zombava dos teus santos servos e profetas. E o que ganhei zombando deles, senão ser zombado por ti, sendo insensivelmente e passo a passo levado a essas tolices, como acreditar que uma figueira chorava quando era arrancada, e que a árvore, sua mãe, derramava lágrimas leitosas? Apesar de que, se algum santo maniqueísta[13] tivesse comido um figo (arrancado por culpa de outro, não sua) e o misturasse com suas entranhas, ele deveria expelir anjos, sim, partículas da divindade deveriam irromper dele a cada gemido ou lamento em sua oração, partículas do Deus mais elevado e verdadeiro que permaneceram presas naquele figo, a menos que tivessem sido libertadas pelos dentes ou pela barriga de algum santo "eleito"! E eu, miserável, acreditava que deveria haver mais misericórdia para com os frutos da terra do que para com as pessoas, para os quais elas foram criadas. Pois se alguém faminto, que não fosse maniqueísta, pedisse algum, esse bocado pareceria como se estivesse condenado à pena capital, que lhe deveria ser aplicada.

Tu enviaste tua mão do alto, e tiraste minha alma daquela profunda escuridão, minha mãe, tua fiel, chorando por mim, mais do que as mães choram a morte corporal de seus filhos. Com a fé e o espírito que recebeu de ti ela discerniu a morte em que eu jazia, e tu a ouviste, Senhor. Tu a ouviste e não desprezaste suas lágrimas, que, jorrando, regavam o chão sob seus olhos em todos

---

13   O maniqueísmo é uma filosofia religiosa simplista que consiste em uma concepção do mundo dualista: o bem e o mal; a luz e as trevas.

os lugares onde ela orava. Sim, tu a ouviste. Pois de onde veio aquele sonho em que tu a confortaste, de modo que ela permitiu que eu vivesse com ela e comesse à mesma mesa na casa, da qual ela tinha começado a se afastar, abominando e detestando as blasfêmias do meu erro? Ela se viu de pé sobre uma certa régua de madeira, e um jovem brilhante vindo em sua direção, alegre e sorrindo para ela, quando estava aflita e dominada pela dor. Mas ele (a fim de instruir, como é seu hábito não ser instruído) perguntou a ela as causas de sua tristeza e lágrimas diárias, e ela respondeu que estava lamentando minha perdição. Então, ele a deixou satisfeita e disse-lhe para olhar e observar: "Que onde ela estava, eu também estava". E quando ela olhou, viu-me ao seu lado no mesmo modo de agir. De onde veio isso, senão que teus ouvidos estavam voltados para o coração dela? Ó tu, bom onipotente, que cuidas de cada um de nós como se cuidasses apenas de uma pessoa, de todos, como se fossem um só!

Daí também o fato de que, quando ela me contou essa visão, e eu gostaria de interpretá-la como: "Para que ela não se desesperasse de ser um dia o que eu fui", ela logo respondeu, sem qualquer hesitação: "Não, pois não me foi dito: 'onde ele estiver, lá estará você também', mas sim 'onde você estiver, lá estará ele também'?". Confesso-te, Senhor, que, tanto quanto me lembro (e já falei sobre isso muitas vezes), tua resposta, por meio de minha mãe acordada – que não ficou perplexa com a plausibilidade de minha falsa interpretação e tão rapidamente viu o que deveria ser visto, e que eu certamente não havia percebido antes de ela ter falado –, ainda assim me comoveu mais do que o próprio sonho, pelo qual uma alegria para a santa mulher, a ser cumprida tanto tempo depois, para o consolo de sua angústia atual foi tão antecipada. Quase nove anos se passaram, durante os quais chafurdei na lama daquele poço profundo e na escuridão da falsidade, muitas vezes tentando me erguer, mas sendo derrubado ainda mais gravemente. Durante todo esse tempo, aquela viúva casta, piedosa e sóbria (como tu amas), agora mais animada com a esperança, ainda assim não relaxando em seu choro e luto, não deixou em todas as horas de suas devoções de lamentar meu caso perante ti. E as orações dela chegaram à tua presença, e ainda assim permitiste que eu fosse envolvido muitas vezes naquela escuridão.

Enquanto isso, deste a ela outra resposta, que me vem à mente, pois muito eu deixo passar, apressando-me para as coisas que mais me pressionam a confessar a ti, e muito eu não me lembro. Deste a ela, então, outra resposta, por um sacerdote teu, um certo bispo criado na tua Igreja e bem instruído nos teus livros. A quem, quando essa mulher implorou para que conversasse comigo, refutasse meus erros, me desensinasse coisas ruins e me ensinasse coisas boas

CONFISSÕES DE SANTO AGOSTINHO

(pois isso ele costumava fazer quando encontrava pessoas aptas a recebê-las), ele recusou, sabiamente, como percebi depois. Ele respondeu que eu ainda não podia ser ensinado, pois estava ensoberbecido com a novidade daquela heresia e já havia deixado perplexas diversas pessoas inábeis com perguntas capciosas, como ela havia lhe dito: "Mas deixe-o em paz por um tempo" (disse ele), "apenas ore a Deus por ele, ele descobrirá por si mesmo, lendo, o que é esse erro e quão grande é sua impiedade". Ao mesmo tempo, ele contou a ela como ele mesmo, quando pequeno, tinha sido entregue ao maniqueísmo por sua mãe seduzida, e não apenas tinha lido, mas frequentemente copiado quase todos os seus livros, e tinha (sem qualquer argumento ou prova de qualquer um) visto o quanto aquela seita deveria ser evitada; e a tinha evitado. Quando ele disse isso, e ela não ficou satisfeita, mas insistiu ainda mais, com súplicas e muitas lágrimas, para que me visse e conversasse comigo, um pouco descontente com a importunação dela ele disse: "Siga seu caminho e que Deus o abençoe, pois não é possível que o filho dessas lágrimas pereça". Essa resposta ela recebeu (como sempre mencionou em suas conversas comigo) como se tivesse vindo do céu.

A obra de Santo Agostinho (1471) foi transcrita por Henricus de Bocholdia. Ao lado, vê-se uma de suas páginas

LIVRO IV

Durante esse período de nove anos (do meu décimo nono ano ao meu oitavo e vigésimo) vivemos seduzidos e seduzindo, enganados e iludindo, em diversas concupiscências; abertamente, por ciências que eles chamam de liberais; secretamente, com uma religião de nome falso; aqui orgulhosos, ali supersticiosos, em todos os lugares vaidosos. Aqui, caçando o vazio do louvor popular, até os aplausos teatrais, os prêmios poéticos, as disputas por grinaldas de relva, as loucuras dos espetáculos e a intemperança dos desejos. Ali, desejando ser purificado dessas impurezas, levando comida àqueles que eram chamados de "eleitos" e "santos", das quais na casa de trabalho de seus estômagos eles deveriam forjar para nós anjos e deuses pelos quais poderíamos ser purificados. Essas coisas eu segui e pratiquei com meus amigos, enganados por mim e comigo. Que os arrogantes zombem de mim, e aqueles que não foram, para a saúde de suas almas, atingidos e abatidos por ti, ó meu Deus; mas eu ainda confessaria a ti minha vergonha em teu louvor. Permite-me, eu te peço, e dá-me a graça de rever em minha memória atual as andanças de meu tempo passado, e de oferecer a ti o sacrifício de ação de graças. O que sou para mim mesmo sem ti, senão um guia para minha queda? Ou o que sou eu, na melhor das hipóteses, senão um bebê sugando o leite que tu dás e, alimentando-se de ti, o alimento que não perece? Que espécie de homem é qualquer homem, visto que não passa de um homem? Que os fortes e os poderosos se riam de nós, mas que nós, pobres e necessitados, confessemos a ti.

Naqueles anos, eu ensinava Retórica e, dominado pelo forte sentimento de querer ter dinheiro ou posses, vendia uma loquacidade que me superava. No entanto, eu preferia (Senhor, tu sabes) estudiosos honestos (como são considerados), e a esses eu, sem artifício, ensinava artifícios, não para serem praticados contra a vida dos inocentes, embora às vezes para a vida dos culpados. E tu, ó Deus, de longe me percebeste tropeçando nesse caminho escorregadio e, em meio a muita fumaça, enviando algumas fagulhas de fidelidade, que mostrei ao guiar aqueles que amavam a vaidade e buscavam a fuga, sendo eu mesmo seu companheiro. Naqueles anos, eu tinha uma mulher – não no que é chamado de casamento legal, mas que eu havia descoberto em uma paixão desordenada, sem entendimento. No entanto, era apenas uma, permanecendo fiel até a ela; em quem eu, em meu caso, experimentei a diferença entre o autocontrole do pacto matrimonial, para o bem da descendência, e a barganha de um amor luxurioso, em que os filhos nascem contra a vontade dos pais, embora, uma vez nascidos, eles restrinjam o amor.

Lembro-me também de que, quando decidi entrar nas listas para um prêmio teatral, um mago me perguntou o que eu lhe daria para ganhar, mas eu, detestando e abominando tais mistérios imundos, respondi: "Ainda que a guirlanda[14] fosse de ouro imperecível, eu não permitiria que uma mosca fosse morta para ganhá-la". Pois ele deveria matar algumas criaturas vivas em seus sacrifícios e, com essas honras, convidar os demônios a me favorecerem. Mas eu também rejeitei esse mal, não por puro amor a ti, ó Deus do meu coração, pois eu não sabia como te amar, pois não sabia como conceber nada além de um brilho material. E não é que uma alma, suspirando por tais ficções, comete fornicação contra ti, confia em coisas irreais e alimenta o vento? Ainda assim, eu não gostaria que fossem oferecidos sacrifícios aos demônios por mim, a quem eu estava me sacrificando com essa superstição. Pois o que mais é alimentar o vento, senão alimentá-los, isto é, desviar-se para se tornar seu prazer e escárnio?

Esses impostores, então, a quem eles chamam de matemáticos, eu consultei sem escrúpulos, porque eles pareciam não usar nenhum sacrifício, tampouco orar a nenhum espírito para suas adivinhações: arte que, no entanto, a piedade cristã e verdadeira consistentemente rejeita e condena. Pois é bom confessar-te e dizer: tem misericórdia de mim, cura a minha alma, porque pequei contra ti; e não abusar da tua misericórdia como licença para pecar, mas lembrar as palavras do Senhor: "Eis que estás curado, não peques mais, para que não te suceda coisa pior". Todos esses conselhos salutares eles se esforçam para destruir, dizendo: "A causa do teu pecado é inevitavelmente determinada no céu"; e "Isso foi Vênus, ou Saturno, ou Marte": para que o homem, portanto, carne e sangue, e corrupção orgulhosa, possa ser irrepreensível, ao passo que o criador e ordenador do céu e das estrelas deve levar a culpa. E quem é Ele senão o nosso Deus? A própria doçura e fonte da justiça, que retribui a cada um segundo as suas obras, a qual não desprezará um coração quebrantado e contrito.

---

14   "Para os cristãos, o círculo infinito significa o amor eterno entre Deus e seu filho Jesus. As coroas feitas de galhos perenes continham bagas de azevinho e fitas vermelhas simbolizando o sangue de Cristo. Com efeito, a guirlanda também remete à coroa de espinhos que Jesus usou durante sua crucificação" (LIMA, Adelina. Natal: qual é o significado da Guirlanda que colocamos na porta? **Concursos no Brasil**, 2 dez. 2022. Disponível em: https://concursosnobrasil.com/natal-qual-e-o-significado-da-guirlanda-que-colocamos-na-porta/#:~:text=Para%20os%20crist%C3%A3os%2C%20o%20c%C3%ADrculo,Jesus%20usou%20durante%20sua%20crucifica%C7%C3%A3o. Acesso em: 16 ago. 2023).

AGOSTINHO DE HIPONA

Naqueles dias, havia um homem sábio, muito hábil em Física e renomado nela, o qual com a própria mão proconsular colocou a guirlanda agonística em minha cabeça perturbada, mas não como médico, pois essa doença só tu curas, que resistes aos soberbos e dás graça aos humildes. Mas faltaste-me também com aquele velho, ou deixaste de curar a minha alma? Porque, conhecendo-o melhor e observando assídua e fixamente suas palavras (pois, embora simples, eram vivas, animadas e sinceras), quando percebeu, pelo meu discurso, que eu era dado aos livros de presépios, aconselhou-me gentil e paternalmente que os jogasse fora e não dispensasse a essas vaidades o cuidado e a diligência necessários para as coisas úteis dizendo que, em sua infância, ele havia estudado essa arte, de modo a torná-la a profissão pela qual deveria viver, e que, entendendo Hipócrates, logo poderia ter entendido um estudo como esse. No entanto, ele a abandonou e adotou a Física, por nenhuma outra razão, a não ser por achá-la totalmente falsa; e ele, um homem sério, não ganharia a vida iludindo as pessoas. "Mas você", disse ele, "tem retórica para se manter, de modo que segue isso por livre escolha, não por necessidade: mais ainda deve me dar crédito aqui, que me esforcei para adquiri-la tão perfeitamente a ponto de ganhar a vida apenas com ela". A quem, quando perguntei como, então, muitas coisas verdadeiras poderiam ser preditas por ela, ele me respondeu (como pôde) "que a força do acaso, difundida por toda a ordem das coisas, trouxe isso à tona. Quando um homem, por acaso, abre as páginas de algum poeta, que cantava e pensava em algo totalmente diferente, um verso muitas vezes cai, maravilhosamente agradável para o assunto em questão: não é de se admirar que, da alma do homem, inconsciente do que ocorre nela, por algum instinto superior, uma resposta seja dada, por acaso, não por arte, correspondendo aos negócios e ações do solicitante".

E assim, seja por ele ou por seu intermédio, tu me transmitiste e gravaste em minha memória o que eu poderia examinar por mim mesmo no futuro. Naquela época, porém, nem ele nem meu querido Nebridius[15], um jovem singularmente bom e de santo temor, que ridicularizava todo o corpo de adivinhação, puderam me persuadir a deixá-lo de lado, pois a autoridade dos autores me influenciava ainda mais e, até então, eu não havia encontrado nenhuma prova certa (como eu procurava) pela qual pudesse parecer, sem qualquer dúvida, que o que havia sido verdadeiramente predito pelos consultados era o resultado do acaso, e não da arte dos observadores de estrelas.

---

15 Ressalte-se que "Confissões" foi escrita entre 386 e 390 d.C., durante o período do Neoplatonismo, com importantes desenvolvimentos teológicos na vida de Agostinho, tendo auxílio de seu amigo Nebridius, época em que o autor deixou de lado a astrologia e o maniqueísmo e se converteu ao cristianismo.

CONFISSÕES DE SANTO AGOSTINHO

Naqueles anos em que comecei a ensinar Retórica em minha cidade natal, fiz um amigo muito querido para mim, de uma comunidade de atividades, da minha idade e, como eu, na primeira flor da juventude. Ele havia crescido desde criança comigo, e tínhamos sido companheiros de escola e de brincadeiras. Mas ele ainda não era meu amigo como depois, nem mesmo naquela época, como é a verdadeira amizade; pois ela não pode ser verdadeira, a não ser em pessoas que tu cimentas, apegando-se a ti, pelo amor que é derramado em nossos corações pelo Espírito Santo, que nos é dado. No entanto, era doce demais, amadurecido pelo calor de estudos afins, pois, da verdadeira fé (que ele, quando jovem, não havia absorvido de forma sólida e completa), eu o havia desviado também para aquelas fábulas supersticiosas e perniciosas, pelas quais minha mãe me lamentava. Comigo, ele agora errava em sua mente, e minha alma não poderia ficar sem ele. Mas eis que tu estavas perto dos passos de teus fugitivos, ao mesmo tempo Deus de vingança e fonte de misericórdias, voltando-nos para ti por meios maravilhosos. Tu tiraste aquele homem desta vida, quando ele mal havia completado um ano inteiro de minha amizade, doce para mim acima de toda a doçura daquela minha vida.

Quem pode contar todos os teus louvores, que ele sentiu em si mesmo? O que fizeste então, meu Deus, e quão insondável é o abismo de teus julgamentos? Por muito tempo, doente de febre, ele jazia sem sentidos em um suor de morte; e sua recuperação era desesperada, ele foi batizado, sem saber; eu, enquanto isso, pouco me importava e presumia que sua alma reteria mais o que havia recebido de mim, e não o que foi feito em seu corpo inconsciente. Mas o resultado foi bem diferente, pois ele foi revigorado e restaurado. Em seguida, assim que pude falar com ele (e eu pude, assim que ele pôde, pois eu nunca o deixava, e nós dependíamos muito um do outro), tentei brincar com ele, como se ele quisesse brincar comigo sobre o batismo que ele havia recebido, quando estava totalmente ausente em mente e sentimento, mas que agora entendia que havia recebido. Mas ele se encolheu de mim como se fosse um inimigo e, com uma liberdade maravilhosa e repentina, pediu-me que, se eu quisesse continuar seu amigo, evitasse falar com ele dessa maneira. Eu, todo atônito e maravilhado, reprimi todas as minhas emoções até que ele ficasse bom e sua saúde estivesse forte o suficiente para que eu pudesse lidar com ele como quisesse. Mas ele foi tirado de meu frenesi, para que junto a ti pudesse ser preservado para meu conforto; alguns dias depois, em minha ausência, ele foi atacado novamente pela febre, e assim partiu.

Com essa dor, meu coração ficou totalmente sombrio, e tudo o que eu via era a morte. Minha terra natal era um tormento para mim, e a casa de meu pai, uma estranha infelicidade. Tudo o que eu havia compartilhado com ele, sem ele, tornou-se uma tortura perturbadora. Meus olhos o procuravam em todos os lugares, mas ele não lhes era concedido, e eu odiava todos os lugares, porque não o tinham nem podiam me dizer "ele está chegando", como quando ele estava vivo e ausente. Tornei-me um grande enigma para mim mesmo e perguntei à minha alma por que ela estava tão triste e por que me perturbava tanto, mas ela não sabia o que me responder. E se eu dissesse: "Confie em Deus", ela não me obedecia com razão, porque o amigo mais querido que ela havia perdido era, sendo homem, mais verdadeiro e melhor do que aquele fantasma no qual ela deveria confiar. Somente as lágrimas eram doces para mim, pois elas sucederam meu amigo no mais querido de meus afetos.

E agora, Senhor, essas coisas já passaram, e o tempo aliviou minha ferida. Posso aprender de ti, que és a verdade, e aproximar o ouvido de meu coração de tua boca, para que me digas por que o choro é doce para o infeliz? Tu, embora presente em toda parte, afastaste nossa miséria para longe de ti? Tu permaneces em ti mesmo, mas nós somos lançados de um lado para outro em diversas provações. Contudo, se não nos lamentássemos em teus ouvidos, não nos restaria esperança. De onde, pois, se colhe o doce fruto da amargura da vida, dos gemidos, das lágrimas, dos suspiros e das queixas? Será que isso o torna mais doce, o fato de esperarmos que tu nos ouças? Isso se aplica à oração, pois nela há um desejo de se aproximar de ti. Será também a tristeza por uma coisa perdida, e o pesar que eu estava então dominado? Eu não esperava que ele voltasse à vida nem o desejava com minhas lágrimas, mas apenas chorava e me entristecia. Porque eu era infeliz e tinha perdido minha alegria. Ou é o choro, de fato, uma coisa amarga, e por muito detestar as coisas que antes desfrutávamos, será que, quando nos afastamos delas, nos agrada?

Mas, que digo eu dessas coisas? Agora não é tempo de inquirir, mas de te confessar. Miserável era eu, e miserável é toda alma presa à amizade das coisas perecíveis. Fica despedaçada quando as perde, e então sente a miséria que tinha antes de perdê-las. Assim foi comigo. Chorei amargamente e encontrei meu repouso na amargura. Assim eu era miserável, e essa vida miserável me era mais cara do que meu amigo. Embora eu a tivesse trocado de bom grado, não estava mais disposto a me separar dela do que dele. Sim, não sei se teria me separado dela mesmo por ele, como se diz (se não for fingido) de Pílades e

CONFISSÕES DE SANTO AGOSTINHO

Orestes[16], que de bom grado teriam morrido um pelo outro ou juntos, não viver juntos sendo para eles pior do que a morte. Mas em mim havia surgido um sentimento inexplicável, muito contrário a isso, pois de imediato eu detestava viver e temia morrer. Suponho que, quanto mais eu o amava, mais eu odiava e temia (como um inimigo muito cruel) a morte, que havia me deixado sem ele. Imaginei que ela rapidamente acabaria com todos os homens, já que tinha poder sobre ele. Assim foi comigo, eu me lembro. Olha para o meu coração, ó meu Deus, olha e vê dentro de mim, pois bem me lembro disso, ó minha esperança, que me purificas da impureza de tais afeições, dirigindo meus olhos para ti e arrancando meus pés do laço. Eu me admirava de que outros, sujeitos à morte, vivessem, uma vez que aquele a quem eu amava, como se nunca devesse morrer, estava morto, e me admirava ainda mais de que eu mesmo, que era para ele um segundo eu, pudesse viver, estando ele morto. Pois eu sentia que minha alma e a dele eram "uma alma em dois corpos". Portanto, minha vida era um horror para mim, porque eu não queria viver dividido pela metade. E, por isso, talvez eu temesse morrer, para que aquele a quem eu muito amava não morresse completamente.

Ó loucura, que não sabe amar os homens como homens! Ó homem insensato que eu era naquela época, suportando impacientemente a sorte do homem! Eu então me afligia, suspirava, chorava, estava distraído, não tinha descanso nem conselho. Eu carregava uma alma despedaçada e sangrenta, impaciente de ser carregada por mim, mas não encontrei onde repousá-la. Nem em bosques calmos nem em jogos e música, tampouco em lugares perfumados ou em banquetes curiosos, nem nos prazeres da cama e do sofá nem (finalmente) em livros ou poesia encontrei repouso. Todas as coisas pareciam horríveis, sim, a própria luz, tudo o que não era o que ele era, era revoltante e odioso, exceto gemidos e lágrimas. Somente nessas coisas eu encontrava um pouco de alívio. Mas quando minha alma se afastava deles, uma enorme carga de miséria me pesava. Eu sabia disso, mas não podia nem queria, tanto mais que, quando pensava em ti, não me parecias uma coisa sólida ou substancial. Pois tu não eras tu mesmo, mas um mero fantasma, e meu erro era meu Deus. Se eu me propusesse a descarregar meu fardo sobre ele, para que pudesse descansar, ele deslizaria pelo vazio e cairia de novo sobre mim; e eu ficaria em um lugar infeliz, onde

---

16   Pílades e Orestes são personagens da peça "Ifigénia entre os Tauros", escrita por Eurípides (480-406 a.C.), autor que recorrentemente abordava crimes familiares. No enredo, Orestes deveria roubar a estátua de Ártemis do país dos Tauros e levá-la para o território ateniense, para que fosse absolvido do assassinato da própria mãe. Mas em Tauros (costas do Mar Negro), lugar onde nenhum estrangeiro é bem-vindo e aqueles que adentram a região deveriam ser sacrificados, Orestes e Pílades são flagrados e levados imediatamente ao sacrifício, ocasião em que Pílades se oferece para ser morto no lugar de seu primo Orestes.

não poderia estar nem sair dali. Pois para onde fugiria o meu coração do meu coração? Para onde fugiria de mim mesmo? Para onde não seguiria a mim mesmo? Contudo, fugi para fora de minha terra, pois assim meus olhos menos o procurariam, onde não estavam acostumados a vê-lo. E assim, partindo de Tagaste, cheguei a Cartago.

Os tempos não perdem tempo, tampouco passam ociosos, e é por meio de nossos sentidos que eles realizam operações estranhas na mente. Eis que eles iam e vinham dia após dia e, indo e vindo, introduziram em minha mente outras imaginações e outras lembranças. Pouco a pouco, remendaram-me novamente com meu antigo tipo de prazeres, aos quais minha tristeza deu lugar. No entanto, sucederam-se não de fato outras tristezas, mas as causas de outras tristezas. Pois, de onde aquela dor anterior havia chegado tão facilmente ao meu íntimo, senão do fato de eu ter derramado minha alma sobre o pó, amando aquele que deveria morrer, como se ele nunca fosse morrer? O que mais me restaurou e refrescou foram os consolos de outros amigos que eu amava, o que, em vez de ti, eu amava, e isso era uma grande fábula e uma mentira prolongada, por cujo estímulo adúltero nossa alma, que coçava em nossos ouvidos, estava sendo contaminada. Mas essa fábula não morreria para mim, tão logo algum de meus amigos morresse. Havia outras coisas que me ocupavam mais a mente, tais como conversar e brincar juntos, fazer serviços gentis por turnos, ler juntos livros honrados, fazer papel de bobo ou ser sincero juntos, discordar às vezes sem descontentamento, como um homem pode fazer consigo mesmo, e mesmo com a raridade dessas discordâncias, temperar nossos consentimentos mais frequentes, às vezes ensinar e às vezes aprender, ansiar pela ausência com impaciência, e receber a vinda com alegria. Essas e outras expressões semelhantes, que saíam do coração daqueles que amavam e eram amados novamente, por meio do semblante, da língua, dos olhos e de milhares de gestos agradáveis, eram um combustível e tanto para derreter nossas almas e, de muitos, fazer apenas um.

Isso é o que é amado nos amigos, tão amado que a consciência de um homem se condena, se ele não ama aquele que o ama novamente, ou não ama novamente aquele que o ama, não procurando em sua pessoa nada além de indicações de seu amor. Daí o luto, se alguém morrer, e o escurecimento das tristezas, a imersão do coração em lágrimas, toda a doçura transformada em amargura; e com a perda da vida do moribundo, a morte do vivo. Bem-aventurado aquele que te ama, e seu amigo em ti, e seu inimigo por ti. Porque só ele não perde ninguém que lhe seja caro, e todos lhe são caros naquele que não se pode perder. E quem é esse senão o nosso Deus, o Deus que fez os céus e a Terra, e os enche, porque os criou enchendo-os? A ti ninguém perde, exceto quem deixa. E quem é que te deixa, para onde vai ou para onde foge, senão de ti contente, para ti descontente? Pois onde não encontra ele a tua lei em seu próprio castigo? E a tua lei é a verdade, e tu és a verdade.

Converte-nos, ó Deus dos Exércitos, mostra-nos o teu rosto, e ficaremos sãos. Pois, para onde quer que a alma do homem se volte, a não ser para ti, ela está voltada para as tristezas, embora esteja voltada para as coisas belas. No entanto, elas, que saem de ti e da alma, não existiriam se não viessem de ti. Elas se elevam e se estabelecem e, ao se elevarem, começam como se fossem. Elas crescem, para que possam ser aperfeiçoadas; e aperfeiçoadas, elas envelhecem e murcham. Nem todas envelhecem, mas todas murcham. Portanto, quando se erguem e tendem a ser, quanto mais rapidamente crescem para ser, tanto mais se apressam para não ser. Essa é a lei deles. Assim tu os designaste, porque são porções de coisas que não existem todas ao mesmo tempo, mas que, ao morrerem e se sucederem, completam juntas o Universo, do qual são porções. E assim também nossa fala é completada por sinais que emitem um som; mas isso também não é aperfeiçoado a menos que uma palavra passe quando tiver soado sua parte, para que outra possa suceder. De todas essas coisas, que a minha alma te louve, ó Deus, criador de tudo. Mas que a minha alma não se prenda a essas coisas com a cola do amor, por meio dos sentidos do corpo. Pois elas vão para onde deveriam ir, para não serem, e a dilaceram com desejos pestilentos, porque ela anseia por ser, mas ama repousar naquilo que ama. Nessas coisas não há lugar de repouso, porque elas não permanecem, elas fogem. E quem pode segui-las com os sentidos da carne? Pois o sentido da carne é lento, porque é o sentido da carne, e assim é limitado. É suficiente para aquilo para que foi feito, mas não é suficiente para impedir que as coisas sigam seu curso desde o ponto de partida designado até o fim designado. Pois em tua palavra, pela qual foram criadas, elas ouvem seu decreto, "daqui para frente e até aqui".

Não seja tola, ó minha alma, nem fique surda no ouvido de seu coração com o tumulto de sua tolice. Ouça você também.

A própria palavra o chama para retornar, e lá é o lugar de descanso imperturbável, onde o amor não é abandonado, se ele mesmo não o abandonar. Eis que essas coisas passam, para que outras possam substituí-las, e assim este universo inferior será completado por todas as suas partes. Porventura partirei para onde? Assim diz a palavra de Deus. Fixe ali sua morada, confie ali tudo o que tiver de lá, ó minha alma, pelo menos agora você está cansada de vaidades. Confie na verdade, tudo o que você tem da verdade, e você não perderá nada, e sua decadência florescerá novamente, e todas as suas doenças serão curadas, e suas partes mortais serão reformadas e renovadas, e amarradas em torno de você. Não te colocarão onde eles mesmos descerem, mas eles permanecerão firmes com você, e permanecerão para sempre diante de Deus, que permanece e permanece firme para sempre.

Por que, então, ser pervertido e seguir sua carne? Converta-a e siga você. Tudo o que por ela sentiste, é em parte, e o todo, de que são partes, não o sabes, contudo te deleitam. Mas se o sentido de tua carne tivesse a capacidade de compreender o todo, e não a si mesmo, para teu castigo, estivesse justamente restrito a uma parte do todo, tu desejarias que tudo o que existe neste momento passasse, para que o todo te agradasse mais. Pois o que falamos também, pelo mesmo sentido da carne, tu ouves. No entanto, tu não queres que as sílabas permaneçam, mas voem para longe, para que outros possam vir e tu ouças o todo. E assim sempre, quando qualquer coisa é composta de muitas, todas as quais não existem juntas, todas coletivamente agradariam mais do que individualmente, se todas pudessem ser percebidas coletivamente. Mas muito melhor do que tudo isso é aquele que fez tudo, o nosso Deus, e Ele não passa, pois nada O sucede.

Se os corpos te agradam, louves a Deus por ocasião deles e voltes teu amor para o criador deles, para que tu não desagrades nas coisas que te agradam. Se as almas te agradam, que sejam amadas em Deus, pois elas também são mutáveis, mas nele estão firmemente estabelecidas; caso contrário, passariam e desapareceriam. Então, ame-as nele; e leve a Deus as almas que puder e diga-lhes: "Amemos a Deus, amemos a ele. Ele nos fez, e não está longe. Ele não nos fez e, depois, se afastou, mas somos dele e estamos nele. Vejam que ele está lá, onde a verdade é amada. Ele está dentro do próprio coração, mas o coração se afastou dele. Voltem ao seu coração, ó transgressores, e apeguem-se àquele que os criou. Permaneçam com ele, e permanecerão firmes. Descansem nele, e estarão em repouso. Para onde vão por caminhos tortuosos? Para onde vão? O bem que vocês amam vem dele, que é bom e agradável por causa da referência a ele, e justamente será amargurado, porque injustamente é amada qualquer coisa que vem dele, se ele for abandonado por ela. Com que finalidade, pois, andarão ainda e sempre por esses caminhos difíceis e trabalhosos? Não há descanso onde o procuram. Busquem o que procuram, mas não está lá onde procuram. Vocês buscam uma vida abençoada na terra da morte, mas ela não está lá. Pois, como poderia haver uma vida abençoada onde a própria vida não existe?"

"Nossa verdadeira vida desceu até aqui, e carregou nossa morte, e a matou, da abundância da própria vida. Nosso Senhor trovejou, chamando-nos em alta voz para que voltássemos a ele naquele lugar secreto, de onde ele nos veio, primeiro no ventre da virgem, onde desposou a criação humana, nossa carne mortal, para que não fosse mortal para sempre, e dali como um noivo que sai de seu quarto, regozijando-se como um gigante por seguir seu curso. Pois ele não se demorou, mas correu, clamando em alta voz por palavras, ações, morte, vida, descida, ascensão; clamando em alta voz para que voltássemos a ele. E ele se afastou de nossos olhos, para que pudéssemos voltar ao nosso coração e lá o encontrar. Ele partiu, e eis que está aqui. Ele não quis ficar muito tempo conosco, mas não nos deixou; pois partiu para lá, de onde nunca se separou, porque o mundo foi feito por ele. E neste mundo ele estava, e neste mundo ele veio para salvar os pecadores, a quem a minha alma confessa, e ele a cura, porque pecou contra ele. Ó filhos dos homens, há quanto tempo são tão lentos de coração? Ainda agora, depois de ter trazido a vida, não subirão e viverão? Para onde subirão, se estiverem nas alturas e puserem a boca contra os céus? Desçam, para que possam subir, e subir a Deus. Porque já caíram, subindo contra ele". Diga isso a eles para que chorem no vale das lágrimas, e assim os levar com vocês a Deus, porque do seu espírito falem assim, se falarem, ardendo no fogo da caridade.

Naquela época, eu não conhecia essas coisas e amava essas belezas inferiores, e estava afundando até as profundezas, e disse a meus amigos: "Será que amamos alguma coisa além do belo? O que é, então, o belo? O que é a beleza? O que é que nos atrai e nos conquista para as coisas que amamos? A menos que houvesse nelas uma graça e uma beleza, elas não poderiam de forma alguma nos atrair para elas". E observei e percebi que, nos próprios corpos, havia uma beleza, por formarem uma espécie de todo, e outra, por uma correspondência adequada e mútua, como a de uma parte do corpo com o todo, ou um sapato com um pé, e assim por diante. E essa consideração surgiu em minha mente, do fundo do meu coração, e escrevi "sobre o belo e o adequado", acho que dois ou três livros. Tu sabes, Senhor, porque isso se afastou de mim, pois não os tenho, eles se afastaram de mim, não sei como.

O que me moveu, ó Senhor meu Deus, a dedicar esses livros a Hierius, um orador de Roma, a quem eu não conhecia de vista, mas a quem amava pela fama de sua erudição, que era eminente nele, e por algumas de suas palavras que eu tinha ouvido e que me agradaram? Mas ele me agradou ainda mais, porque agradou a outros, que o exaltaram muito, maravilhados com o fato de que de um sírio, primeiramente instruído na eloquência grega, formou-se depois um maravilhoso orador latino, e um dos mais eruditos nas coisas pertinentes à Filosofia. Alguém é elogiado e, sem ser visto, é amado. Será que esse amor entra no coração do ouvinte pela boca do elogiador? Não é assim. Mas aquele que ama acende outro. Pois assim é amado aquele que é louvado, quando se crê que o louvador o exalta de coração não fingido, isto é, quando aquele que o ama o louva.

Assim eu amava os seres humanos, segundo o julgamento das pessoas, e não o teu, ó meu Deus, em quem ninguém se engana. Mas, por que não por qualidades, como as de um famoso cocheiro, ou lutador de feras no teatro, conhecido em toda parte por uma popularidade vulgar, mas muito mais do que isso, e sinceramente, e assim como eu mesmo gostaria de ser elogiado? Eu não gostaria de ser elogiado ou amado, como são os atores (embora eu mesmo os elogiasse e amasse), mas preferia ser desconhecido a ser conhecido, e mesmo odiado a ser amado. Onde estão agora os impulsos para esses vários e diversos tipos de amor acumulados em uma alma? Por que, uma vez que somos igualmente humanos, eu amo em outro o que, se não odiasse, não rejeitaria e afastaria de mim mesmo? Não é verdade que, assim como um bom cavalo é amado por aquele que, embora pudesse, não seria esse cavalo, o mesmo pode ser dito de um ator, que compartilha nossa natureza. Então, será que eu amo em uma pessoa o que odeio ser, sendo eu um homem? O próprio homem é um grande abismo, cujos cabelos tu, Senhor, numeras, e que não caem no chão sem tu saberes. No entanto, os cabelos de sua cabeça são mais fáceis de serem contados do que seus sentimentos e as batidas de seu coração.

Mas aquele orador era do tipo que eu amava, como se quisesse ser como ele. Eu errei por causa de um orgulho crescente, e fui sacudido por todos os ventos, mas ainda assim fui guiado por ti, embora muito secretamente. E por que sei, e por que te confesso com confiança, que eu o amava mais pelo amor de seus elogiadores do que pelas coisas pelas quais ele era elogiado? Porque, se ele não tivesse sido elogiado, e essas mesmas pessoas tivessem desdenhado dele, e com desdém e desprezo dissessem as mesmas coisas a seu respeito, eu nunca teria sido tão estimulado e animado a gostar dele. No entanto, as coisas não eram outras, tampouco ele próprio era outro, mas apenas os sentimentos dos relatores. Veja onde se encontra a alma impotente que ainda não foi sustentada pela solidez da verdade! Assim como os ventos das línguas sopram do peito do opinativo, ela é levada para um lado e para o outro, impulsionada para frente e para trás, e a luz é obscurecida para ela, e a verdade não é vista. E eis que ela está diante de nós. E para mim era muito importante que meu discurso e meus trabalhos fossem conhecidos por aquele homem, porque se ele aprovasse eu ficaria ainda mais entusiasmado, mas se ele desaprovasse meu coração vazio, desprovido de tua solidez, seria ferido. O "belo e adequado" sobre o qual eu lhe escrevi, eu me detive com prazer, e o examinei, e o admirei, embora ninguém se unisse a ele.

Mas eu ainda não via para onde esse assunto de peso se voltava em tua sabedoria, ó onipotente, que só fazes maravilhas. Minha mente percorria formas corpóreas, e "belo", eu definia e distinguia o que é assim em si mesmo, e "adequado", cuja beleza está em correspondência com alguma outra coisa, isso eu sustentava com exemplos corpóreos. Voltei-me para a natureza da mente, mas a falsa noção que eu tinha das coisas espirituais não me permitiu ver a verdade. No entanto, a força da verdade, por si só, brilhou em meus olhos, e eu desviei minha alma ofegante da substância incorpórea para lineamentos, cores e magnitudes volumosas. Não sendo capaz de ver isso na mente, pensei que não podia ver minha mente. Enquanto na virtude eu amava a paz, e na maldade eu abominava a discórdia, na primeira eu observava uma unidade, mas na outra, uma espécie de divisão. E nessa unidade eu concebia a alma racional e a natureza da verdade e do bem supremo, mas nessa divisão eu miseravelmente imaginava que havia alguma substância desconhecida de vida irracional e a natureza do mal supremo, que não deveria ser apenas uma substância, mas também vida real, e ainda assim não derivada de ti, ó meu Deus, de quem são todas as coisas. O primeiro eu chamei de Mônada, como se fosse uma alma sem sexo, ao passo que o último, de Dúade – raiva, em atos de violência, e em hediondez, luxúria, sem saber do que eu falava. Pois eu não sabia e sequer havia aprendido que nem o mal era uma substância nem nossa alma o bem principal e imutável.

Assim como os atos de violência surgem, se a emoção da alma é corrompida, de onde brota a ação veemente, agitando-se insolente e indisciplinadamente. E as concupiscências, quando a afeição da alma é desgovernada, por meio da qual os prazeres carnais são bebidos, assim também os erros e as falsas opiniões contaminam a conversação, se a própria alma razoável for corrompida. Como era, então, em mim, que não sabia que deveria ser iluminada por outra luz para que pudesse ser participante da verdade, visto que ela mesma não é da natureza da verdade. Tu, Senhor meu Deus, acendes minha candeia, iluminas minhas trevas, e todos nós recebemos da tua plenitude, porque tu és a verdadeira luz que alumia a todo indivíduo que vem ao mundo, porque em ti não há mudança nem sombra de mudança.

Esforcei-me para ir ter contigo, e fui afastado de ti, para provar a morte, porque tu resistes aos soberbos. Que coisa mais orgulhosa do que eu, com uma estranha loucura, afirmar que sou, por natureza, aquilo que tu és? Embora eu estivesse sujeito a mudanças (o que me era manifesto, pois meu desejo de me tornar sábio era o desejo de me tornar pior e melhor), preferi imaginar que tu estavas sujeito a mudanças, e que eu não era aquilo que tu és. Por isso, fui repelido por ti, e tu resististe à minha vã rigidez, e imaginei formas corpóreas, e, sendo eu carne, acusei a carne; e, como um vento que passa, não voltei a ti, mas passei a coisas que não têm existência, nem em ti nem em mim, tampouco no corpo. Elas não foram criadas para mim por tua verdade, mas por minha vaidade, por meio de coisas corpóreas. E eu costumava perguntar aos teus fiéis pequeninos, meus concidadãos (dos quais, desconhecido para mim mesmo, eu estava exilado), eu costumava, de forma arrogante e tola, perguntar-lhes: "Por que, então, a alma erra, que Deus criou?". Eu não queria que me perguntassem: "Por que então Deus erra?". Então, eu sustentava que tua substância imutável errava por constrangimento, em vez de confessar que minha substância mutável havia se desviado voluntariamente e, agora, em punição, estava em erro.

Eu tinha, então, vinte seis, ou sete, anos de idade quando escrevi esses volumes, revolvendo dentro de mim ficções corpóreas, zumbindo nos ouvidos de meu coração, que eu voltei, ó doce verdade, para a tua melodia interior, meditando sobre o "justo e adequado", e desejando ficar de pé e ouvir-te, e regozijar-me grandemente com a voz do noivo, mas não podia, pois, pelas vozes de meus erros, eu era levado para fora, e pelo peso de meu orgulho estava afundando na cova mais baixa. Pois não me fizeste ouvir júbilo e alegria, tampouco exultaram os ossos que ainda não estavam humilhados.

E de que me serviu o fato de com apenas vinte anos de idade um livro de Aristóteles, que eles chamam de *Categorias*, caindo em minhas mãos (em cujo próprio nome eu me pendurava, como em algo grande e divino, tantas vezes que meu mestre de Retórica de Cartago, e outros, considerados eruditos, falavam dele com as bochechas transbordando de orgulho), eu o li e entendi sem ajuda? E quando conversei com outros, que disseram que mal o entendiam, com tutores muito capazes, não apenas explicando-o oralmente, mas desenhando muitas coisas na areia, eles não puderam me dizer mais do que eu havia aprendido, lendo-o sozinho. E o livro pareceu-me falar muito claramente de substâncias, como o "ser humano", e de suas qualidades, como a figura de uma pessoa, de que tipo é; e a estatura, quantos pés de altura; e seu parentesco, de quem esse ser humano é irmão; ou onde está localizado; ou quando nasceu; ou se está de pé ou sentado; ou se está calçado ou armado; ou se faz ou sofre alguma coisa; e todas as inúmeras coisas que podem ser classificadas sob essas nove categorias, das quais dei alguns exemplos, ou sob a categoria principal da substância.

O que tudo isso me fez avançar, já que até me atrapalhou? Quando, imaginando o que quer que fosse, estava compreendido naquelas dez categorias, tentei de tal forma compreender, ó meu Deus, tua maravilhosa e imutável unidade, como se tu também tivesses sido submetido à própria grandeza ou beleza; de modo que (como nos corpos) eles deveriam existir em ti, como seu sujeito, ao passo que tu mesmo és tua grandeza e beleza; mas um corpo não é grande ou belo pelo fato de ser um corpo, visto que, embora fosse menos grande ou belo, deveria, não obstante, ser um corpo. Mas foi a falsidade que concebi de ti, não a verdade, as ficções de minha miséria, não as realidades de tua bem-aventurança. Porque tu ordenaste, e assim se fez em mim, que a terra me produzisse sarças e espinhos, e que no suor do meu rosto eu comesse o meu pão.

E de que me serviu o fato de que todos os livros que pude adquirir das chamadas artes liberais, eu, o vil escravo de vis afeições, li por mim mesmo e entendi? Eu me deleitava com eles, mas não sabia de onde vinha tudo o que era verdadeiro ou certo. Porque eu estava de costas para a luz, e com o rosto voltado para as coisas iluminadas, de modo que o meu rosto, com o qual eu discernia as coisas iluminadas, não estava iluminado. O que quer que tenha sido escrito sobre retórica, lógica, geometria, música e aritmética, por mim mesmo, sem muita dificuldade ou qualquer instrutor, eu entendi, tu sabes, ó Senhor meu Deus, porque tanto a rapidez de entendimento quanto a agudeza no discernimento são teus dons. Contudo, não sacrifiquei a ti por isso. Assim, pois, não me serviu de proveito, antes foi para minha perdição, visto que andei procurando obter para mim tão boa porção dos meus bens, e não guardei para ti minhas forças, antes me afastei de ti para uma terra longínqua, para as gastar em prostituições. O que me aproveitaram as boas faculdades, se não foram empregadas em bons usos? Pois eu não percebia que essas artes eram alcançadas com grande dificuldade, mesmo pelos estudiosos e talentosos, até que tentei explicá-las a eles, quando o que mais se destacou nelas foi aquele que me seguiu não muito lentamente.

O que isso me levou a imaginar que tu, ó Senhor Deus, a verdade, eras um corpo vasto e brilhante, e eu um fragmento desse corpo? Perversidade muito grande! Mas eu era assim. Nem me envergonho, ó meu Deus, de confessar-te as tuas misericórdias para comigo e de invocar-te, pois não me envergonhava de confessar às pessoas minhas blasfêmias e de gritar contra ti. De que me valeu, então, minha inteligência ágil naquelas ciências e em todos aqueles volumes mais complicados, desvendados por mim, sem a ajuda da instrução humana, visto que eu errei tão feio, e com tanta vergonha sacrílega, na doutrina da piedade? Ou que impedimento foi uma inteligência muito mais lenta para teus pequeninos, uma vez que eles não partiram para longe de ti, para que no ninho de tua Igreja eles pudessem seguramente ser criados e nutrir as asas da caridade, pelo alimento de uma fé sólida. Senhor nosso Deus, sob a sombra de tuas asas, esperemos; protege-nos e leva-nos. Tu nos carregarás quando pequenos, e até os cabelos brancos nos carregarás, pois nossa firmeza, quando é tua, é firmeza; mas quando é nossa, é enfermidade. Nosso bem sempre vive em ti, do qual, quando nos afastamos, somos afastados. Agora, ó Senhor, retorne, para que não sejamos derrubados, porque contigo o nosso bem vive sem nenhuma decadência, e tu és o bem; nem precisamos temer que não haja lugar para onde voltar, porque caímos dele, pois, por causa de nossa ausência, nossa mansão não caiu – tua eternidade.

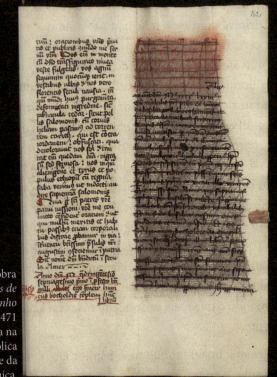

A cópia da obra *Confissões de Santo Agostinho* datada de 1471 se encontra na Biblioteca Pública da Universidade da Basileia, na Suíça.

LIVRO V

Aceita o sacrifício de minhas confissões do ministério de minha língua, que tu formaste e estimulaste a confessar teu nome. Cura todos os meus ossos, e que eles digam: "Ó Senhor, ninguém é semelhante a ti". Pois aquele que te confessa não te ensina o que se passa em seu íntimo, visto que um coração fechado não fecha os teus olhos, e sequer a dureza do coração do homem pode repelir a tua mão, pois tu a dissolves segundo a tua vontade, por piedade ou por vingança, e nada pode se esconder do teu calor. Mas que a minha alma te louve, para que te ame e que confesse tuas misericórdias, para que te louve. Toda a tua criação não cessa nem se cala em teus louvores, tampouco o espírito do homem, com voz dirigida a ti nem a criação animada ou inanimada, pela voz daqueles que nela meditam, para que nossas almas possam, de seu cansaço, elevar-se em direção a ti, apoiando-se nas coisas que criaste, e passando para ti mesmo, que as criaste maravilhosamente, onde há refrigério e verdadeira força.

Que os inquietos, os ímpios, se afastem e fujam de ti. Contudo, tu os vês e divides a escuridão. E eis que o Universo com eles é justo, embora eles sejam imundos. Ou como desonraram teu governo, que, desde o céu até esta Terra mais baixa, é justo e perfeito? Para onde fugiram eles, quando fugiram da tua presença, ou onde não os encontras? Mas fugiram para não verem que tu os vês, e para que, cegos, tropecem em ti (porque tu não abandonas nada do que fizeste). Para que os injustos, digo, tropecem em ti e sejam justamente feridos, afastando-se da tua mansidão, tropeçando na tua retidão e caindo sobre a própria aspereza. Ignorando, na verdade, que tu estás em toda parte, e que nenhum lugar te envolve, e que só tu estás perto, mesmo daqueles que se afastam de ti. Que eles se voltem e te busquem, pois, assim como eles abandonaram seu criador, tu também abandonaste tua criação. Que se voltem e te busquem, e eis que tu estás no coração deles, no coração daqueles que te confessam, que se lançam sobre ti e que choram em teu seio, depois de todos os seus caminhos tortuosos. Então, tu enxugas gentilmente suas lágrimas, e eles choram ainda mais, e se alegram em chorar, mesmo porque tu, Senhor, não és um homem de carne e osso, mas tu, Senhor, que os criou, os refaz e os consola. Mas, onde estava eu, quando te buscava? Tu estavas diante de mim, mas eu havia me afastado de ti, sequer me encontrei, quanto mais a ti!

Eu gostaria de expor diante de meu Deus aquele nonagésimo ano de minha idade. Naquela época, havia chegado a Cartago um certo bispo dos maniqueus, de nome Fausto, uma grande armadilha do demônio, e muitos foram enredados por ele por meio da sedução de sua linguagem suave, que, embora eu elogiasse, ainda assim poderia separar da verdade das coisas que eu estava empenhado em aprender. Mesmo eu não considerava tanto o serviço da oratória quanto a ciência que esse Fausto, tão elogiado entre eles, colocava diante de mim para me alimentar. A fama já o havia considerado o mais conhecedor de todos os saberes valiosos e o mais habilidoso nas ciências liberais. E já que eu havia lido e me lembrado muito dos filósofos, comparei algumas coisas deles com as longas fábulas dos maniqueus e achei as primeiras mais prováveis, embora elas só pudessem prevalecer até o ponto de julgar este mundo inferior, o Senhor dele eles não poderiam de forma alguma descobrir. Pois tu és grande, Senhor, e respeitas os humildes, mas aos soberbos olhas de longe. Sequer te aproximas, a não ser dos contritos de coração, tampouco és encontrado pelos orgulhosos, não, nem mesmo que, com habilidade curiosa, eles pudessem contar as estrelas e a areia, medir os céus estrelados e seguir o curso dos planetas.

Com o entendimento e inteligência que lhes concedeste pesquisam essas coisas, e muito descobriram e previram, muitos anos antes, eclipses desses luminares, o Sol e a Lua – em que dia e hora, e quantos dígitos – nem seus cálculos falharam, e aconteceu como eles previram. E escreveram as regras que haviam descoberto, as quais são lidas hoje em dia, e com base nelas outros predizem em que ano e mês do ano, em que dia do mês, em que hora do dia e em que parte de sua luz a Lua ou o Sol serão eclipsados, e assim será, como foi predito. Diante dessas coisas, pessoas que não conhecem essa arte se maravilham e se espantam, e os que a conhecem exultam e se ensoberbecem. Por um orgulho ímpio que se afasta de ti e falha em tua luz eles preveem a falha da luz do Sol, que ocorrerá muito tempo antes, mas não veem a própria, que já existe. Porque não procuram religiosamente saber de onde lhes vem a inteligência que utilizam para isso procurar. E, descobrindo que tu os criaste, não se entregam a ti para preservar o que tu criaste, tampouco sacrificam a ti o que eles mesmos criaram nem matam as próprias imaginações elevadas, como aves do céu, mesmo as próprias curiosidades de mergulho (com as quais, como os peixes do mar, vagueiam pelos caminhos desconhecidos do abismo), muito menos sua luxúria, como animais do campo, para que tu, Senhor, um fogo consumidor, possas queimar suas preocupações mortas e recriar-se imortalmente.

Mas não conheceram o caminho, tua palavra, pela qual criaste essas coisas que eles contam, e eles mesmos que contam, e o sentido pelo qual percebem o que contam, e o entendimento, do qual contam, ou que da sua sabedoria não há número. Mas o Unigênito tornou-se sabedoria, e justiça, e santificação, e foi contado entre nós, e pagou tributo a César. Eles não conheceram esse caminho pelo qual descem de si mesmos até ele, e por ele ascendem até ele. Não conheceram esse caminho, e julgaram-se elevados entre as estrelas e resplandecentes, e eis que caíram sobre a terra, e o seu coração insensato se obscureceu. Eles falam muitas coisas verdadeiras a respeito da criatura, mas a verdade, artífice da criatura, eles não buscam piedosamente e, portanto, não encontram o Senhor, ou se o encontram, sabendo que ele é Deus, não o glorificam como Deus, sequer são gratos, mas se tornam vãos em suas imaginações e se professam sábios, atribuindo a si mesmos o que é teu. E assim, com perversa cegueira, procuram imputar-te o que é deles, forjando mentiras acerca de ti, que és a verdade, e mudando a glória de Deus incorruptível em imagem semelhante à do homem corruptível, e à das aves, e dos quadrúpedes, e dos répteis, mudando a tua verdade em mentira, e adorando e servindo mais à criatura do que ao criador.

No entanto, muitas verdades a respeito da criatura eu retive dessas pessoas, e vi a razão disso nos cálculos, na sucessão dos tempos e nos testemunhos visíveis das estrelas, comparando-as com as palavras de Maniqueu, que, em seu frenesi, havia escrito em grande parte sobre esses assuntos. Mas não descobri nenhum relato dos solstícios, equinócios ou eclipses das maiores luzes, tampouco qualquer coisa desse tipo que eu tivesse aprendido nos livros de filosofia secular. Mas foi-me ordenado que acreditasse. No entanto, isso não correspondia ao que havia sido estabelecido por cálculos e por minha visão, pois era totalmente contrário.

Então, Senhor Deus da verdade, quem sabe essas coisas podem agradar a ti? Certamente, infeliz é aquele que conhece todas essas coisas e não te conhece. Feliz é aquele que te conhece, embora não conheça essas coisas. E aquele que conhece tanto a ti quanto a elas não é mais feliz por elas, mas somente por ti, se, conhecendo-te, glorificando-te como Deus, e for grato, e não for vaidoso nas próprias imaginações. Pois, assim como é melhor aquele que sabe possuir uma árvore e te agradece pelo seu uso, embora não saiba quantos côvados[17] ela tenha de altura, ou quão larga ela se estenda do que aquele que pode medi-la e contar todos os seus ramos, mas não a possui nem conhece ou ama seu criador. Assim, um crente, cuja riqueza é todo este mundo e que, não tendo nada, possui todas as coisas, apegando-se a ti, a quem todas as coisas servem, embora não conheça

---

17   Considerada uma das mais antigas unidades de medida de comprimento, datado de 3000 a.C., côvado comum media o comprimento do antebraço, do cotovelo até a ponta do dedo médio, geralmente cerca de 45,7 cm. (CÔVADO egípcio. Museu de Topografia. Instituto de Geociências. Disponível em: https://igeo. ufrgs.br/museudetopografia/index.php/equipamentos/287-codo-egipcio. Acesso em: 20 ago. 2023).

sequer os círculos da Ursa Maior, ainda assim é loucura duvidar de que esteja em melhor situação do que aquele que pode medir os céus, numerar as estrelas e equilibrar os elementos, mas negligencia a ti, que fizeste todas as coisas em número, peso e medida.

Ainda assim, quem ordenou que Maniqueu escrevesse também sobre essas coisas, habilidade na qual não havia nenhum elemento de piedade? Tu disseste: "Eis a piedade e a sabedoria, das quais o ser humano poderia ser ignorante, embora tivesse perfeito conhecimento dessas coisas; mas essas coisas, uma vez que, não as conhecendo, ele ousou ensinar com muita impudência, ele claramente não poderia ter conhecimento da piedade". Pois é vaidade fazer profissão dessas coisas mundanas, mesmo quando conhecidas, ao passo que a confissão a ti é piedade. Por isso, esse errante falava muito dessas coisas, para que, convencido por aqueles que verdadeiramente as haviam aprendido, ficasse manifesto o entendimento que ele tinha das outras coisas abstrusas. Pois ele não queria ser malvisto, mas persuadiu as pessoas de que o "Espírito Santo, o consolador e o enriquecedor de teus fiéis, estava pessoalmente dentro dele com plena autoridade". Quando se descobrisse que ele ensinava falsamente sobre o céu e as estrelas, e sobre os movimentos do Sol e da Lua (embora essas coisas não pertençam à doutrina da religião), ainda assim sua presunção sacrílega se tornaria evidente o suficiente, visto que ele apresentava coisas que não apenas não conhecia, mas também que eram falsificadas com uma vaidade tão louca de orgulho que ele procurava atribuí-las a si mesmo, como a uma pessoa divina.

Quando ouço qualquer irmão cristão ignorante dessas coisas e equivocado a respeito delas, posso pacientemente observar tal homem mantendo sua opinião, sequer vejo que qualquer ignorância quanto à posição ou caráter da criação corpórea possa prejudicá-lo, desde que ele não acredite em nada indigno de ti, ó Senhor, criador de tudo. Mas isso o prejudicará se ele imaginar que isso pertence à forma da doutrina da piedade, e ainda assim afirmará com demasiada rigidez aquilo que ele ignora. Mesmo essa enfermidade, na infância da fé, é suportada por nossa mãe caridade, até que o recém-nascido cresça e se torne um homem perfeito, de modo a não ser levado por todo vento de doutrina. Mas naquele que, de tal forma, presumia ser o mestre, a fonte, o guia, o líder de todos os que ele podia persuadir, de modo que quem o seguisse pensasse que seguia, não um mero homem, mas teu Espírito Santo, quem não julgaria que tão grande loucura, quando uma vez condenada por ter ensinado qualquer coisa falsa, deveria ser detestada e totalmente rejeitada? Eu ainda não havia verificado claramente se as vicissitudes de dias e noites mais longos e mais curtos,

CONFISSÕES DE SANTO AGOSTINHO

e do próprio dia e da noite, com os eclipses das maiores luzes, e qualquer outra coisa do tipo que eu tivesse lido em outros livros, poderiam ser explicadas de forma consistente com suas afirmações, de modo que, se de alguma forma pudessem, ainda seria uma questão para mim se era assim ou não, mas eu poderia, por causa de sua santidade reputada, descansar minha credibilidade em sua autoridade.

E durante quase todos aqueles nove anos, nos quais, com a mente instável, fui discípulo deles, eu havia ansiado intensamente pela vinda desse Fausto. Pois o resto da seita, que por acaso eu havia encontrado, quando incapaz de resolver minhas objeções sobre essas coisas, ainda me apontava a vinda desse Fausto por meio de uma conferência com quem essas e outras dificuldades maiores, se eu as tivesse, seriam mais prontamente e abundantemente esclarecidas. Quando ele chegou, achei-o um homem de discurso agradável e que podia falar fluentemente e em termos melhores, mas ainda assim as mesmas coisas que eles estavam acostumados a dizer. Mas, de que me valeu a extrema limpeza do copeiro para minha sede de uma bebida mais preciosa? Meus ouvidos já estavam fartos de coisas semelhantes, e elas não me pareciam melhores em razão de serem mais bem ditas, tampouco verdadeiras por serem eloquentes, muito menos a alma sábia em função de o rosto ser belo e a linguagem graciosa. Aqueles que o apresentavam a mim não eram bons juízes das coisas. Portanto, para eles, ele parecia compreensivo e sábio com palavras agradáveis. Senti, porém, que outro tipo de gente desconfiava até da verdade e se recusava a concordar com ela, se fosse apresentada em um discurso suave e copioso. Tu, ó meu Deus, havias ensinado a mim por meios maravilhosos e secretos e, portanto, creio que tu me ensinaste, porque é a verdade, e não há, além de ti, nenhum mestre da verdade, onde quer que ela brilhe sobre nós. De ti, portanto, aprendi agora que nada deve parecer verdadeiro só por ser eloquente, tampouco falso em função de a pronúncia dos lábios ser desarmônica, muito menos verdadeiro por ser rudemente proferido nem falso porque a linguagem é rica, mas que a sabedoria e a loucura são como alimentos saudáveis e insalubres, e frases adornadas ou não adornadas como vasos corteses ou campestres, cada tipo de carne pode ser servido em cada tipo de prato.

Aquela ansiedade, então, com a qual eu esperava aquele homem há tanto tempo, ficou verdadeiramente encantada com sua ação e sentimento ao discutir, e sua escolha e prontidão de palavras para revestir suas ideias. Fiquei encantado e, com muitos outros e mais do que eles, eu o elogiei e o exaltei. No entanto, incomodava-me o fato de que, na assembleia de seus ouvintes, não me era permitido apresentar e comunicar as questões que me incomodavam, em uma conversa mais íntima. Quando pude e, com meus amigos, comecei a ocupar seus ouvidos em momentos em que não era impróprio que ele discutisse comigo, e apresentei coisas que me comoveram. Assim, descobri que ele era totalmente ignorante em ciências liberais, exceto Gramática, e isso de maneira comum. Mas como ele havia lido algumas *Orações,* de Tully, alguns poucos livros de Sêneca, algumas coisas dos poetas e alguns poucos volumes de sua seita que estavam escritos em latim e de forma organizada, e praticava diariamente a fala, ele adquiriu uma certa eloquência, que se mostrou mais agradável e sedutora em função de estar sob a orientação de uma boa inteligência e com uma espécie de graciosidade natural. Não é assim, como eu me lembro, ó Senhor meu Deus, tu que julgas minha consciência? Diante de ti está meu coração e minha lembrança, que naquela época me orientou pelo mistério oculto de tua providência e colocou aqueles meus erros vergonhosos diante de minha face, para que eu pudesse vê-los e odiá-los.

Meu zelo pelos escritos de Maniqueu tendo sido assim enfraquecido, e desesperando-me ainda mais de seus outros professores, vendo que em diversas coisas que me deixavam perplexo, ele, tão renomado entre eles, tinha se saído tão mal, comecei a me engajar com ele no estudo daquela literatura, na qual ele também estava muito empenhado (e que, como leitor de Retórica, eu estava naquele tempo ensinando a jovens estudantes em Cartago), e a ler com ele, ou o que ele mesmo desejava ouvir, ou o que eu julgava adequado para seu gênio. Mas todos os meus esforços para avançar naquela seita, com base no conhecimento daquele homem, chegaram ao fim. Não que eu tenha me desligado deles completamente, mas, como quem não encontra nada melhor, decidi me contentar com o que eu havia encontrado de qualquer maneira, a menos que, por acaso, algo mais adequado surgisse para mim. Assim, aquele Fausto, para tantos laços de morte, agora, mesmo não querendo começou a soltar o laço em que eu estava preso. Tuas mãos, ó meu Deus, no propósito secreto de tua providência não abandonaram minha alma, e do sangue do coração de minha mãe, derramado por suas lágrimas noite e dia, foi oferecido um sacrifício por mim a ti. Tu me trataste por caminhos maravilhosos. Tu o fizeste, ó meu Deus, porque os passos dos humanos são ordenados pelo Senhor, que determinará seus caminhos. Como obteremos a salvação, senão das tuas mãos, que refazem o que elas fizeram?

Tu me trataste para que eu fosse persuadido a ir a Roma e a ensinar ali o que eu ensinava em Cartago. E como fui persuadido a isso, não deixarei de confessar-te, porque também aqui devem ser considerados e confessados os recessos mais profundos de tua sabedoria e da tua misericórdia mais presentes para conosco. Eu não desejava, portanto, ir para Roma, porque maiores ganhos e maiores dignidades me eram garantidos por meus amigos que me persuadiram a isso (embora até essas coisas tivessem naquele tempo uma influência sobre minha mente), mas minha principal e quase única razão era que eu ouvi que os jovens estudavam lá mais pacificamente, e eram mantidos quietos sob uma restrição de disciplina mais regular, de modo que em seus prazeres eles não corriam petulantemente para a escola de alguém de quem eles não eram alunos, sequer eram admitidos sem sua permissão. Ao passo que em Cartago reina entre os acadêmicos uma licença vergonhosa e indisciplinada. Eles irrompem audaciosamente e, com gestos quase frenéticos, perturbam toda a ordem que alguém estabeleceu para o bem de seus alunos. Diversos ultrajes que eles cometem, com uma estupenda solidez, puníveis por lei, se o costume não os sustentasse, esse costume os torna ainda mais miseráveis, pois agora eles fazem como lícito o que, por tua lei eterna, nunca será lícito. Eles pensam que fazem isso sem punição, enquanto são punidos com a própria cegueira pela qual fazem isso, e sofrem incomparavelmente pior do que o que fazem. As maneiras que, quando estudante, eu não queria fazer minhas, eu estava disposto, como professor, a suportar em outros, e assim eu estava muito satisfeito em ir para onde todos os que o conheciam me asseguravam que o mesmo não era feito. Mas tu, meu refúgio e minha porção na terra dos vivos, para que eu pudesse mudar minha morada terrena para a salvação de minha alma, em Cartago me incitaste, para que eu pudesse ser arrancado dela, e em Roma me ofereceste seduções, pelas quais eu poderia ser atraído para lá, por pessoas apaixonadas por uma vida moribunda, uma fazendo coisas frenéticas, outra prometendo coisas vãs. Para corrigir meus passos usaste secretamente a perversidade deles e também a minha. Tanto os que perturbavam meu sossego estavam cegos por um frenesi vergonhoso quanto os que me convidavam para ir a outro lugar cheiravam a terra. E eu, que aqui detestava a verdadeira miséria, estava lá buscando uma felicidade irreal.

O motivo pelo qual eu parti e fui para lá, tu sabes, ó Deus, mas não o revelaste nem a mim nem à minha mãe, que lamentou muito minha viagem e me seguiu até o mar. Eu, porém, a enganei, retendo-me à força, para que ela me retivesse ou fosse comigo, ao fingir que tinha um amigo a quem não podia deixar, até que ele tivesse bom vento para navegar. E menti para minha mãe, e para tal mãe, e escapei, e por isso também tu misericordiosamente me perdoaste, preservando-me, assim cheio de execráveis impurezas, das águas do mar, para a água de tua graça, de modo que, quando eu fosse purificado, as correntes dos olhos de minha mãe deveriam ser secas, com as quais ela diariamente regava a terra sob seu rosto. E, ainda assim, recusando-se a voltar sem mim, mal consegui persuadi-la a passar aquela noite em um lugar perto de nosso navio, onde havia um oratório em memória do abençoado Cipriano. Naquela noite, parti em segredo, mas ela não ficou para trás, chorando e orando.

E o que, Senhor, ela estava pedindo a ti, com tantas lágrimas, senão que não me deixasses navegar? Mas tu, na profundidade de teus conselhos e ouvindo o ponto principal de seu desejo, não consideraste o que ela então pedia, para que me fizesses o que ela sempre pediu. O vento soprou e inchou nossas velas, e afastou a costa de nossa vista. Ela, no dia seguinte, estava lá, frenética de tristeza, e com queixas e gemidos encheu teus ouvidos, que então os desconsiderou, ao mesmo tempo que por meio de meus desejos tu me apressavas a acabar com todo desejo, e a parte terrena de sua afeição por mim foi castigada pelo flagelo das tristezas. Porque ela amava minha presença junto a ela, como as mães, mas muito mais do que muitas, e ela não sabia a grande alegria que tu estavas prestes a operar para ela em minha ausência. Ela não sabia. Por isso, chorava e se lamentava, e com essa agonia apareceu nela a herança de Eva, com a tristeza buscando o que em tristeza ela havia gerado. No entanto, depois de acusar minha traição e dureza de coração, ela voltou a interceder por mim junto a ti, foi para seu lugar de costume, e eu para Roma. E eis que fui recebido pelo flagelo da doença corporal e estava descendo ao inferno, carregando todos os pecados que havia cometido, tanto contra ti como contra mim mesmo e contra outros, muitos e graves, além do vínculo do pecado original, pelo qual todos morremos em Adão. Tu não me perdoaste nenhuma dessas coisas em Cristo, nem ele aboliu, por meio de sua cruz, a inimizade que eu havia contra ti pelos meus pecados. Pois, como o faria, pela crucificação de um fantasma, que eu acreditava ser ele? Assim, a morte de minha alma era tão verdadeira quanto a da carne de Cristo me parecia falsa. Quão verdadeira era a morte de seu corpo, tão falsa era a vida de minha alma, que não acreditava nela. Agora, com a febre aumentando, eu estava me separando e partindo para sempre. Se eu me separasse dali, para onde partiria, senão para o fogo e os tormentos, como mereciam meus erros na verdade de tua designação? E isso ela não sabia, mas, na ausência, orava por mim. Mas tu, presente em todos os lugares, ouviste-a onde ela estava e, onde eu estava, tiveste compaixão de mim, para que eu recuperasse a saúde do meu corpo, embora ainda frenético em meu coração sacrílego. Eu não desejava, em todo aquele perigo, teu batismo, e eu era melhor quando menino, quando o implorava à piedade de minha mãe, como já disse e confessei antes. Eu havia crescido para minha vergonha e zombava loucamente das prescrições de tua medicina, que não permitiria que eu, sendo assim, tivesse uma morte dupla. O coração de minha mãe foi perfurado por uma ferida que jamais poderá ser curada. Não posso expressar a afeição que ela tinha por mim, e com que angústia muito mais veemente ela estava agora em trabalho de parto por mim no espírito, do que em seu parto na carne.

Não vejo como ela poderia ter sido curada, se uma morte como a minha tivesse atingido as entranhas de seu amor. E onde estariam aquelas suas orações tão fortes e incessantes, que não se limitavam a ti? Mas, será que tu, Deus das misericórdias, desprezarias o coração contrito e humilde daquela viúva casta e sóbria, tão assídua em esmolas, tão cheia de deveres e serviços para com teus santos, que não interrompia a oblação em teu altar, duas vezes por dia, de manhã e à noite, sem qualquer intervalo, vindo à tua Igreja, não para conversas fúteis e fábulas de velhas esposas, mas para que ela pudesse ouvir-te em teus discursos, e tu a ela em suas orações. Poderias tu desprezar e rejeitar de teu auxílio as lágrimas de tal pessoa, com as quais ela te implorou não ouro ou prata, tampouco qualquer bem mutável ou passageiro, mas sim a salvação da alma de seu filho? Tu, por cuja dádiva ela foi assim? Nunca, Senhor. Sim, tu estavas à mão, e estavas ouvindo e fazendo, na ordem em que havias determinado antes que isso deveria ser feito. Longe de ti enganá-la em tuas visões e respostas, algumas das quais eu mencionei, outras não, que ela guardou em seu coração fiel, e sempre orando, insistiu em ti, como tua caligrafia. Porquanto, tua misericórdia dura para sempre, concedes àqueles a quem perdoas todas as suas dívidas, tornarem-se também devedores pelas tuas promessas.

Tu me curaste daquela doença e curaste o filho de tua serva, por enquanto, no corpo, para que ele pudesse viver, para que tu lhe concedesses uma saúde melhor e mais duradoura. E mesmo naquela época, em Roma, eu me juntei àqueles "santos" enganadores e iludidos, não apenas com seus discípulos (entre os quais estava ele, em cuja casa eu havia adoecido e me recuperado), mas também com aqueles que eles chamam de "eleitos". Pois eu ainda pensava que "não éramos nós que pecávamos, mas não sei que outra natureza pecava em nós"; e meu orgulho se deleitava em estar livre de culpa; e quando eu fazia algum mal, não confessava que o havia feito, para que tu pudesses curar minha alma por ter pecado contra ti, mas eu gostava de desculpar e acusar não sei que outra coisa que estava comigo, mas que eu não era. Na verdade, era inteiramente eu, e a minha impiedade me havia dividido contra mim mesmo, e esse pecado era ainda mais incurável, porque eu não me julgava pecador, e era uma iniquidade execrável, que eu preferia que tu, ó Deus todo-poderoso, fosses vencido em mim para a minha destruição, do que eu mesmo por ti para a salvação. Até então, não havias posto uma guarda diante de minha boca e uma porta de segurança ao redor de meus lábios, para que meu coração não se desviasse para discursos perversos, para desculpar pecados, com homens que praticam a iniquidade. Portanto, eu ainda estava unido aos seus eleitos.

Mas, agora, desesperando de me tornar proficiente naquela falsa doutrina, até aquelas coisas (com as quais, se eu não encontrasse algo melhor, havia resolvido me contentar), eu agora as mantinha mais frouxas e descuidadas. Pela metade surgiu em mim o pensamento de que aqueles filósofos a quem chamam de acadêmicos eram mais sábios do que os demais, pois sustentavam que as pessoas deveriam duvidar de tudo e estabeleciam que nenhuma verdade pode ser compreendida pelo ser humano. No entanto, eu livre e abertamente desencorajei aquele meu anfitrião do excesso de confiança que eu percebia que ele tinha naquelas fábulas, das quais os livros de Maniqueu estão cheios. No entanto, eu vivia em uma amizade mais familiar com eles do que com outros que não eram dessa heresia. Nem a sustentei com meu antigo afã, ainda assim, minha intimidade com essa seita (Roma abrigando secretamente muitos deles) fez que eu demorasse a buscar qualquer outro caminho, especialmente porque eu ansiava por encontrar a verdade, da qual eles haviam me desviado, em tua Igreja, ó Senhor do céu e da terra, criador de todas as coisas visíveis e invisíveis; e me parecia muito impróprio acreditar que tu tivesses a forma de carne humana e que fosses limitado pelos lineamentos corporais de nossos membros. Isso porque, quando eu desejava pensar em meu Deus, não sabia o que pensar, a não ser em uma massa de corpos (pois o que não era tal não me parecia ser nada), essa foi a maior e quase única causa de meu inevitável erro.

Por isso, eu acreditava que o mal também era algum tipo de substância, e que tinha sua massa repugnante e hedionda, seja ela grosseira, que eles chamavam de terra, seja fina e sutil (como o corpo do ar), que eles imaginavam ser alguma mente maligna, rastejando por essa terra. E porque uma piedade, tal como era, me constrangeu a acreditar que o bom Deus nunca criou qualquer natureza má, eu concebi duas massas, contrárias uma à outra, ambas ilimitadas, mas a má mais estreita, a boa mais expansiva. E com base nesse início pestilento, as outras concepções sacrílegas me seguiram. Pois quando minha mente se esforçava para voltar à fé católica, eu era levado de volta, já que não era a fé católica que eu pensava ser assim. Eu me parecia mais reverente se acreditasse em ti, meu Deus (a quem tuas misericórdias confessam da minha boca), como ilimitado, pelo menos em outros lados, embora naquele em que a massa do mal se opunha a ti, eu fosse constrangido a confessar que tu eras limitado; do que se em todos os lados eu imaginasse que tu eras limitado pela forma de um corpo humano. E me parecia melhor acreditar que não tivesses criado nenhum mal (que, para mim, ignorante, não parecia ser apenas um mal, mas uma substância corpórea, porque eu não conseguia conceber a mente a não ser como um corpo sutil, e isso difundido em espaços definidos), do que acreditar que a natureza do mal, tal como eu a concebia, pudesse vir de ti. Sim, e o próprio nosso salvador, teu unigênito, eu acreditava ter sido alcançado (por assim dizer) para nossa salvação, por meio da massa de tua substância mais lúcida, de modo a não acreditar em nada dele, a não ser o que eu pudesse imaginar em minha vaidade. Sua natureza, então, sendo tal, eu pensava que não poderia nascer da virgem Maria sem se misturar com a carne, e como aquilo que eu havia imaginado poderia se misturar e não se contaminar, eu não via. Portanto, eu temia crer que Cristo havia nascido na carne, para não ser forçado a crer que ele estava contaminado pela carne. Agora, teus seres espirituais sorrirão suave e amorosamente para mim, se lerem estas minhas confissões. No entanto, eu era assim.

Além disso, o que os maniqueus criticaram em tuas escrituras eu pensei que não poderia ser defendido. No entanto, às vezes, realmente tive o desejo de conferir esses vários pontos com alguém muito bem habilitado nesses livros, e fazer um julgamento do que ele pensava sobre isso; pois as palavras de um Helpidius, quando ele falou e disputou face a face contra os ditos maniqueus, começaram a me agitar mesmo em Cartago, porque à medida que ele havia produzido coisas das escrituras, não facilmente resistíveis, a resposta dos maniqueus parecia-me fraca. E essa resposta eles não gostavam de dar publicamente, mas somente a nós em particular. Era que as escrituras do Novo Testamento haviam sido corrompidas por não sei quem, que desejava gravar a lei dos judeus na fé cristã, mas eles mesmos não produziram nenhuma cópia não corrompida. Mas eu, concebendo apenas as coisas corpóreas, estava principalmente preso, veementemente oprimido e, de certa forma, sufocado por essas "massas". Então, ofegante, eu não conseguia respirar o sopro de tua verdade, puro e imaculado.

Comecei a praticar diligentemente aquilo para o qual vim a Roma, ensinar Retórica. Primeiro, comecei a reunir alguns em minha casa, para os quais, e através dos quais, eu tinha começado a ser conhecido; quando eis que encontrei outras ofensas cometidas em Roma, às quais eu não estava exposto na África. É verdade que essas "subversões" de jovens devassos não eram praticadas aqui, como me disseram. Mas, de repente, disseram eles, para evitar o pagamento do estipêndio de seu mestre, alguns jovens conspiram juntos e se mudam para outro – quebradores da fé, que por amor ao dinheiro consideram a justiça barata. Esses também o meu coração odiava, embora não com um ódio perfeito. Talvez os odiasse mais pelo fato de que eu deveria sofrer com eles do que por terem feito coisas totalmente ilegais. De fato, tais pessoas são vilãs e se afastam de ti, amando essas passageiras zombarias das coisas temporais e o lucro imundo, que suja a mão que o agarra; abraçando o mundo passageiro e desprezando a ti, que permaneces, e te recordas, e perdoas a alma adúltera das pessoas, quando elas retornam a ti. E agora eu odeio tais pessoas depravadas e tortuosas, embora eu as ame se corrigíveis, as quais preferem dinheiro ao aprendizado que elas adquirem, e tu, ó Deus, a verdade e a plenitude do bem assegurado, e a mais pura paz. Mas eu preferia, por mim mesmo, não gostar deles por mal, do que gostar e desejar o bem por ti.

Portanto, quando os milaneses enviaram a Roma um pedido ao prefeito para que lhes fornecesse um leitor de Retórica para a cidade, e o enviaram à custa do erário, eu pedi (por meio daquelas mesmas pessoas, intoxicadas com vaidades maniqueístas, para serem libertadas de onde eu deveria ir, sem que nenhum de nós soubesse) que Símaco, então prefeito me testasse, estabelecendo-me algum assunto, e assim me enviasse. Cheguei a Milão e fui ter com o bispo Ambrósio, conhecido em todo o mundo como um dos melhores homens, teu devoto servo, cujo discurso eloquente distribuía abundantemente ao teu povo a farinha do teu trigo, a alegria do teu óleo e a sóbria embriaguez do teu vinho. A ele fui conduzido por ti, sem saber, para que por ele eu pudesse ser conduzido a ti com conhecimento de causa. Aquele homem de Deus me recebeu como um pai e demonstrou uma bondade episcopal ao me receber. A partir de então, comecei a amá-lo, a princípio não como um mestre da verdade (o que eu desesperava totalmente em tua Igreja), mas como uma pessoa bondosa para comigo. E eu o ouvia diligentemente pregando ao povo, não com a intenção que eu deveria, mas, por assim dizer, testando sua eloquência, se ela correspondia à fama, ou se fluía mais ou menos do que foi relatado. Eu me fixava em suas palavras atentamente, mas em relação ao assunto eu era como um observador descuidado e desdenhoso, porque estava encantado com a doçura de seu discurso, mais recôndito, mas de maneira menos convincente e harmoniosa do que o de Fausto. Quanto ao assunto, no entanto, não havia comparação, pois um estava vagando em meio a ilusões maniqueístas, ao passo que o outro ensinava a salvação de forma mais sólida. A salvação está longe dos pecadores, como eu então estava diante dele. No entanto, eu estava me aproximando pouco a pouco, e inconscientemente.

Embora eu não me esforçasse para aprender o que ele falava, mas apenas para ouvir como ele falava (pois só me restava essa preocupação vazia, deses-

CONFISSÕES DE SANTO AGOSTINHO

perado por um caminho aberto para o ser humano até ti), ainda assim, com as palavras que eu escolheria vieram também à minha mente as coisas que eu recusaria, pois eu não conseguia separá-las. Enquanto eu abria meu coração para admitir "quão eloquentemente ele falava", também entrava "quão verdadeiramente ele falava", isso gradualmente. Primeiro, essas coisas também começaram a me parecer capazes de defesa; e a fé católica, pela qual eu achava que nada poderia ser dito contra as objeções dos maniqueus, agora eu achava que poderia ser mantida sem vergonha, especialmente depois de ter ouvido um ou dois lugares do Antigo Testamento resolvidos, e muitas vezes "em uma figura", que quando eu entendia literalmente, eu era morto espiritualmente.

Tendo sido explicadas muitas partes desses livros, eu agora culpava meu desespero, por acreditar que nenhuma resposta poderia ser dada àqueles que odiavam e zombavam da lei e dos profetas. No entanto, eu não via, então, que o caminho católico deveria ser mantido, porque ele também poderia encontrar defensores eruditos, que poderiam responder às objeções de forma ampla e com alguma demonstração de razão. Tampouco que o que eu defendia deveria, portanto, ser condenado, porque ambos os lados poderiam ser mantidos. Pois a causa católica me parecia de tal forma não vencida, como ainda não vitoriosa.

A partir daí, concentrei minha mente sinceramente para ver se, de alguma forma, eu poderia convencer os maniqueus de falsidade por meio de alguma prova segura. Se eu pudesse ter concebido uma substância espiritual, todas as suas fortalezas teriam sido derrotadas e totalmente expulsas de minha mente, mas não consegui. Não obstante, com relação à estrutura deste mundo e a toda a natureza que os sentidos da carne podem alcançar, à medida que eu considerava e comparava cada vez mais as coisas, julgava que os princípios da maioria dos filósofos eram muito mais prováveis. Então, à maneira dos acadêmicos (como se supõe), duvidando de todas as coisas e hesitando entre todas, decidi que os maniqueus deveriam ser abandonados; julgando que, mesmo duvidando, eu não poderia continuar naquela seita, à qual já preferia alguns dos filósofos, aos quais, não obstante, por não terem o nome salvador de Cristo, recusei-me totalmente a entregar a cura de minha alma doente. Decidi, portanto, ser catecúmeno[18] na Igreja Católica, para a qual eu havia sido recomendado por meus pais, até que algo certo me ocorresse, para onde eu poderia direcionar meu curso.

---

18   Na Igreja primitiva, designava aquele que se iniciava na doutrina, recebendo instruções para ser admitido entre os demais fiéis (CATECÚMENO. **Michaelis**. Disponível em: https://michaelis.uol.com.br/busca?r=0&f=0&t=0&palavra=catec%C3%BAmeno. Acesso em: 20 ago. 2023).

LIVRO VI

Tu, esperança minha Helpidius, desde a minha mocidade, onde estavas para mim, e para onde foste? Não me criaste tu, e não me separaste dos animais do campo e das aves do céu? Tu me tornaste mais sábio, mas eu andava em trevas e em lugares escorregadios, e te buscava fora de mim mesmo, e não encontrava o Deus do meu coração; e tinha entrado nas profundezas do mar, e desconfiava e desesperava de encontrar a verdade. Minha mãe veio até mim, decidida pela piedade, seguindo-me por mar e terra, em todos os perigos confiando em ti. Nos perigos do mar ela consolava os próprios marinheiros (pelos quais os passageiros que não conhecem as profundezas costumam ser consolados quando estão em perigo), assegurando-lhes uma chegada segura, porque tu, por meio de uma visão, lhe garantias isso. Ela me encontrou em grave perigo, por causa do desespero de encontrar a verdade. Mas quando eu revelei a ela que não era mais maniqueísta, embora ainda não fosse um cristão católico, ela não ficou muito feliz, como se estivesse diante de algo inesperado, apesar de estar segura em relação àquela parte de minha miséria, pela qual ela me lamentava como um morto, pedindo para ser despertado por ti, levando-me sobre o esquife de seus pensamentos, para que tu pudesses dizer ao filho da viúva: "Jovem, eu te digo: levanta-te; e ele deveria reviver e começar a falar, e tu deverias entregá-lo à sua mãe." Seu coração, então, não foi abalado por uma exultação tumultuada, quando ela ouviu que o que ela diariamente, com lágrimas, desejava de ti, já estava em grande parte realizado. Embora eu ainda não tivesse alcançado a verdade, fui resgatado da falsidade, mas, como se estivesse segura de que tu, que prometeste o todo, um dia darias o resto, com muita calma e com um coração cheio de confiança, ela me respondeu: "Creio em Cristo, e antes de partir desta vida verei meu filho ser um católico". Isso é muito para mim. Mas a ti, fonte das misericórdias, ela derramou orações e lágrimas mais copiosas, para que apressasses tua ajuda e iluminasses minha escuridão. Ela se apressou ainda mais em ir à Igreja e se agarrou aos lábios de Ambrósio, orando pela fonte daquela água que brota para a vida eterna. Ela amava aquele homem como um anjo de Deus, porque sabia que, por meio dele, eu havia sido levado, no momento, àquele estado duvidoso de fé em que me encontrava, por meio do qual ela previa com muita confiança que eu passaria da doença para a saúde, após o acesso, por assim dizer, de um ataque mais agudo, que os médicos chamam de "crise".

CONFISSÕES DE SANTO AGOSTINHO

Quando minha mãe, como era seu costume na África, levou certa vez às igrejas construídas em memória dos santos alguns bolos, pão e vinho, e foi proibida pelo porteiro, assim que soube que o bispo havia proibido, ela abraçou seus desejos com tanta piedade e obediência que eu mesmo me perguntei como ela prontamente censurou sua prática, em vez de discutir sua proibição. Pois a ingestão de vinho não sitiava seu espírito, tampouco o amor ao vinho a levava a odiar a verdade, como acontece com muitos (homens e mulheres), que se revoltam com uma lição de sobriedade, como homens bêbados com uma bebida misturada com água. Mas ela, quando trazia sua cesta com os alimentos habituais da festa para serem apenas provados por ela mesma e, depois, oferecidos, nunca juntava a eles mais do que uma pequena taça de vinho, diluída de acordo com seus hábitos abstêmios, que por cortesia ela provava. E se havia muitas igrejas dos santos falecidos que deveriam ser honradas dessa maneira, ela ainda carregava consigo aquela mesma taça, para ser usada em todos os lugares. Isso, embora não apenas se tornasse muito aguado, mas também desagradavelmente aquecido com o transporte, ela distribuía aos que estavam ao seu redor em pequenos goles, pois buscava ali devoção, não prazer. Assim que ela descobriu que esse costume era proibido por aquele famoso pregador e piedoso prelado, mesmo para aqueles que o usariam sobriamente, para que não fosse dada uma ocasião de excesso aos bêbados, e para esses, por assim dizer, as solenidades fúnebres de aniversário se assemelhavam muito à superstição dos gentios, ela o abandonou de bom grado. Em vez de uma cesta cheia de frutos da terra, ela aprendeu a levar às igrejas dos mártires um peito cheio de pedidos mais purificados e a dar o que podia aos pobres, para que assim a comunicação do corpo do Senhor pudesse ser celebrada corretamente ali, onde, a exemplo de sua paixão, os mártires haviam sido sacrificados e coroados. No entanto, parece-me, Senhor meu Deus, e assim pensa meu coração diante de ti, que talvez ela não tivesse cedido tão prontamente à proibição desse costume, se ele tivesse sido proibido por outro, a quem ela não amava como Ambrósio, a quem, para minha salvação, ela amava mais inteiramente. E ele novamente, por sua conversa mais religiosa, pela qual, em boas obras, tão fervorosa em espírito, ela era constante na igreja, de modo que, quando ele me via, muitas vezes explodia em seus louvores, felicitando-me por ter uma mãe assim, sem saber que filho ela tinha em mim, que duvidava de todas essas coisas e imaginava que o caminho para a vida não poderia ser descoberto.

Eu ainda não gemia em minhas orações, pedindo que tu me ajudasses, mas meu espírito estava totalmente voltado para o aprendizado e inquieto para a disputa. E o próprio Ambrósio, que o mundo considera feliz, eu o considerava um homem feliz, a quem personagens tão grandes davam tanta honra, só que seu celibato me parecia um caminho doloroso. Mas que esperança ele trazia dentro de si, que lutas ele teve contra as tentações que cercavam suas excelências, ou que conforto nas adversidades, e que doces alegrias o pão do Senhor tinha para a boca oculta de seu espírito, quando o mastigava, eu não podia conjecturar nem tinha experimentado. Ele tampouco conhecia as marés de meus sentimentos ou o abismo de meus perigos. Pois eu não podia pedir a ele o que eu quisesse, já que ele estava impedido de ouvir e falar por multidões de pessoas ocupadas, a cujas fraquezas ele servia. Com os quais, quando não estava ocupado (o que era pouco tempo), ou refrescava o corpo com o sustento absolutamente necessário, ou a mente com a leitura. Mas quando estava lendo, seus olhos deslizavam sobre as páginas e seu coração buscava o sentido, mas sua voz e língua estavam em repouso. Muitas vezes, quando chegávamos (pois ninguém era proibido de entrar nem era seu hábito anunciar a presença de quem quer que fosse), nós o víamos lendo para si mesmo, e nunca de outra forma. Depois de muito tempo sentados em silêncio (pois quem ousaria se intrometer em alguém tão determinado?), tivemos vontade de ir embora, imaginando que no pequeno intervalo que ele obtinha, livre do barulho dos afazeres alheios, para o recreio de sua mente, ele não gostava de ser incomodado. Talvez temesse que, se o autor que lia dissesse alguma coisa obscura, algum ouvinte atento ou perplexo desejasse que ele a explicasse ou discutisse algumas das questões mais difíceis, de modo que, gastando seu tempo dessa forma, ele não poderia ler tantos volumes quanto desejasse, embora a preservação de sua voz (que um pouco de fala enfraqueceria) pudesse ser a razão mais verdadeira para que ele lesse para si mesmo. Mas, seja qual for sua intenção, certamente era bom em um homem assim.

No entanto, eu certamente não tinha oportunidade de perguntar o que eu desejava daquele teu oráculo tão sagrado, seu peito, a menos que a coisa pudesse ser respondida brevemente. Aquelas marés em mim, para serem derramadas para ele, exigiam seu tempo livre completo, e ele nunca o encontrou. Eu o ouvia, de fato, todos os dias do Senhor, expondo corretamente a palavra da verdade entre o povo, e eu estava cada vez mais convencido de que todos os nós daquelas calúnias astutas, que aqueles nossos enganadores haviam tricotado contra os livros divinos, poderiam ser desvendados. Quando eu entendi que "o homem criado por ti, segundo tua imagem" não era assim entendido por teus filhos espirituais, que da mãe católica tu fizeste renascer pela graça, como se eles acreditassem e concebessem a ti como limitado pela forma humana (embora o que uma substância espiritual deveria ser eu sequer tivesse uma noção tênue ou sombria), ainda assim, com alegria, eu corei por ter tantos anos lutando não contra a fé católica, mas contra as ficções das imaginações carnais. Pois eu havia sido tão imprudente e ímpio que o que eu deveria ter aprendido por meio de perguntas, eu havia pronunciado, condenando. Tu, altíssimo e muito próximo, secretíssimo e muito presente, que não tens membros maiores nem menores, mas que estás em toda parte e em parte alguma do espaço, não tens tal forma corpórea, mas fizeste os humanos à tua imagem, e eis que, da cabeça aos pés, ele está contido no espaço.

Ignorando, portanto, como essa tua imagem deveria subsistir, eu deveria ter batido e proposto a dúvida de como isso deveria ser acreditado, e não ter me oposto insultuosamente a ela, como se acreditasse. A dúvida, então, sobre o que ter como certo, mais corroía meu coração, mais envergonhado eu ficava por ter sido iludido e enganado por tanto tempo com a promessa de certezas, e também com erro e veemência infantis ter me gabado de tantas incertezas. O fato de serem falsidades ficou claro para mim mais tarde. No entanto, eu estava certo de que eram incertas, e de que antes as considerava certas, quando, com uma contenciosidade cega, acusei a Igreja Católica, que agora descobri não ensinar verdadeiramente, mas pelo menos não ensinar aquilo pelo qual eu a havia censurado gravemente. Assim, fiquei confuso e me converti, alegrando-me, ó meu Deus, com o fato de que a Igreja Única, o corpo de teu filho único (no qual o nome de Cristo havia sido colocado sobre mim quando eu era criança) não tinha gosto por conceitos infantis nem em sua sã doutrina mantinha qualquer princípio que te confinasse, o criador de tudo, no espaço, por maior e mais amplo que fosse, mas limitado em todos os lugares pelos limites de uma forma humana.

Também me alegrei com o fato de as antigas escrituras da lei e dos profetas terem sido colocadas diante de mim para não serem examinadas com aquele olhar que antes lhes parecia absurdo, quando eu injuriava teus santos por pensarem assim, quando na verdade eles não pensavam assim. E com alegria eu ouvia Ambrósio, em seus sermões ao povo, muitas vezes recomendando diligentemente este texto como regra: "A letra mata, mas o Espírito vivifica", ao mesmo tempo que ele afastava o véu místico, abrindo espiritualmente o que, de acordo com a letra, parecia ensinar algo insano, isto é, nada que me ofendesse, embora ele ensinasse o que eu ainda não sabia se era verdade. Porque eu guardava o meu coração de dar o meu assentimento a qualquer coisa, temendo cair de cabeça. Contudo, ao ficar em suspenso, pior era a minha morte. Eu desejava estar tão seguro das coisas que não via, como estava de que sete e três são dez. Pois eu não estava tão louco a ponto de pensar que isso poderia sequer ser compreendido, mas desejava ter outras coisas tão claras quanto essas, quer fossem elas corpóreas, que não estavam presentes aos meus sentidos, quer fossem espirituais, das quais eu não sabia como conceber, exceto corpóreas. Se eu acreditasse, poderia ter sido curado, para que a visão de minha alma, sendo clareada, pudesse de alguma forma ser direcionada à tua verdade, que permanece sempre, e em nenhuma parte falha. Como acontece com quem experimentou um mau médico e teme confiar-se a um bom, assim foi com a saúde de minha alma, que não poderia ser curada senão pela crença, e para que não acreditasse em falsidades, recusou-se a ser curada, resistindo às tuas mãos, que preparaste os remédios da fé e os aplicaste às doenças do mundo inteiro, e deste a eles tão grande autoridade.

Sendo levado, no entanto, a preferir a doutrina católica, senti que seu procedimento era mais despretensioso e honesto, pois ela exigia que se acreditasse em coisas não demonstradas (seja porque elas podiam ser demonstradas em si mesmas, mas não para certas pessoas, seja porque não podiam ser demonstradas de forma alguma), ao passo que entre os maniqueus nossa credulidade era ridicularizada por uma promessa de conhecimento certo, e então muitas das coisas mais fabulosas e absurdas eram impostas para serem acreditadas, porque não podiam ser demonstradas. Então tu, ó Senhor, pouco a pouco, com a mão mais terna e misericordiosa, tocando e compondo meu coração, persuadiste-me – considerando as inúmeras coisas em que eu acreditava, as quais eu não via nem estava presente quando foram feitas, como tantas coisas na história secular, tantos relatos de lugares e cidades que eu não tinha visto, tantos de amigos, tantos de médicos, tantos continuamente de outras pessoas, as quais, a menos que acreditássemos, não faríamos nada nesta vida. Considerando tudo isso, o Senhor me persuadiu de que não eram os que acreditavam em seus livros (que o Senhor estabeleceu com tanta autoridade entre quase todas as nações), mas os que não acreditavam neles, que deveriam ser culpados, e que eles não deveriam ser ouvidos, se me dissessem: "Como você sabe que essas escrituras foram transmitidas à humanidade pelo Espírito do único e verdadeiro Deus?". Porque isso era o que mais devia ser acreditado, uma vez que nenhuma contenda de questionamentos blasfemos, de toda aquela multidão que eu havia lido nos filósofos autocontraditórios, poderia arrancar de mim

CONFISSÕES DE SANTO AGOSTINHO

a crença de que tu és o que quer que tu fosses (o que eu não sabia), e "que o governo das coisas humanas pertence a ti".

Eu acreditava nisso, às vezes com mais força, outras vezes com mais fraqueza. No entanto, sempre acreditei que tu eras e que cuidavas de nós, embora eu não soubesse o que pensar de tua substância e que caminho levava ou levava de volta a ti. Desde então, éramos muito fracos para descobrir a verdade por meio de raciocínios abstratos e, por essa mesma razão, precisávamos da autoridade das sagradas escrituras. Eu começava a acreditar que tu nunca terias dado tamanha excelência de autoridade a essas escrituras em todas as terras se não quisesses que fossem acreditadas e procuradas. Agora, as coisas que soavam estranhamente nas escrituras e que costumavam me ofender, tendo ouvido várias delas serem explicadas satisfatoriamente, referia-me à profundidade dos mistérios, e sua autoridade me parecia mais venerável e mais digna de crédito religioso, pois, embora estivesse aberta à leitura de todos, reservava a majestade de seus mistérios em seu significado mais profundo, rebaixando-se a todos na grande simplicidade de suas palavras e na humildade de seu estilo, mas exigindo a aplicação mais intensa daqueles que não são levianos de coração, de modo que assim pudesse receber todos em seu seio aberto e, por meio de passagens estreitas, levar até ti alguns poucos, mas muitos mais do que se não estivesse em tal altura de autoridade, tampouco atraísse multidões para seu seio por sua santa humildade. Nessas coisas eu pensava, e tu estavas comigo, quando eu suspirava tu me ouvias. Tive dúvidas, é verdade, e Tu me guiaste; andei errante pelo caminho largo do mundo, mas tu não me desamparaste.

Eu ansiava por honras, ganhos, casamento, e tu zombavas de mim. Nesses desejos, passei pelas mais amargas cruzes, sendo tu o mais gracioso. Quanto menos permitias que algo se tornasse doce para mim que não fosse tu. Olhai para o meu coração, ó Senhor, que desejais que eu me lembre de tudo isso e te confesse. Que minha alma se apegue a ti, agora que tu a libertaste do veloz limo da morte. Quão miserável ela era! E tu irritaste o sentimento de sua ferida, para que, abandonando tudo o mais, ela pudesse se converter a ti, que estás acima de tudo e sem o qual todas as coisas não seriam nada, converter-se e ser curada. Quão miserável eu era então, e como tu me trataste, para me fazer sentir minha miséria naquele dia, quando eu estava me preparando para recitar um panegírico do imperador, no qual eu deveria dizer muitas mentiras, e ao mentir deveria ser aplaudido por aqueles que sabiam que eu mentia, e meu coração estava ofegante com essas ansiedades e fervendo com a febre de pensamentos consumistas. Ao passar por uma das ruas de Milão, observei um pobre mendigo, então, suponho, com a barriga cheia, brincando e alegre. Suspirei e falei aos amigos que me cercavam sobre as muitas tristezas de nossos frenesis, pois com todos os nossos esforços, como aqueles em que eu trabalhava arrastando, sob o impulso do desejo, o fardo de minha miséria e, ao arrastá-lo, aumentando--o, ainda assim parecíamos chegar apenas àquela mesma alegria à qual aquele mendigo havia chegado antes de nós, e que nunca a alcançaria. O que ele havia obtido por meio de alguns centavos mendigados era o mesmo que eu estava planejando por meio de muitas voltas e reviravoltas difíceis: a alegria de uma felicidade temporária. Ele realmente não tinha a verdadeira alegria, mas com meus ambiciosos projetos eu estava buscando uma muito menos verdadeira. Certamente, ele estava alegre, eu ansioso, e ao passo que ele estava sem preocupações, eu estava cheio de temores. Caso alguém me perguntasse se eu preferia ser alegre a ser medroso eu responderia que preferiria a alegria. Caso me perguntassem se eu preferia ser como ele era a ser como eu era naquela época eu escolheria ser eu mesmo, embora desgastado por preocupações e medos, mas por um julgamento errado. Seria essa a verdade? Não deveria preferir-me a ele por ser mais instruído do que ele, visto que não tinha alegria nisso, mas procurava agradar às pessoas com isso, não para instruir, mas simplesmente para agradar. Por isso também quebraste os meus ossos com o bordão da tua correção.

Afastem-se, pois, da minha alma aqueles que lhe dizem: "Não importa de onde vem a alegria do ser humano. Aquele mendigo se alegrava com a embriaguez, já o Senhor queria se alegrar com a glória". Que glória, Senhor? Aquela que não está em ti. Assim como a alegria dele não era verdadeira, a glória também não era verdadeira, e isso abalou ainda mais a minha alma. Ele, naquela mesma noite, deveria digerir sua embriaguez, ao passo que eu havia dormido e me levantado com a minha, e deveria dormir novamente, e novamente me levantar com ela, por quantos dias, tu, Deus, sabes. Mas "é possível fazer a diferença, pois o homem é alegre". Eu sei disso, e a alegria de uma esperança fiel está incomparavelmente além de tal vaidade. Sim, e assim ele estava além de mim, ele realmente era o mais feliz, não apenas porque ele estava completamente encharcado de alegria, ao passo que eu estava estripado com preocupações. Por desejos justos ele havia obtido vinho, já eu, por mentir, estava buscando elogios vazios e inchados. Muito falei a esse respeito com meus amigos, e muitas vezes observei neles o que se passava comigo, e assim descobri que me ia mal, e me entristecia, e ainda por cima muito mal. Se alguma prosperidade me sorria, eu não queria agarrá-la, pois quase antes que eu pudesse agarrá-la, ela voava para longe.

Essas coisas nós, que vivíamos juntos como amigos, lamentávamos juntos, mas principalmente e mais familiarmente eu falava delas com Alípio e Nebrídio. Alípio nasceu na mesma cidade que eu, de pessoas de alto escalão, mas mais jovem do que eu. Ele havia estudado comigo, tanto quando eu lecionava em nossa cidade quanto depois em Cartago, e gostava muito de mim, porque eu lhe parecia gentil e instruído. E eu gostava dele por causa de sua grande disposição para a virtude, que era bastante eminente em alguém de pouca idade. No entanto, o redemoinho dos hábitos cartagineses (entre os quais esses espetáculos ociosos são muito seguidos) o arrastou para a loucura do circo. Quando ele foi miseravelmente jogado lá, e eu, professando retórica lá, tinha uma escola pública, ele ainda não usava meus ensinamentos em razão de alguma desavença entre seu pai e eu. Naquela época, descobri o quanto ele gostava do circo e fiquei profundamente triste por ele parecer provável, ou ter jogado fora uma promessa tão grande. No entanto, eu não tinha meios de aconselhá-lo ou, de certa forma, forçá-lo a recuperá-lo, seja pela bondade de um amigo ou pela autoridade de um mestre. Eu supunha que ele me considerava como seu pai, mas não era assim, porque, deixando de lado a opinião de seu pai sobre esse assunto, ele começou a me cumprimentar, entrar às vezes em minha sala de aula, ouvir um pouco e ir embora.

No entanto, eu havia me esquecido de tratar com ele para que, por meio de um desejo cego e precipitado de passatempos vãos, ele não destruísse tão boa inteligência. Mas tu, ó Senhor, que guias o curso de tudo o que criaste, não te esqueceste dele, que um dia seria um de teus filhos, sacerdote e distribuidor de teu sacramento. Para que sua emenda pudesse ser claramente atribuída a ti mesmo, tu a efetuaste por meu intermédio, sem saber. Pois um dia, quando eu estava sentado em meu lugar habitual, com meus estudiosos diante de mim, ele entrou, cumprimentou-me, sentou-se e aplicou sua mente ao que eu estava tratando. Por acaso, eu tinha em mãos uma passagem que, enquanto explicava, ocorreu-me uma semelhança com as raças circenses, que provavelmente tornaria o que eu transmitiria mais agradável e claro, temperado com zombaria mordaz daqueles a quem aquela loucura havia cativado. Deus, tu sabes que eu não pensava em curar Alípio daquela infecção. Mas ele tomou isso totalmente para si e pensou que eu havia dito aquilo simplesmente por causa dele. E quando outro se ofendia comigo, aquele jovem de mente reta tomava como motivo para se ofender consigo mesmo e me amar com mais fervor. O Senhor já havia dito há muito tempo e colocado em seu livro os seguintes dizeres: "Repreenda um homem sábio e ele o amará". Eu não o repreendi, mas tu, que empregas tudo, sabendo ou não sabendo, na ordem que tu mesmo conheces (e essa ordem é justa), fizeste do meu coração e da minha língua carvões ardentes, com os quais incendiaste a mente esperançosa, assim enfraquecida, e assim a curaste. Que se cale em teus louvores aquele que não considera tuas misericórdias, que confesso a ti do fundo de minha alma. E ele, com esse discurso, saiu daquele poço tão profundo, no qual estava voluntariamente mergulhado, e ficou cego com seus passatempos miseráveis, passando a sacudir sua mente com um forte autocontrole. Então, todas as imundícies dos passatempos circenses voaram para longe dele, e ele nunca mais voltou para lá. Depois disso, ele convenceu seu pai, que não queria, a torná-lo meu aluno. Ele cedeu e cedeu. E Alípio, começando a ser meu ouvinte novamente, foi envolvido na mesma superstição que eu, amando nos maniqueus aquela demonstração de castidade que ele supunha verdadeira e não fingida. No entanto, tratava-se de uma castidade insensata e sedutora, que enredava almas preciosas, incapazes ainda de alcançar a profundidade da virtude, mas prontamente seduzidas pela ideia superficial do que era apenas uma virtude sombria e falsa.

E ele, não abandonando o curso secular que seus pais o haviam incentivado a seguir, foi antes de mim para Roma para estudar Direito, e lá foi levado incrivelmente com uma incrível avidez pelos espetáculos dos gladiadores. Por ser totalmente avesso e detestar espetáculos, um dia ele foi encontrado por acaso por vários de seus conhecidos e colegas de estudo que vinham do jantar, e eles, com uma violência familiar, o arrastaram, recusando e resistindo veementemente, para o Anfiteatro, durante esses espetáculos cruéis e mortais, protestando assim: "Embora vocês levem meu corpo para aquele lugar e me coloquem lá, podem me forçar a voltar minha mente ou meus olhos para esses espetáculos? Então, estarei ausente enquanto estiver presente, e assim vencerei vocês e eles". Eles, ouvindo isso, o levaram adiante, desejosos, talvez, de experimentar se Alípio poderia fazer o que dizia. Quando chegaram lá e tomaram seus lugares como puderam, todo o lugar se animou com aquele passatempo selvagem. Mas ele, fechando a passagem de seus olhos, proibiu sua mente de se mover em busca de tal maldade, e se tivesse tapado seus ouvidos também! Pois na luta, quando um deles caiu, um forte grito de todo o povo o atingiu fortemente, dominado pela curiosidade, e como se estivesse preparado para desprezar e ser superior a ele, fosse o que fosse, mesmo quando visto, ele abriu os olhos e foi atingido por uma ferida mais profunda em sua alma do que o outro, que ele desejava contemplar, estava em seu corpo. E caiu mais miseravelmente do que aquele sobre cuja queda se levantou aquele forte estrondo, que lhe entrou pelos ouvidos e lhe abriu os olhos, para dar lugar ao golpe e à derrota de uma alma mais ousada do que decidida, e mais fraca, por ter confiado em si mesma, quando deveria ter confiado em ti, Senhor. Assim que ele viu aquele sangue, bebeu com ele a selvageria, tampouco se afastou, mas fixou os olhos, bebendo em frenesi, sem perceber, e ficou encantado com aquela luta culpada e intoxicado com o passatempo sangrento. Agora, ele era o homem que veio, mas um dos que vieram, sim, um verdadeiro associado deles que o trouxe para cá. Por que dizer mais? Ele viu, gritou, acendeu e levou consigo a loucura que o fez retornar não apenas com aqueles que o atraíram para lá, mas também antes deles, sim, e atrair outros. No entanto, o Senhor o fez com a mão mais forte e mais misericordiosa, e lhe ensinou a não confiar em si mesmo, mas em Deus. No entanto, isso foi depois.

Mas isso já estava sendo guardado em sua memória para ser um remédio no futuro. Do mesmo modo, quando ele ainda estava estudando comigo em Cartago e, ao meio-dia, na praça do mercado, pensava no que deveria dizer de cor (como os eruditos costumam fazer), permitiste que ele fosse preso pelos guardas do mercado como ladrão. Não foi por outra razão, creio eu, que tu, nosso Deus, permitiste, senão para que aquele que mais tarde se revelaria um homem tão grande já começasse a aprender que, ao julgar as causas, não deveria ser prontamente condenado pelos seres humanos por causa de uma credulidade precipitada. Enquanto ele estava andando sozinho diante do tribunal, com seu caderno de anotações e caneta, eis que um jovem, um advogado, o verdadeiro ladrão, trazendo secretamente um machado, entrou, sem que Alípio percebesse, até as grades de chumbo que cercavam as lojas de ourives, e começou a cortar o chumbo. Mas quando o barulho do machado foi ouvido os ourives que estavam embaixo começaram a se agitar e mandaram prender quem quer que encontrassem. Mas ele, ouvindo suas vozes, fugiu, deixando seu machado, temendo ser levado com ele. Alípio, que não o havia visto entrar, ficou sabendo de sua partida e viu a velocidade que ele fugiu. E desejoso de saber o que se passava, entrou no lugar e ao encontrar a machadinha ficou maravilhado e considerando o que seria, quando eis que os que haviam sido enviados o encontraram só, com a machadinha na mão, cujo ruído os havia assustado e trazido até ali. Apanharam-no, levaram-no e, reunindo os moradores do mercado, gabaram-se de ter prendido um ladrão notório, que estava sendo conduzido para ser levado perante o juiz.

Mas até ali estava Alípio para ser instruído. Logo, ó Senhor, socorreste a sua inocência, da qual só tu eras testemunha. Pois enquanto ele estava sendo levado para a prisão ou para o castigo, encontrou-se com eles um certo arquiteto, que era o principal responsável pelos edifícios públicos. Estavam contentes por se encontrarem especialmente com ele, por quem costumavam ser suspeitos de roubar as mercadorias perdidas no mercado, como que para lhe mostrar finalmente por quem esses roubos eram cometidos. Ele, no entanto, tinha visto diversas vezes Alípio na casa de um certo senador, onde ia com frequência para prestar seus respeitos, e ao e reconhecê-lo imediatamente o tomou pela mão e, perguntando-lhe a ocasião de tão grande calamidade, ouviu toda a história e ordenou a todos os presentes, em meio a muito tumulto e ameaças, que fossem com ele. Assim, eles chegaram à casa do jovem que havia cometido o ato. Ali, diante da porta, estava um rapaz tão jovem que, sem temer qualquer dano ao seu senhor, poderia revelar tudo. Ele havia acompanhado seu mestre até o mercado. Assim que Alípio se lembrou, contou ao arquiteto e, mostrando o machado ao menino, perguntou-lhe: "De quem era isso?". "Nosso", disse ele, e ao ser questionado mais uma vez, descobriu tudo. Assim, o crime foi transferido para aquela casa, e a multidão envergonhada, que havia começado a insultar Alípio, aquele que deveria ser um dispensador de tua palavra e um examinador de muitas causas em tua Igreja, foi embora mais experiente e instruído.

Eu o encontrei em Roma, e ele se apegou a mim por um laço muito forte, e foi comigo para Milão, tanto para não me deixar quanto para praticar algo da lei que havia estudado, mais para agradar a seus pais do que a si mesmo. Lá, ele foi três vezes assessor, com integridade e probidade muito admiradas pelos outros, sendo que ele admirava mais os que preferiam o ouro à honestidade. Além disso, seu caráter foi testado, não apenas com a isca da cobiça, mas com o aguilhão do medo. Em Roma, ele foi assessor do conde do Tesouro italiano. Naquela época, havia um senador muito poderoso, a cujos favores muitos eram devedores e muitos eram temidos. Ele precisava, por meio de seu poder habitual, que lhe fosse permitido algo que as leis não permitiam. Alípio resistiu a isto: um suborno foi prometido, mas com todo o seu coração ele o desprezou, e quando ameaças foram feitas ele as espezinhou. Então, todos se maravilharam com um espírito tão incomum, que não desejava a amizade nem temia a inimizade de alguém tão grande e tão poderosamente conhecido por inúmeros meios de fazer o bem ou o mal. E o próprio juiz, de quem Alípio era conselheiro, embora também não quisesse que isso acontecesse, ainda assim não recusou abertamente, mas adiou a questão para Alípio, alegando que não permitiria que ele a fizesse, pois, na verdade, se o juiz a tivesse feito, Alípio teria decidido de outra forma. Com essa única coisa no caminho do aprendizado, ele quase foi seduzido, para que pudesse ter livros copiados para ele a preços pretorianos, mas consultando a justiça, ele alterou sua deliberação para melhor, considerando a equidade pela qual ele foi impedido mais proveitosa do que o poder pelo qual ele foi permitido. Essas coisas são pequenas, mas aquele que é fiel no pouco, também é fiel no muito. Tampouco pode ser anulada a palavra que saiu da boca da tua verdade, pois, se não fostes fiéis no injusto Mamon, quem vos confiará as verdadeiras riquezas? E se não tiverdes sido fiéis no que é de outrem, quem vos dará o que é vosso? Sendo assim, naquele momento ele se apegou a mim e, junto a mim, hesitou em seu propósito quanto ao curso de vida a ser seguido.

Nebrídio também, que, tendo deixado sua terra natal perto de Cartago, bem como a própria Cartago, onde havia vivido por muito tempo, deixando para trás sua excelente propriedade e casa de família, e uma mãe que não o seguiria, veio para Milão, não por outro motivo senão para viver comigo na mais ardente busca da verdade e da sabedoria. Como eu, ele suspirou, como eu, ele vacilou, um ardente buscador da verdadeira vida e um examinador muito perspicaz das questões mais difíceis. Assim eram as bocas de três pessoas indigentes, suspirando suas necessidades uma para a outra, e esperando em ti que lhes desses o alimento na hora certa. Em toda a amargura que, por tua misericórdia, acompanhava nossos negócios mundanos, quando olhávamos para o fim, para saber por que deveríamos sofrer tudo isso, a escuridão nos encontrou, e nos afastamos gemendo e questionando: "Até quando serão essas coisas?". Isso também perguntamos muitas vezes, e assim indagando, não os abandonamos, pois ainda não havia nada certo que pudéssemos abraçar quando abandonados.

E eu, vendo e analisando as coisas, fiquei muito admirado com o tempo decorrido desde o meu décimo nono ano, quando comecei a perceber meu desejo de sabedoria, e quando a encontrei, abandonei todas as esperanças vazias e os frenesis mentirosos de desejos vãos. Eis que eu estava agora em meu trigésimo ano, preso no mesmo lamaçal, ávido por desfrutar das coisas presentes, que passavam e desperdiçavam minha alma, enquanto eu dizia a mim mesmo: "Amanhã eu a encontrarei; ela aparecerá manifestamente e eu a agarrarei, eis que Fausto, o maniqueu, virá e esclarecerá tudo! Ó grandes homens, ó acadêmicos, é verdade, então, que nenhuma certeza pode ser alcançada para a ordenação da vida! Não, procuremos com mais diligência e não nos desesperemos". Vejam, as coisas nos livros eclesiásticos não são absurdas para nós agora, que às vezes pareciam absurdas, e podem ser tomadas de outra forma, e em um bom sentido. Tomarei minha posição onde, quando criança, meus pais me colocaram, até que a verdade clara seja descoberta. Mas onde ela deve ser procurada ou quando? Ambrósio não tem lazer, nós não temos lazer para ler, onde encontraremos os livros? De onde, ou quando obtê-los? De quem tomá-los emprestados? Que se estabeleçam horários fixos e certas horas sejam ordenadas para a saúde de nossa alma. A fé católica não ensina o que pensávamos e do que em vão a acusávamos, seus membros instruídos consideram profano acreditar que Deus seja limitado pela figura de um corpo humano. Duvidamos de "bater" para que as portas "possam ser abertas"? As tardes são ocupadas por nossos acadêmicos, então o que fazemos durante o resto do dia? Por que não isso? Mas quando, então, fazemos a corte aos nossos grandes amigos, de cujo favor necessitamos? Quando compomos o que podemos vender aos acadêmicos? Quando nos refrescaremos, libertando nossas mentes dessa intensidade de cuidados?

Que tudo se perca, que nos livremos dessas vaidades vazias e nos entreguemos à única busca da verdade! A vida é vã, a morte é incerta; se ela nos roubar de repente, em que estado partiremos daqui? E onde aprenderemos o que negligenciamos aqui? Não sofreremos antes a punição dessa negligência? E se a própria morte cortar e acabar com todo cuidado e sentimento? Então, isso deve ser verificado. Mas Deus nos livre disso! Não é uma coisa vã e vazia o fato de a excelente dignidade da autoridade da fé cristã ter se espalhado por todo o mundo. Jamais Deus realizaria tais e tão grandes coisas por nós se, com a morte do corpo, a vida da alma chegasse ao fim. Por que demorar, então, para abandonar as esperanças mundanas e nos entregarmos totalmente à busca de Deus e da vida abençoada? Mas, espere! Mesmo essas coisas são agradáveis, pois elas têm alguma, e não pouca, doçura. Não devemos abandoná-las levianamente, pois seria uma vergonha voltar a elas. Veja, não é muito importante agora obter alguma posição, e então o que mais deveríamos desejar? Temos muitos amigos poderosos. Assim, se nada mais oferecermos, e estivermos com muita pressa, pelo menos um cargo de assessor de presidente pode nos ser dado, bem como uma esposa com algum dinheiro, para que não aumente nossos encargos, e esse será o limite do desejo. Muitos grandes homens, e muito dignos de serem imitados, dedicaram-se ao estudo da sabedoria no estado de casados.

Enquanto eu refletia sobre essas coisas, e esses ventos se agitavam e levavam meu coração para um lado e para outro, o tempo passava, mas eu demorava a me voltar para o Senhor. De dia para dia adiava viver em ti, e não adiava diariamente morrer em mim mesmo. Amando uma vida feliz, eu a temia em tua morada, ao mesmo tempo que a buscava, mas fugindo dela. Eu achava que seria muito infeliz, a menos que estivesse em braços femininos, e não pensava no remédio de tua misericórdia para curar essa enfermidade, pois não o havia experimentado. Quanto à castidade eu supunha que ela estivesse em nosso poder (embora em mim mesmo eu não encontrasse esse poder), sendo tão tolo a ponto de não saber o que está escrito: "Ninguém pode ser casto a menos que tu permitas", e que tu concederias a castidade se com gemidos íntimos eu batesse aos teus ouvidos e com uma fé firme lançasse meus cuidados sobre ti.

De fato, Alípio me impediu de me casar, alegando que assim não poderíamos, de forma alguma, com lazeres livres, viver juntos no amor à sabedoria, como há muito desejávamos. Pois ele próprio era, já naquela época, puríssimo nesse ponto, algo que era maravilhoso, e isso tanto mais que, no início de sua juventude, ele havia entrado nesse caminho, mas não havia se apegado a ele. Antes, havia sentido remorso e se revoltado com isso, vivendo desde então até agora mais honradamente. Mas eu o contrariei com os exemplos daqueles que, como homens casados, haviam valorizado a sabedoria, servido a Deus de forma aceitável, mantido seus amigos e os amado fielmente. De cuja grandeza de espírito eu estava muito aquém e, preso à doença da carne e à sua doçura mortal, puxei minha corrente, temendo ser solto e, como se minha ferida tivesse sido espremida, repeli suas boas persuasões, como se fosse a mão de alguém que me soltasse. Além disso, por meu intermédio, a serpente falou ao próprio Alípio, com minha língua tecendo e colocando em seu caminho armadilhas agradáveis, nas quais seus pés virtuosos e livres poderiam ser enredados.

Quando ele se admirava de que eu, a quem ele não estimava nem um pouco, me apegasse tão rapidamente à ave de rapina desse prazer, a ponto de protestar (tantas vezes que discutimos isso) que eu nunca poderia levar uma vida solitária, insistia em minha defesa, quando o via admirado, que havia uma grande diferença entre seu conhecimento momentâneo e pouco lembrado dessa vida, que ele poderia facilmente desprezar, e meu conhecimento contínuo, ao qual, se o honroso nome de casamento fosse acrescentado, ele não deveria se perguntar por que eu não poderia condenar esse curso. Ele também começou a desejar se casar, não como se estivesse tomado pelo desejo de tal prazer, mas por curiosidade, porque ele gostaria de saber, disse ele, o que deveria ser isso, sem o que minha vida, para ele tão agradável, não me pareceria vida, mas um castigo. Sua mente, livre daquela corrente, estava maravilhada com minha escravidão e, por meio desse maravilhamento, estava indo para um desejo de experimentá-la, daí para a própria provação, e daí talvez para afundar naquela escravidão que ele se maravilhava, visto que estava disposto a fazer um pacto com a morte. Aquele que ama o perigo, cairá nele, pois qualquer que seja a honra que exista no ofício de bem administrar uma vida de casado e uma família, isso não nos comoveu muito. Mas a mim, na maior parte do tempo, o hábito de satisfazer um apetite insaciável atormentava, e ao passo que me mantinha cativo, a ele uma admiração estava levando cativo. Assim éramos nós, até que tu, ó altíssimo, não abandonando nosso pó, compadecendo-te de nossa miséria, vieste em nosso auxílio por caminhos maravilhosos e secretos.

Esforços contínuos foram feitos para que eu me casasse. Fui cortejado e prometido, principalmente por causa das dores de minha mãe, para que, uma vez casado, o batismo saudável pudesse me purificar, e ela se alegrava por eu estar sendo preparado diariamente e observava que suas orações e tuas promessas estavam sendo cumpridas em minha fé. Naquela época, na verdade, tanto a meu pedido quanto por seu desejo, ela implorava diariamente a ti, com fortes gritos do coração, que lhe descobrisses, por meio de uma visão, algo a respeito de meu futuro casamento. Ela viu, de fato, certas coisas vãs e fantásticas, como a energia do espírito humano, ocupada com isso, reunida, e ela me contou essas coisas, não com a confiança que costumava ter quando tu lhe mostravas qualquer coisa, mas menosprezando-as. Segundo ela, por meio de um certo sentimento que não conseguia expressar em palavras ela podia discernir entre tuas revelações e os sonhos da própria alma. Ainda assim, o assunto foi pressionado, e uma donzela foi pedida em casamento, dois anos abaixo da idade adequada e, como era agradável, foi aguardada.

E muitos de nós, amigos, conversando e detestando os turbulentos tumultos da vida humana, havíamos debatido e quase resolvemos viver separados dos negócios e da agitação das pessoas. E isso deveria ser obtido dessa forma, pois deveríamos trazer tudo o que pudéssemos obter separadamente e formar uma casa para todos, de modo que, pela verdade de nossa amizade, nada deveria pertencer especialmente a ninguém, mas o todo, assim derivado de todos, deveria pertencer a cada um, e tudo a todos. Pensamos que poderia haver muitas pessoas nessa sociedade, algumas das quais eram muito ricas, especialmente Romaniano, nosso cidadão, meu amigo desde a infância, que as graves perplexidades de seus negócios levaram à corte. Ele era o mais fervoroso em relação a esse projeto, e nisso sua voz tinha grande peso, porque sua ampla propriedade excedia em muito a de qualquer outro. Também havíamos decidido que dois oficiais anuais, por assim dizer, deveriam prover todas as coisas necessárias, e o restante não seria perturbado. Mas quando começamos a considerar se as esposas, que alguns de nós já tínhamos e outros esperavam ter, permitiriam isso, todo aquele plano, que estava sendo tão bem elaborado, desmoronou em nossas mãos, foi totalmente destruído e deixado de lado. Daí nos entregamos a suspiros e gemidos, e nossos passos seguiram os caminhos largos e tortuosos do mundo, pois muitos eram os pensamentos em nosso coração, mas o teu conselho permanece para sempre. Desse conselho, tu rejeitaste o nosso e preparaste o teu, com o propósito de nos dar alimento a seu tempo e de encher nossa alma de bênçãos.

Enquanto isso, meus pecados se multiplicavam e minha concubina era arrancada de mim como um obstáculo ao meu casamento, e meu coração, que se apegava a ela, estava dilacerado, ferido e sangrando. Ela voltou para a África, jurando a ti nunca mais conhecer outro homem, deixando comigo meu filho com ela. Mas eu, infeliz, que não conseguia imitar uma mulher, impaciente com a demora, já que só conseguiria obtê-la depois de dois anos, e não sendo tão amante do casamento quanto escravo da luxúria, procurei outra, embora não fosse esposa, para que, por meio da servidão de um costume duradouro, a doença de minha alma pudesse ser mantida e levada em seu vigor, ou mesmo aumentada, para o domínio do casamento. Não foi curada minha ferida, que havia sido feita pelo corte da primeira, mas, após inflamação e dor mais aguda, ela se mortificou, e minhas dores se tornaram menos agudas, apesar de serem mais desesperadoras.

A ti seja o louvor, glória a ti, fonte de misericórdia. Eu estava me tornando mais miserável, e tu estavas mais próximo. Tua mão direita estava sempre pronta para me tirar do lamaçal e me lavar completamente, e eu não sabia disso. Nada me fez voltar de um abismo ainda mais profundo de prazeres carnais, a não ser o medo da morte e de teu julgamento vindouro, que, em meio a todas as minhas mudanças, nunca se afastou de meu peito. E em minhas disputas com meus amigos Alípio e Nebrídio sobre a natureza do bem e do mal, eu sustentava que Epicuro havia vencido em minha mente, se eu não acreditasse que após a morte havia uma vida para a alma, e lugares de retribuição de acordo com os desertos dos humanos, o que Epicuro não acreditava. E eu perguntei: "Se fôssemos imortais e vivêssemos em perpétuo prazer corporal, sem medo de perdê-lo, por que não seríamos felizes, ou o que mais deveríamos buscar?". Sem saber que uma grande miséria estava envolvida nisso mesmo, que, estando assim afundado e cego, eu não poderia discernir aquela luz de excelência e beleza, a ser abraçada por sua causa, que o olho da carne não pode ver, e é vista pelo ser humano interior. Também, infeliz, não considerava de que fonte provinha o fato de que, mesmo sobre essas coisas, por mais sujas que fossem, eu conversava com prazer com meus amigos, tampouco poderia, mesmo de acordo com as noções que eu tinha então de felicidade, ser feliz sem amigos, em meio a qualquer abundância de prazeres carnais. No entanto, eu amava esses amigos apenas por eles mesmos, e sentia que era amado por eles também apenas por mim.

Ó caminhos tortuosos! Ai da alma audaciosa, que esperava, abandonando-te, ganhar algo melhor! Ela se virou e se virou novamente, de costas, de lado e de barriga, mas tudo foi doloroso, pois só tu descansas. Eis que tu estás ao alcance da mão, e nos livras de nossas desventuradas andanças, e nos colocas em teu caminho, e nos consolas, e dizes: "Corre, eu te levarei; sim, eu te farei passar, e lá também te levarei".

Por conta da importância que exerceu para a tradição filosófica na Idade Média, Agostinho de Hipona é frequentemente listado como primeiro filósofo medieval.

LIVRO VII

Morta estava agora a minha juventude má e abominável, e eu estava entrando no início da idade adulta mais contaminado por coisas vãs à medida que crescia em idade, que não podia imaginar qualquer substância, a não ser aquela que costuma ser vista com estes olhos. Eu não pensava em ti, ó Deus, sob a figura de um corpo humano, pois desde que comecei a ouvir algo de sabedoria, sempre evitei isso. Alegrei-me por ter encontrado o mesmo na fé de nossa mãe espiritual, tua Igreja Católica. Mas eu não sabia o que mais conceber de ti. E eu, um homem, e um homem assim, procurei conceber-te como o soberano, único e verdadeiro Deus. Em meu íntimo acreditei que tu eras incorruptível, injustificável e imutável, porque, embora não soubesse de onde ou como, eu via claramente e tinha certeza de que aquilo que pode ser corrompido deve ser inferior àquilo que não pode. Aquilo que não pode ser ferido eu preferia sem hesitação àquilo que pode ser ferido. O imutável às coisas sujeitas à mudança. Meu coração clamou apaixonadamente contra todos meus fantasmas e, com esse único golpe, procurei afastar dos olhos de minha mente toda aquela tropa imunda que zumbia ao seu redor. Eis que, mal tendo sido afastados, em um piscar de olhos eles se reuniram novamente em torno de mim, voaram contra meu rosto e o obscureceram, de modo que, embora não sob a forma de um corpo humano, ainda assim fui constrangido a conceber-te (aquele incorruptível, inofensivo e imutável, que eu preferia ao corruptível, inofensivo e mutável) como estando no espaço, quer infundido no mundo, quer difundido infinitamente fora dele. Porque tudo o que eu concebia, privado desse espaço, parecia-me nada, sim, totalmente nada, sequer um vazio, como se um corpo fosse retirado de seu lugar e o lugar permanecesse vazio de qualquer corpo, da terra e da água, do ar e do céu, ainda assim permaneceria um lugar vazio, como se fosse um nada espaçoso.

Então, com esse coração grosseiro e sem clareza nem para mim mesmo, tudo o que não se estendia por certos espaços nem se difundia, tampouco se condensava ou se dilatava, ou não recebia ou não podia receber algumas dessas dimensões, eu considerava ser totalmente nada. Sobre formas como as que meus olhos costumam alcançar, meu coração então alcançou, nem ainda vi que essa mesma noção da mente, por meio da qual formei essas mesmas imagens, não era desse tipo, e ainda assim não poderia tê-las formado se não fosse algo grandioso. Assim também me esforcei para conceber a ti, vida de minha vida, como algo vasto, através de espaços infinitos em todos os lados, penetrando toda a massa do Universo e, além dela, em todos os sentidos, através de espaços incomensuráveis e ilimitados, de modo que a Terra deveria ter a ti, o céu deveria ter a ti, todas as coisas deveriam ter a ti, e elas estariam limitadas a ti, e tu não estarias limitado a lugar algum. Assim como o corpo deste ar que está acima da Terra não impede que a luz do Sol passe por ele, penetrando-o não por ruptura ou corte, mas preenchendo-o totalmente, também pensei que o corpo não fosse apenas do céu, do ar e do mar, mas também da terra, permeável a ti, de modo que em todas as suas partes, tanto as maiores quanto as menores, ele deveria admitir tua presença, por uma inspiração secreta, dentro e fora, dirigindo todas as coisas que criaste. Foi o que pensei, mas não consegui conceber outra coisa, pois era falso. A maior parte da terra deveria conter uma porção maior de ti, e a menor, uma porção menor, de modo que todas as coisas deveriam estar cheias de ti, de tal forma que o corpo de um elefante deveria conter mais de ti do que o de um pardal, por ser maior e ocupar mais espaço, e assim tu deverias tornar as várias porções de ti presentes às várias porções do mundo, em fragmentos, grandes para os grandes, pequenos para os pequenos. Mas não é assim que tu és. Ainda não havias iluminado minhas trevas.

Bastava-me, Senhor, opor-me a esses enganadores iludidos e a esses faladores mudos, uma vez que tua palavra não soava neles. Bastava o que, há muito tempo, quando ainda estávamos em Cartago, Nebrídio costumava propor, e todos nós que o ouvíamos ficávamos atônitos: "A dita nação das trevas, que os maniqueus costumam colocar como uma massa opositora contra ti, o que poderia ter feito a ti, se tivesses te recusado a lutar com ela? Se eles respondessem: 'isso teria feito algum mal a ti', então tu estarias sujeito a danos e corrupção. Mas, se eles respondessem: 'não poderia fazer-te mal algum', então não haveria razão para que lutasses contra ela; e lutar de tal forma que uma certa porção ou membro de ti, ou descendência de tua substância, se misturasse com poderes opostos e naturezas não criadas por ti, e fosse por eles corrompida e alterada para pior, a ponto de ser transformada de felicidade em miséria, e necessitasse de assistência, por meio da qual pudesse ser libertada e purificada; e que essa descendência de tua substância era a alma, a qual, ao ser dominada, foi contaminada e corrompida, tua palavra, livre, pura e íntegra, poderia aliviar, sendo que a própria palavra ainda era corruptível porque era de uma e da mesma substância. Assim, então, se eles afirmassem que tu, seja o que for que tu sejas, isto é, tua substância pela qual tu és, fosse incorruptível, então todas essas afirmações seriam falsas e execráveis; mas se fosse corruptível, a própria afirmação mostraria que era falsa e revoltante". Esse argumento de Nebrídio foi suficiente contra aqueles que mereciam ser totalmente vomitados pelo estômago sobrecarregado, pois não tinham escapatória, sem uma horrível blasfêmia de coração e língua, pensando e falando de ti.

Mas eu também, embora tivesse e estivesse firmemente persuadido de que tu, nosso Senhor, o verdadeiro Deus, que criaste não apenas nossas almas, mas também nossos corpos, e não apenas nossas almas e corpos, mas também todos os seres e todas as coisas, eras imutável e inalterável, e em nenhum grau mutável, ainda assim não compreendi, claramente e sem dificuldade, a causa do mal. No entanto, fosse ela qual fosse, percebi que deveria ser procurada de tal forma que não me obrigasse a acreditar que o Deus imutável fosse mutável, para que eu não me tornasse o mal que estava procurando. Busquei-a, então, até agora livre de ansiedade, certo da falsidade do que sustentavam aqueles de quem eu me esquivava de todo o coração, pois vi que ao indagar sobre a origem do mal eles estavam cheios de maldade, pois preferiam pensar que tua substância sofria o mal à própria que o cometia.

Esforcei-me para perceber o que agora ouvia, que o livre-arbítrio era a causa de nosso mal, e teu julgamento justo de nosso sofrimento. Mas não fui capaz de discernir isso claramente. Então, esforçando-me para tirar a visão de minha alma daquele poço profundo, fui novamente mergulhado nele e, esforçando-me muitas vezes, fui mergulhado de volta com a mesma frequência. Mas isso me elevou um pouco à tua luz, de modo que eu sabia tanto que tinha uma vontade quanto que vivia. Quando eu desejava ou deixava de desejar qualquer coisa, eu tinha certeza de que ninguém além de mim mesmo desejava ou deixava de desejar, e eu quase via que ali estava a causa de meu pecado. Mas o que eu fazia contra a minha vontade, eu via que sofria mais do que fazia, e julgava não ser minha culpa, mas meu castigo. Assim, considerando-te justo, eu logo confessava que não estava sendo injustamente castigado. Mas eu questionei novamente: "Quem me fez? Não foi o meu Deus, que não é apenas bom, mas a própria bondade?". Quem colocou isso em mim, e me plantou essa planta de amargura, visto que fui totalmente formado por meu dulcíssimo Deus? Se o demônio foi o autor, de onde vem esse mesmo demônio? E se ele também, por sua vontade perversa, de um anjo bom se tornou um demônio, de onde, novamente, veio nele aquela vontade má pela qual ele se tornou um demônio, visto que toda a natureza dos anjos foi feita por aquele criador muito bom?". Com esses pensamentos fui novamente afundado e sufocado, mas não fui levado ao inferno do erro (onde ninguém te confessa), para pensar antes que tu sofres o mal do que os humanos o fazem.

Eu estava me esforçando para descobrir o resto, como alguém que já havia descoberto que o incorruptível deve ser melhor do que o corruptível. Tu, portanto, o que quer que fosses, eu confessava ser incorruptível. Pois nenhuma alma foi, nem será, capaz de conceber qualquer coisa que possa ser melhor do que tu, que és o soberano e o melhor bem. Como o mais verdadeiro e certo é que o incorruptível é preferível ao corruptível (como eu o preferia agora), então, se tu não fosses incorruptível, eu poderia, em pensamento, ter chegado a algo melhor do que o meu Deus. Onde, pois, eu visse que o incorruptível é preferível ao corruptível, ali deveria eu procurar-te, e ali observar "onde o próprio mal estava", isto é, de onde vem a corrupção pela qual tua substância não pode de modo algum ser prejudicada. A corrupção de modo algum prejudica nosso Deus, por nenhuma vontade, por nenhuma necessidade, por nenhum acaso imprevisto, porque ele é Deus, e o que ele deseja é bom, e ele mesmo é esse bem, mas ser corrompido não é bom. Tampouco, contra a tua vontade, és constrangido a qualquer coisa, pois a tua vontade não é maior do que o teu poder. Mas deveria ser maior, se tu mesmo fosses maior do que tu mesmo. Pois a vontade e o poder de Deus são o próprio Deus. E o que pode ser imprevisto por ti, que conheces todas as coisas? Nem há natureza nas coisas, sem que tu a conheças. E que mais poderíamos dizer: "por que essa substância que é Deus não seria corruptível", visto que, se assim fosse, não seria Deus?

E procurei "de onde vem o mal", e procurei de uma maneira má, mas não vi o mal em minha busca. Coloquei diante da visão de meu espírito toda a criação, tudo o que podemos ver nela (como mar, terra, ar, estrelas, árvores, criaturas mortais), sim, e tudo o que nela não vemos, como o firmamento do céu, todos os anjos e todos os seus habitantes espirituais. Mas esses mesmos seres, como se fossem corpos, minha fantasia dispôs no lugar, e eu fiz uma grande massa de tua criação, diferenciada quanto aos tipos de corpos; alguns, corpos reais, outros, o que eu mesmo havia fingido ser espíritos. Essa massa eu fiz enorme, não como era (o que eu não podia saber), mas como eu achava conveniente, de todo modo finita. A ti, ó Senhor, eu imaginei em todas as partes que a cercavam e penetravam, embora de todas as formas infinitas, como se houvesse um mar, em todos os lugares e em todos os lados, através do espaço desmedido, um único mar sem limites, e contivesse nele uma esponja, enorme, mas limitada; essa esponja deve ser preenchida, em todas as suas partes, por meio desse mar incomensurável: Assim, concebi tua criação, ela mesma finita, cheia de ti, o infinito, e disse: "Eis Deus, e eis o que Deus criou. E Deus é bom, sim, muito poderoso e incomparavelmente melhor do que tudo isso; mas ainda assim ele, o bom, criou-os bons. Vejam como ele os envolve e os realiza. Onde está, pois, o mal, e de onde, e como se introduziu ele aqui? Qual é a sua raiz, e qual a sua semente? Ou não existe? Por que, pois, temer e evitar o que não existe? Ou, se o tememos ociosamente, então esse mesmo temor é maligno, pois a alma é assim ociosamente incitada e atormentada. Sim, e um mal muito maior, pois não temos nada a temer. No entanto, tememos. Portanto, ou é o mal que tememos, ou é o mal que tememos. Visto que Deus, o bom, criou todas essas coisas boas. De fato, ele, o bem maior e mais importante, criou os bens menores; ainda assim, tanto o criador quanto a criação são bons. De onde vem o mal? Ou houve alguma matéria má da qual ele fez, formou e ordenou, mas deixou algo nela que não converteu em bem? Por quê? Não tinha ele poder para transformar e mudar o todo, de modo que nenhum mal permanecesse nele, visto que ele é todo-poderoso? Por último, por que ele faria qualquer coisa dela, e não faria que ela não existisse, com a mesma onipotência? Ou, então, isso poderia ser contra a vontade de Deus? Ou, se fosse desde a eternidade, por que ele permitiu que fosse assim por infinitos espaços de tempo passados, e se agradou tanto tempo depois de fazer algo originado nisso? Ou, se de repente ele se aprouvesse agora em fazer alguma coisa, o todo-poderoso deveria ter feito isso, para que essa matéria maligna não fosse, e somente ele fosse, o bem completo, verdadeiro, soberano e infinito. Ou, se não fosse bom que ele, que era bom, também não moldasse e criasse algo que fosse bom, então, sendo essa matéria má removida e reduzida a nada, ele poderia formar matéria boa, da qual criaria todas as coisas. Ele não seria todo-poderoso se não pudesse criar algo bom sem a ajuda da matéria que ele mesmo não havia criado". Esses pensamentos eu mantinha em meu miserável coração, sobrecarregado com os mais angustiantes cuidados, para que eu não morresse antes de ter encontrado a verdade. No entanto, a fé de teu Cristo, nosso Senhor e salvador, professada na Igreja Católica, estava firmemente fixada em meu coração, em muitos pontos, de fato, ainda não formada, e flutuando com base na regra da doutrina. Minha mente não a abandonou completamente, mas, ao contrário, diariamente absorveu mais e mais dela.

Por essa época, também rejeitei as adivinhações mentirosas e as impiedosas práticas dos astrólogos. Que tuas misericórdias, do mais íntimo de minha alma, confessem a ti por isso também, ó meu Deus. Pois tu, tu totalmente (pois quem mais nos chama de volta da morte de todos os erros, a não ser a vida que não pode morrer, e a sabedoria que, sem precisar de luz, ilumina as mentes que dela necessitam, por meio da qual o Universo é dirigido, até as folhas rodopiantes das árvores?). Tu tomaste providências para a minha obstinação, com a qual lutei contra Vindicianus, um ancião perspicaz, e Nebrídio, um jovem de talentos admiráveis. O primeiro, afirmando com veemência, ao passo que o segundo, muitas vezes (embora com alguma dúvida) dizendo que "Não existia tal arte de prever as coisas futuras, mas que as conjecturas dos humanos eram uma espécie de loteria, e que de muitas coisas que eles diziam que deveriam acontecer, algumas realmente aconteciam, sem que os que falavam soubessem, que tropeçavam nelas, por causa de suas muitas palavras". E prosseguia afirmando: "Então me arranjastes um amigo, que não era um consulente negligente dos astrólogos nem muito hábil nessas artes, mas (como eu disse) um consulente curioso com eles, e ainda sabendo algo, que ele disse ter ouvido de seu pai, que ele não sabia até a que ponto poderia derrubar a estimativa dessa arte. Esse homem, então, de nome Firmino, tendo tido uma educação liberal e bem instruído em Retórica, consultou-me, como alguém muito querido para ele, o que, de acordo com suas chamadas constelações, eu pensava sobre certos assuntos dele, nos quais suas esperanças mundanas haviam aumentado, e eu, que até então havia começado a me inclinar para a opinião de Nebrídio, não me recusei totalmente a conjecturar e a lhe dizer o que vinha à minha mente não resolvida, mas acrescentei que agora estava quase persuadido de que essas eram apenas loucuras vazias e ridículas". Em seguida, ele me disse que seu pai tinha sido muito curioso em relação a esses livros e que tinha um amigo tão dedicado a eles quanto ele, que, com estudo conjunto e conferência, acendeu a chama de suas afeições a esses brinquedos, de modo que eles observavam os momentos em que os animais muito burros, que se reproduziam em suas casas, davam à luz e, depois, observavam a posição relativa dos céus, fazendo assim novos experimentos nessa suposta arte. Ele disse, então, que tinha ouvido de seu pai que, na época que sua mãe estava prestes dar à luz Firmino, uma serva daquele amigo de seu pai também estava grávida, o que não poderia escapar de seu mestre, que tinha o cuidado de saber com a maior diligência o nascimento de seus filhotes. E foi assim que (um para sua esposa e o outro para sua serva, com a mais cuidadosa observação, contando dias, horas e até as menores divisões das horas) ambos nasceram no mesmo instante, de modo que ambos foram obrigados a permitir as mesmas constelações, até mesmo nos mínimos pontos, um para seu filho, o outro para sua escrava recém-nascida. Assim que as mulheres começavam a dar à luz, cada uma avisava a outra sobre o que estava acontecendo em suas casas, e tinham mensageiros prontos para enviar uma à outra assim que recebessem a notícia do nascimento real, do qual tinham fácil acesso, cada um em sua província, para dar informações instantâneas. Então, os mensageiros das respectivas partes se encontraram, segundo ele, a uma dis-

CONFISSÕES DE SANTO AGOSTINHO

tância tão igual de qualquer uma das casas que nenhum deles poderia perceber qualquer diferença na posição das estrelas ou em qualquer outro ponto minucioso. No entanto, Firmino, nascido em uma propriedade elevada na casa de seus pais, seguiu seu curso pelos caminhos dourados da vida, foi aumentado em riquezas, elevado a honras, ao passo que aquele escravo continuou a servir seus senhores, sem qualquer relaxamento de seu jugo, como Firmino, que o conhecia, me disse.

Ao ouvir e acreditar nessas coisas, contadas por alguém de tamanha credibilidade, toda a minha resistência cedeu. Primeiro, esforcei-me para recuperar o próprio Firmino dessa curiosidade, dizendo-lhe que, ao inspecionar suas constelações eu deveria, se quisesse fazer uma previsão verdadeira, ter visto nelas pais eminentes entre seus vizinhos, uma família nobre em sua cidade, de nascimento elevado, boa educação, conhecimento liberal. Mas se aquele servo tivesse me consultado sobre as mesmas constelações, uma vez que elas também eram dele, eu deveria novamente (para dizer a verdade) ver nelas uma linhagem abjeta, uma condição servil e tudo o mais em total desacordo com a primeira. Daí, então, se eu falasse a verdade deveria, baseado nas mesmas constelações, falar diversamente, ou se falasse o mesmo, falar falsamente, daí se seguiria, com toda a certeza, que tudo o que, ao considerar as constelações, fosse falado verdadeiramente, não o seria por arte, mas por acaso, e tudo o que fosse falado falsamente não o seria por ignorância na arte, mas por falha do acaso.

Uma abertura assim feita, ruminando comigo mesmo sobre coisas semelhantes, para que nenhum daqueles idiotas (que viviam de tal ofício, e a quem eu desejava atacar e com escárnio confrontar) pudesse insistir contra mim que Firmino havia me informado falsamente, ou seu pai a ele. Concentrei meus pensamentos naqueles que nascem gêmeos, que, na maioria das vezes, saem do útero tão próximos um do outro, que o pequeno intervalo (seja qual for a força que as pessoas possam pretender que ele tenha na natureza das coisas) não pode ser notado pela observação humana, tampouco ser expresso naquelas figuras que o astrólogo deve inspecionar, para que possa se pronunciar verdadeiramente. No entanto, elas não podem ser verdadeiras, pois, observando as mesmas figuras, ele deve ter previsto o mesmo para Esaú e Jacó, embora o mesmo não tenha acontecido com eles. Portanto, ele deve falar falsamente ou, se verdadeiro, então, olhando para as mesmas figuras, ele não deve dar a mesma resposta. Não por arte, portanto, mas por acaso, ele falaria verdadeiramente. Pois tu, ó Senhor, justíssimo governador do Universo, embora consultores e consultados não o saibam, por tua inspiração oculta, fazes que o consultante ouça o que, de acordo com os merecimentos ocultos das almas, ele deve ouvir pela profundidade insondável de teu julgamento justo, a quem ninguém deve indagar: "O que é isso? Por que aquilo?". Que ele não diga isso, pois é homem.

Agora, pois, ó meu ajudador, tu me soltaste daqueles grilhões, e eu busquei "de onde vem o mal", e não achei caminho. Mas tu não permitiste que eu fosse levado, por nenhuma flutuação de pensamento, para longe da fé na qual eu acreditava que tu eras, e que tua substância era imutável, e que tu cuidavas e julgavas os homens, e que em Cristo, teu filho, nosso Senhor, e nas sagradas escrituras, que a autoridade de tua Igreja Católica me impunha, tu estabeleceste o caminho da salvação do ser humano, para aquela vida que deve ser depois da morte. Estando essas coisas seguras e imutavelmente estabelecidas em minha mente, procurei ansiosamente "de onde vinha o mal?". Quais eram as dores de meu coração agitado, quais eram os gemidos, ó meu Deus, mas mesmo assim teus ouvidos estavam abertos, e eu não sabia, e quando em silêncio eu buscava com veemência aquelas contrições silenciosas de minha alma eram fortes clamores à tua misericórdia. Tu sabias o que eu sofria, e nenhuma outra pessoa, pois, o que era aquilo que passava por minha língua e chegava aos ouvidos de meus amigos mais íntimos? Será que todo o tumulto de minha alma, para o qual não havia tempo nem palavras suficientes, chegou até eles? No entanto, tudo subia aos teus ouvidos, tudo o que eu bradava com os gemidos do meu coração, e o meu desejo estava diante de ti, e a luz dos meus olhos não estava comigo, porque aquilo estava dentro, e eu, fora. Tampouco aquilo estava confinado a um lugar, pois eu estava atento às coisas contidas em um lugar, mas não encontrei um lugar de descanso nem eles me receberam de tal forma que eu pudesse dizer: "Basta", "está bem". Também não me permitiram voltar atrás, onde poderia estar bem comigo. Pois a essas coisas eu era superior, mas inferior a ti. Tu és minha verdadeira alegria quando submetido a ti, e tu me submeteste ao que criaste abaixo de mim. E esse era o verdadeiro temperamento e a região intermediária de minha segurança, permanecer em tua imagem e, servindo a ti, governar o corpo. Quando me levantei orgulhosamente contra ti e corri contra o Senhor com meu pescoço, com as grossas saliências de meu escudo, até essas coisas inferiores foram colocadas acima de mim e me pressionaram para baixo, e em nenhum lugar houve descanso ou espaço para respirar. Elas se deparavam com minha visão por todos os lados, em montes e tropas, e, em pensamento, as imagens delas se apresentavam sem serem procuradas, como se eu quisesse voltar para ti, como se elas me perguntassem: "Para onde vais, indigno e contaminado?". Essas coisas surgiram de minha ferida, pois tu "humilhas os soberbos

CONFISSÕES DE SANTO AGOSTINHO

como quem é ferido", e por causa de meu inchaço fui separado de ti. Sim, meu rosto inchado de orgulho fechou meus olhos.

Mas tu, Senhor, permaneces para sempre, e nem por isso te iras contra nós, porque te compadeces do nosso pó e da nossa cinza, e foi do teu agrado reformar as minhas deformidades. Por meio de estímulos interiores despertaste-me para que eu ficasse mal, até que te manifestasses à minha visão interior. Assim, pela mão secreta de tua medicação, meu inchaço foi diminuído, e a visão perturbada e acamada de minha mente, pelas unções de dores saudáveis, foi sendo curada dia após dia.

Tu, desejando primeiro mostrar-me como resistes aos orgulhosos, mas dás graça aos humildes, e por quão grande ato de tua misericórdia tu traçaste para os humanos o caminho da humildade, na medida em que tua palavra se fez carne e habitou entre os seres humanos. Tu me obtiveste por meio de alguém inchado com o orgulho mais antinatural, certos livros dos platonistas, traduzidos do grego para o latim. E neles eu li, não exatamente com as mesmas palavras, mas com o mesmo propósito, reforçado por muitas e diversas razões, que "no princípio era o verbo, e o verbo estava com Deus, e o verbo era Deus. Estava no princípio com Deus; todas as coisas foram feitas por ele, e sem ele nada foi feito; o que foi feito por ele é vida, e a vida era a luz dos homens, e a luz resplandece nas trevas, e as trevas não a compreenderam. A alma do ser humano, embora dê testemunho da luz, não é ela mesma a luz; mas a palavra de Deus, sendo Deus, é a verdadeira luz que ilumina todo humano que vem ao mundo. Ele estava no mundo, e o mundo foi feito por ele, mas o mundo não o conheceu. Ele veio para o que era seu, e os seus não o receberam; mas a todos quantos o receberam, deu-lhes o poder de serem feitos filhos de Deus, a todos quantos creram no seu nome". Isso tudo não li nos livros platonistas.

Também não li nesses livros platonistas que "Deus, o verbo, não nasceu da carne nem do sangue, tampouco da vontade do homem ou da vontade da carne, mas de Deus. O verbo se fez carne e habitou entre nós". Porque, naqueles livros, encontrei que, de muitas e diversas maneiras, se dizia que o filho era em forma do pai, e não julgava ser igual a Deus, porque, naturalmente, ele era a mesma substância. Mas que ele tomou a forma de servo, sendo feito à semelhança dos homens, e achado na forma de homem, humilhou-se a si mesmo, e foi obediente até à morte, e morte de cruz. Por isso Deus o exaltou entre os mortos, e deu a ele um nome acima de todo nome, para que ao nome de Jesus se dobre todo joelho, das coisas que estão nos céus, e das coisas que estão na Terra, e das coisas que estão debaixo da Terra, para que toda língua confesse que o

Senhor Jesus Cristo está na glória de Deus pai. Isso esses livros não têm. Antes de todos os tempos e acima de todos os tempos teu filho unigênito permanece imutável, coeterno contigo, e que de sua plenitude as almas recebem, para que possam ser abençoadas; e que pela participação da sabedoria que permanece nelas, elas são renovadas, de modo a serem sábias, está lá. Mas o fato de que, no devido tempo, ele morreu pelos ímpios, e que tu não poupaste o teu filho unigênito, mas o entregaste por todos nós, não está lá. Porque ocultaste essas coisas aos sábios e as revelaste aos pequeninos, para que os que andam cansados e oprimidos venham a ele, e ele os alivie, porque é manso e humilde de coração; e aos mansos dirige o juízo, e aos humildes ensina seus caminhos, vendo nossa humildade e aflição, e perdoando todos os nossos pecados. Os que se elevam no andar sublime de algum aprendizado que se pretende mais elevado, não o ouvem, dizendo: "Aprendei de mim, porque sou manso e humilde de coração, e achareis descanso para as vossas almas. Ainda que conhecessem a Deus, não o glorificam como Deus, tampouco lhe dão graças. Antes, tornam-se vãos em seus pensamentos, e o seu coração insensato se obscureceu, pois, dizendo-se sábios, tornaram-se loucos".

Por isso, também li ali que eles mudaram a glória da tua natureza incorruptível em ídolos e em diversas formas, à semelhança da imagem de homem corruptível, e de aves, e de feras, e de répteis; a saber, naquela comida egípcia pela qual Esaú perdeu o seu direito de primogenitura, pois o teu povo primogênito adorou a cabeça de um animal de quatro pés em vez de ti. Ao voltarem seu coração para o Egito, inclinando tua imagem, a sua alma, diante da imagem de um bezerro que come feno. Essas coisas achei aqui, mas não me alimentei delas. Porque te aprouve, Senhor, tirar de Jacó o opróbrio da diminuição, para que o mais velho servisse ao mais moço, e chamaste os gentios para a tua herança. Eu tinha vindo a ti entre os gentios, ao fixar minha mente no ouro que tu quiseste que teu povo levasse do Egito, visto que era teu, onde quer que estivesse. E aos atenienses disseste, por meio de teu apóstolo, que em ti vivemos, nos movemos e temos nossa existência, como disse um de seus poetas. Em verdade, esses livros vieram de lá. Não pus minha mente nos ídolos do Egito, a quem eles serviam com teu ouro, que transformaram a verdade de Deus em mentira, e adoraram e serviram a criatura mais do que o criador.

E tendo sido admoestado a retornar a mim mesmo, entrei em meu interior, sendo tu meu guia, e fui capaz, pois tu te tornaste meu ajudador. Entrei e contemplei com os olhos de minha alma (tal como eram), acima dos mesmos olhos de minha alma, acima de minha mente, a luz imutável. Não uma luz comum, que toda carne pode ver, tampouco como se fosse uma maior do mesmo tipo, como se o brilho dela fosse muito mais brilhante, e com sua grandeza ocupasse todo o espaço. Essa luz não era tal, mas outra, sim, muito diferente dessas. Também não estava acima da minha alma, como o azeite está acima da água ou como o céu acima da Terra, mas acima da minha alma, porque me fez, e eu abaixo dela, porque fui feito por ela. Aquele que conhece a verdade sabe o que é essa luz, e aquele que a conhece, conhece a eternidade. O amor a conhece. Ó verdade que é eternidade! Amor que é verdade! Eternidade que é amor! Tu és o meu Deus, a ti suspiro noite e dia. Quando eu soube, tu me ergueste, para que eu pudesse ver que havia o que eu poderia ver, e que eu ainda não era capaz de ver. E tu venceste a fraqueza de minha visão, lançando teus feixes de luz sobre mim com toda a força, e eu tremi de amor e temor. Então, percebi que estava longe de ti, na região da falta de semelhança, como se ouvisse tua voz do alto: "Eu sou o alimento dos homens adultos, cresce, e tu te alimentarás de mim; nem me converterás, como o alimento de tua carne em ti, mas tu serás convertido em mim". Aprendi que tu, por causa da iniquidade, castigas o homem, e fizeste com que minha alma se consumisse como uma aranha. E eu disse: "A Verdade, portanto, não é nada porque não é difundida através do espaço finito ou infinito?". Tu gritaste para mim de longe: "No entanto, em verdade, EU SOU o que EU SOU". E eu ouvi, como o coração ouve, e não tive espaço para duvidar, pois deveria antes duvidar que eu vivo do que a verdade não é, que é claramente vista, sendo compreendida por aquelas coisas que são feitas. Contemplei as outras coisas abaixo de ti e percebi que elas nem totalmente são, nem totalmente não são, pois são, já que vêm de ti, mas não são, porque não são o que tu és. O que é verdadeiramente é o que permanece imutável. É bom, pois, que eu me apegue a Deus, porque se não permanecer nele não poderei permanecer em mim mesmo, mas ele, permanecendo em si mesmo, renova todas as coisas. Tu és o Senhor meu Deus, pois não necessitas da minha bondade.

Foi-me manifestado que as coisas que são boas, mas que se corrompem, não são soberanamente boas nem poderiam ser corrompidas se não fossem boas, porque se forem soberanamente boas são incorruptíveis, e se não forem boas de modo algum não haverá nelas nada que se corrompa. A corrupção prejudica, mas, a menos que diminuísse a bondade, não poderia prejudicar. Então, ou a corrupção não prejudica, o que não pode ser ou, o que é mais certo, tudo o que é corrompido é privado do bem. Mas se forem privados de todo o bem, deixarão de existir. Se forem e não puderem mais ser corrompidos, serão melhores do que antes, porque permanecerão incorruptíveis. E o que há de mais monstruoso do que afirmar que as coisas se tornam melhores ao perderem todo o seu bem? Portanto, se elas forem privadas de todo o bem, elas não serão mais. Assim, enquanto são, são boas; logo, tudo o que é, é bom. Dessa maneira, o mal que busco, de onde vem, não é uma substância qualquer, pois, se fosse uma substância, deveria ser bom. Ou seria uma substância incorruptível, e assim um bem principal, ou uma substância corruptível, que, a menos que fosse boa, não poderia ser corrompida. Percebi, portanto, e me foi manifestado que tu fizeste todas as coisas boas, e que não há substância alguma que tu não tenhas feito, por isso tu não fizeste todas as coisas iguais, de modo que todas as coisas sejam iguais, porque cada uma é boa, e todas são muito boas, porque nosso Deus fez todas as coisas muito boas.

E para ti não há nada que seja mau. Sim, não apenas para ti, mas também para a tua criação como um todo, porque não há nada fora dela que possa invadir e corromper a ordem que tu estabeleceste. Mas, em suas partes, algumas coisas, por não se harmonizarem com outras, são consideradas más, ao passo que essas mesmas coisas se harmonizam com outras e são boas e, em si mesmas, são boas. E todas essas coisas que não se harmonizam entre si, ainda assim o fazem com a parte inferior, que chamamos de Terra, tendo o próprio céu nublado e ventoso em harmonia com ela. Longe de mim, portanto, dizer: "Essas coisas não deveriam existir", porque se eu não visse nada além disso, de fato ansiaria por algo melhor, mas ainda assim deveria louvar-te somente por isso, pois, para que tu sejas louvado, mostra da terra dragões e todas as profundezas, fogo, granizo, neve, gelo e vento tempestuoso, que cumprem tua palavra. Os montes e todos os outeiros, as árvores frutíferas e todos os cedros, os animais e todos os rebanhos, os répteis e as aves voadoras, os reis da Terra e todos os povos, os príncipes e todos os juízes da Terra, os moços e as moças, os velhos e os jovens, louvem o teu nome. Mas quando, do céu, eles te louvam, nosso Deus, nas alturas, todos os teus anjos, todos os teus exércitos, o Sol e a Lua, todas as estrelas e a luz, o céu dos céus e as águas que estão acima dos céus, louvam o teu nome, eu não ansiava por coisas melhores, porque eu concebia tudo, e com um julgamento mais sólido eu apreendia que as coisas de cima eram melhores do que as de baixo, mas totalmente melhores do que as de cima por si mesmas.

Não há sã consciência naqueles a quem alguma coisa da tua criação desagrada, como também não há em mim, quando muito do que fizeste me desagradou. E, como a minha alma não se aborrecesse do meu Deus, não quisera considerar como teu o que a aborrecia. Por isso, entrou na opinião de duas substâncias, e não teve descanso, mas conversou ociosamente. Voltando dali, criou para si um Deus, através de infinitas medidas de todo o espaço, e pensou que fosse tu, e o colocou em seu coração. Assim, novamente se tornou o templo de seu ídolo, para ti abominável. Mas depois que acalmastes minha cabeça, desconhecida para mim, e fechastes meus olhos para que não contemplassem a vaidade, deixei um pouco de ser o que era antes, e meu frenesi foi adormecido, e acordei em ti, e te vi infinito de outra forma, e essa visão não era derivada da carne.

Olhei para trás, para as outras coisas, e vi que elas deviam sua existência a ti, e estavam todas ligadas a ti, mas de uma maneira diferente, não como se estivessem no espaço, mas porque tu conténs todas as coisas em tuas mãos, em tua verdade. Todas as coisas são verdadeiras até onde elas são, e não há falsidade, a não ser quando se pensa que é, mas não é. E vi que todas as coisas se harmonizavam, não apenas com seus lugares, mas com suas estações. E que tu, que és o único eterno, não começaste a trabalhar depois de inumeráveis espaços de tempo passados, pois todos os espaços de tempo, tanto os que passaram como os que passarão, não vão nem vêm, a não ser através de ti, trabalhando e permanecendo.

Então, percebi, e não achei nada estranho, que o pão que é agradável a um paladar saudável é repugnante para um doente, ao passo que para os olhos doloridos a luz é ofensiva, o que para o som é agradável. E a tua justiça desagrada aos ímpios, muito mais a víbora e os répteis, que criaste bons, que se encaixam nas partes inferiores da tua criação, com as quais os ímpios também se encaixam, e isso ainda mais, por serem muito diferentes de ti, mas com as criaturas superiores, por se tornarem mais semelhantes a ti. E indaguei o que era iniquidade, e descobri que não era substância, mas a perversão da vontade, desviada de ti, ó Deus, o supremo, em direção a essas coisas inferiores, e lançando suas entranhas, e inchada exteriormente.

Perguntava a mim mesmo se agora eu te amava, e não te amava como um fantasma. No entanto, não me esforcei para desfrutar de meu Deus, mas fui levado até ti por tua beleza, e logo fui levado para longe de ti por meu peso, afundando com tristeza nessas coisas inferiores. Esse peso era um costume carnal. No entanto, eu me lembrava de ti e de modo algum duvidava de que houvesse alguém a quem eu pudesse me apegar, mas eu ainda não era capaz de me apegar a ti, pois o corpo corrompido oprime a alma, e o tabernáculo terrestre sobrecarrega a mente que medita sobre muitas coisas. Eu estava certíssimo de que as tuas obras invisíveis, desde a criação do mundo podem ser claramente vistas, compreendendo-se pelas coisas que estão criadas, isto é, o teu eterno poder e divindade. Ao examinar de onde vinha minha admiração pela beleza dos corpos celestes ou terrestres, bem como o que me ajudava a julgar com firmeza as coisas mutáveis, e a pronunciar: "Isso deve ser assim, isso não", examinando, digo, de onde vinha meu julgamento, e vendo que assim o fazia, encontrei a imutável e verdadeira eternidade da verdade acima de minha mente mutável. E assim, gradualmente, passei dos corpos para a alma, que, por meio dos sentidos corporais, percebe. Daí para sua faculdade interior, para a qual os sentidos corporais representam as coisas externas, até chegar às faculdades dos animais, e novamente para a faculdade de raciocínio, para a qual o que é recebido dos sentidos do corpo é encaminhado para ser julgado. A qual, ao constatar que também era em mim uma coisa variável, elevou-se ao próprio entendimento e afastou meus pensamentos do poder do hábito, retirando-se daquelas tropas de fantasmas contraditórios para que dessa maneira pudesse descobrir qual era aquela luz pela qual estava acamada, quando, sem duvidar, gritou: "Que o imutável deve ser preferido ao mutável!". Foi de onde também conheceu aquele imutável, que, a menos que tivesse de alguma forma conhecido, não tinha nenhum fundamento seguro para preferi-lo ao mutável. E assim, com o lampejo de um olhar trêmulo, chegou àquilo que é. Então, vi tuas coisas invisíveis compreendidas pelas coisas que são feitas. Mas não consegui fixar meu olhar nelas, e minha enfermidade foi abalada, e eu fui jogado novamente em meus hábitos cotidianos, levando comigo apenas uma lembrança amorosa e um anseio por aquilo que eu havia, por assim dizer, sentido o odor, mas do qual ainda não era capaz de me alimentar.

Então, procurei uma maneira de obter força suficiente para desfrutar de ti, mas não a encontrei, até que abracei o mediador entre Deus e os homens, o homem Cristo Jesus, que é sobre todos, Deus bendito para sempre, chamando-me e dizendo: "Eu sou o caminho, a verdade e a vida", e misturando o alimento que eu era incapaz de receber, com a nossa carne. O verbo se fez carne, para que tua sabedoria, pela qual criaste todas as coisas, pudesse fornecer leite para nosso estado infantil. Eu não me apeguei ao meu Senhor Jesus Cristo, eu, humilde, ao humilde, tampouco sabia ainda para onde sua enfermidade nos guiaria. Tua palavra, a verdade eterna, muito acima das partes mais elevadas da tua criação, eleva os subjugados a si mesma. Mas, neste mundo inferior, construiu para si mesmo uma humilde habitação de nosso barro, para humilhar aqueles que seriam subjugados e trazê-los para si mesmo, acalmando seu inchaço e fomentando seu amor, para que não fossem mais longe em autoconfiança, mas consentissem em se tornar fracos, vendo diante de seus pés a divindade fraca

CONFISSÕES DE SANTO AGOSTINHO

ao tomar nossos casacos de pele e, cansados, pudessem se lançar sobre ela, e ela, levantando-se, pudesse os erguer.

Pensava de outra forma, concebendo apenas meu Senhor Cristo como um homem de excelente sabedoria, a quem ninguém poderia ser igualado, especialmente porque, tendo nascido maravilhosamente de uma virgem, ele parecia, em conformidade com isso, por meio do cuidado divino por nós, ter alcançado aquela grande eminência de autoridade, como um exemplo de desprezo pelas coisas temporais para a obtenção da imortalidade. Tamanho era o mistério que havia em "O verbo se fez carne", tornando impossível eu sequer imaginar. Somente eu havia aprendido, com base no que nos foi entregue por escrito sobre Cristo, que ele comeu, bebeu, dormiu, andou, alegrou-se em espírito, entristeceu-se, discursou; que a carne não se uniu por si mesma à tua palavra, mas com a alma e a mente humanas. Sabem disso todos os que conhecem a imutabilidade da tua palavra, que eu agora conhecia, tanto quanto podia, e da qual não duvidava. Pois, ora mover os membros do corpo pela vontade, ora não, ora ser movido por alguma afeição, ora não, ora proferir palavras sábias por meio de sinais humanos, ora guardar silêncio, pertencem à alma e à mente sujeitas a variações. E se essas coisas fossem falsamente escritas sobre ele, todas as demais também correriam o risco de serem acusadas, e não restaria nesses livros nenhuma fé salvadora para a humanidade. Desde então eles foram escritos verdadeiramente, eu reconheci um homem perfeito para estar em Cristo. Não o corpo de um homem apenas, nem, com o corpo, uma alma sensível sem um racional, mas o próprio homem, a quem, não apenas como sendo uma forma da verdade, mas por uma certa grande excelência da natureza humana e uma participação mais perfeita da sabedoria, eu julguei ser preferido antes dos outros. Alípio imaginava que os católicos acreditavam que Deus estava tão revestido de carne que, além de Deus e carne, não havia alma alguma em Cristo, e não achava que uma mente humana fosse atribuída a ele. E como estava bem persuadido de que as ações registradas por ele só poderiam ser realizadas por uma criatura vital e racional, Alípio se aproximou mais lentamente da fé cristã. Depois de entender que esse era o erro dos hereges apolinarianos,[19] ele se ale-

---

19   Os seguidores de Apolinário de Laodiceia (310-390 d.C.), um bispo que tentou criar um modo de explicar a natureza dupla de Jesus de humanidade e divindade, segundo a qual Jesus Cristo teria um corpo humano, porém dotado de uma mente exclusivamente divina. Os argumentos em favor dessa tese de que haveria duas naturezas completas (divindade e humanidade) impediriam Jesus Cristo de se tornar um ser único, porque ele seria duas pessoas. Tais ideias foram condenadas no sínodo realizado em Alexandria em 362 d.C., e posteriormente pelo papa Dâmaso I, o 37º da Igreja Católica, em 377 e 382 e, especialmente, pelo Concílio de Constantinopla I, realizado em 381 d.C. (BETTENCOURT, Estevão. As heresias cristológicas e trinitárias. Disponível em: https://www.clerus.org/clerus/dati/2009-01/02-13/As_Heresias_Cristologicas_e_Trinitarias.html. Acesso em: 26 ago. 2023).

grou e se conformou com a fé católica. Um pouco mais tarde, confesso, aprendi como, naquela frase "O verbo se fez carne", a verdade católica se distingue da falsidade de Fotino[20]. A rejeição dos hereges faz que os princípios de tua Igreja e a sã doutrina se destaquem mais claramente. Mas também deve haver heresias, para que os aprovados possam se manifestar entre os fracos.

Após ter lido os livros dos platônicos, e tendo sido ensinado a buscar a verdade incorpórea, vi tuas coisas invisíveis, compreendidas pelas coisas que foram feitas. Embora rejeitado, percebi o que era aquilo que, por meio da escuridão de minha mente, eu estava impedido de contemplar, tendo a certeza de que "Tu eras, e eras infinito, e ainda assim não difundido no espaço, finito ou infinito; e que tu és verdadeiramente aquele que é o mesmo sempre, em nenhuma parte ou movimento variando; e que todas as outras coisas vêm de ti, somente com base neste fundamento mais seguro, que elas são". Dessas coisas eu tinha certeza, mas estava muito inseguro para desfrutar de ti. Eu me vangloriava como alguém bem capacitado, mas se eu não tivesse buscado teu caminho em Cristo, nosso salvador, eu teria provado não ser capacitado, mas morto. Agora, eu começava a querer parecer sábio, estando cheio do meu castigo, mas não me lamentava, antes desdenhava, inchado de conhecimento. Onde estava a caridade, edificada sobre o fundamento da humildade, que é Cristo Jesus, ou quando me ensinariam esses livros? Sobre isso, creio eu, tu quiseste que eu caísse, antes de estudar tuas escrituras, para que ficasse gravado em minha memória como fui afetado por elas, e para que depois, quando meu espírito fosse domado por teus livros e minhas feridas tocadas por teus dedos curadores, eu pudesse discernir e distinguir entre a presunção e a confissão, entre aqueles que viram para onde deveriam ir, mas não viram o caminho, e o caminho que leva não apenas a contemplar, mas a habitar no país beatífico. Se eu tivesse sido primeiramente formado em tuas sagradas escrituras, e se o uso familiar delas tivesse se tornado doce para mim, e se eu tivesse então caído sobre aqueles outros volumes, eles talvez tivessem me retirado do terreno sólido da piedade, ou, se eu tivesse continuado naquele estado saudável que eu havia absorvido, eu poderia ter pensado que isso teria sido obtido pelo estudo daqueles livros apenas.

Então, com grande entusiasmo, peguei os veneráveis escritos de teu espírito e, principalmente, o apóstolo Paulo. Então, aquelas dificuldades desapareceram, nas quais ele me pareceu contradizer a si mesmo, e o texto de seu discurso não concordava com os testemunhos da lei e dos profetas. A face daquela pa-

---

20 Fotino (376 d.C.) foi o criador de uma doutrina contrária à encarnação de Cristo.

CONFISSÕES DE SANTO AGOSTINHO

lavra pura me pareceu a mesma, e aprendi a me regozijar com tremor. Assim comecei, e toda a verdade que eu havia lido naqueles outros livros encontrei em meio ao louvor de tua graça, para que aquele que vê não se glorie como se não tivesse recebido, não apenas o que vê, mas também o que vê (pois, o que ele tem que não recebeu?), e que ele possa ser não apenas admoestado a contemplar-te, que és sempre o mesmo, mas também curado, para abraçar-te, e que aquele que não pode ver de longe, possa ainda assim andar pelo caminho, pelo qual possa chegar, contemplar e te abraçar.

Ainda que uma pessoa se deleite com a lei de Deus segundo o ser interior, o que fará ele com a outra lei que há nos seus membros, a qual guerreia contra a lei da sua mente e o leva cativo à lei do pecado que está nos seus membros? Tu és justo, Senhor, mas nós pecamos, cometemos iniquidade e agimos perversamente, e a tua mão se tornou pesada sobre nós, e com justiça fomos entregues àquele antigo pecador, o rei da morte, porque ele persuadiu a nossa vontade a ser como a tua vontade, e não permaneceu na tua verdade. Quem o livrará do corpo de sua morte, senão somente a tua graça, por Jesus Cristo, nosso Senhor, a quem geraste coeterno e formaste no princípio dos teus caminhos, em quem o príncipe deste mundo não achou nada digno de morte, mas o matou, e o escrito que nos era contrário foi apagado? Isso esses escritos não contêm. Aquelas páginas não apresentam a imagem dessa piedade, as lágrimas de confissão, teu sacrifício, um espírito perturbado, um coração quebrantado e contrito, a salvação do povo, a cidade nupcial, o dom do Espírito Santo, o cálice de nossa redenção. Ninguém canta ali: "Não se submeterá a minha alma a Deus? Porque dele vem a minha salvação. Ele é o meu Deus e a minha salvação, o meu guardião, e nunca mais serei abalado". Ninguém ali o ouve chamar: "Vinde a mim, todos os que estão cansados. Porque essas coisas ocultaste aos sábios e inteligentes, e as revelaste aos pequeninos". Uma coisa é, do alto da montanha, ver a terra de paz e não encontrar caminho para lá, e em vão ensaiar por caminhos intransponíveis, contrariados e cercados por fugitivos e desertores, sob o comando de seu capitão, o leão e o dragão, ao passo que outra é manter-se no caminho que leva até lá, guardado pelo exército do general celestial, onde não se despojam os que desertaram do exército celestial, pois eles o evitam, como se fosse um grande tormento. Essas coisas me foram maravilhosamente reveladas, quando li o mínimo de teus apóstolos e meditei em tuas obras, e tremi bastante.

LIVRO VIII

Ó meu Deus, que eu com ações de graças me lembre e confesse a ti as tuas misericórdias para comigo. Que meus ossos sejam banhados com teu amor, e que eles te digam: "Ninguém é semelhante a ti, Senhor!". Tu quebraste as minhas cadeias, eu te oferecerei o sacrifício de ação de graças. E como tu as quebraste, eu as declararei; e todos os que te adoram, quando ouvirem isso, dirão: "Bendito seja o Senhor, no céu e na terra, grande e maravilhoso é o seu nome". Tuas palavras ficaram gravadas em meu coração, e eu estava cercado por ti em todos os lados. Agora, eu tinha certeza de tua vida eterna, embora a visse em uma figura e como através de um vidro. Eu já não duvidava mais da existência de uma substância incorruptível, da qual provém todas as outras substâncias, tampouco desejava estar mais certo de ti, mas mais firme em ti. Mas, em minha vida temporal, tudo estava vacilante, e meu coração precisava ser purificado do velho fermento. O caminho, o próprio salvador, me agradava bastante, mas eu ainda não tinha coragem de passar por suas dificuldades. E tu colocaste em minha mente, e pareceu bom aos meus olhos, ir até Simpliciano, que me parecia um bom servo teu, e tua graça brilhava nele. Ouvi dizer também que, desde a juventude, ele viveu muito dedicado a ti. Ele agora é adulto e, por causa de tanta idade gasta em seguir teus caminhos com tanto zelo, pareceu-me provável que ele tivesse aprendido muita experiência, e assim foi. E foi assim que desejei que ele me dissesse (colocando diante de si minhas ansiedades) qual era a maneira mais adequada para alguém em meu caso andar em teus caminhos.

Eu via a igreja cheia, e um ia por aqui, outro por ali. Mas eu estava descontente por levar uma vida secular. Sim, agora que meus desejos não mais me inflamavam, como antigamente, com esperanças de honra e lucro, era um fardo muito doloroso submeter-me a uma escravidão tão pesada. Em comparação com tua doçura e a beleza de tua casa, que eu amava, essas coisas não me encantavam mais. O apóstolo não me proibiu de casar, embora me aconselhasse algo melhor, desejando principalmente que todos os homens fossem como ele. Mas eu, sendo fraco, escolhi o lugar mais indulgente, e só por causa disso, fui jogado para cima e para baixo em todos os lados, fraco e exausto, porque em outros assuntos fui constrangido contra minha vontade a me conformar com uma vida de casado, à qual eu estava entregue e encantado. Eu tinha ouvido da boca da verdade que havia alguns eunucos que se tinham feito eunucos por causa do reino dos céus, mas, diz o Senhor, quem puder recebê-lo, receba-o. Certamente são vãos todos os homens que não conhecem a Deus e não podem, entre as coi-

CONFISSÕES DE SANTO AGOSTINHO

sas boas que podem ser vistas, descobrir aquele que é bom. Eu não estava mais nessa vaidade, uma vez que eu a havia superado e, pelo testemunho comum de todas as tuas criaturas, eu te encontrei, nosso criador, e a tua palavra, Deus contigo, e junto a ti um só Deus, por quem criaste todas as coisas. Há ainda outra espécie de ímpios, que, conhecendo a Deus, não o glorificaram como Deus nem lhe deram graças. Nisso também caí, mas a tua destra me susteve, e me tirou dali, e me puseste onde pudesse sarar. Porque disseste ao homem: "Eis que o temor do Senhor é a sabedoria" e "Não queira parecer sábio, porque os que se diziam sábios tornaram-se loucos". Encontrei havia a bela pérola que, vendendo tudo o que tinha, devia comprar, apesar de ter hesitado.

Fui, então, a Simpliciano, pai de Ambrósio (agora bispo) que recebeu tua graça, e a quem Ambrósio amava verdadeiramente como a um pai. A ele contei os labirintos de minhas andanças. Mas quando mencionei que havia lido certos livros dos platônicos, que Victorinus, professor de Retórica de Roma (que havia morrido cristão, como eu ouvira), havia traduzido para o latim, ele testemunhou sua alegria por eu não ter caído nos escritos de outros filósofos, cheios de falácias e enganos, segundo os rudimentos deste mundo, ao passo que os platônicos conduziam de muitas maneiras à crença em Deus e em sua palavra. Em seguida, para me exortar à humildade de Cristo, oculta aos sábios e revelada aos pequeninos, ele falou do próprio Vitorino, a quem conhecera mais intimamente em Roma, ao relatar o que não vou esconder, pois contém grande louvor à tua graça, para ser confessado a ti, como aquele homem idoso, o mais erudito e habilidoso nas ciências liberais, e que havia lido e pesado tantas obras dos filósofos, o instrutor de tantos nobres senadores, que também, como um monumento de seu excelente desempenho de seu cargo, tinha (o que as pessoas deste mundo consideram uma grande honra) merecido e obtido uma estátua no Fórum romano. Naquela época, ele era um adorador de ídolos e um participante dos ritos sacrílegos, aos quais quase toda a nobreza de Roma se entregava, e tinha inspirado o povo com o amor de

Anúbis, a divindade que ladra, e todos
Os deuses monstruosos de todo tipo, que lutaram
Contra Netuno, Vênus e Minerva:

a quem Roma uma vez conquistou, agora adora tudo o que o idoso Victorinus defendeu com eloquência estrondosa por tantos anos. Agora, ele não se envergonha de ser o filho de teu Cristo e o recém-nascido de tua fonte, submetendo seu pescoço ao jugo da humildade e submetendo sua fronte ao opróbrio da cruz.

Ó Senhor, Senhor, que abaixaste os céus e desceste, tocaste as montanhas e elas fumegaram, por que meios te levaste a esse peito? Ele costumava ler (como Simpliciano disse) a sagrada escritura, procurava e pesquisava com muito empenho todos os escritos cristãos e disse a Simpliciano (não abertamente, mas em particular e como amigo): "Entenda que já sou cristão". Ao que ele respondeu: "Não acreditarei nisso, tampouco o classificarei entre os cristãos, a menos que o veja na Igreja de Cristo". O outro, em tom de brincadeira, respondeu com uma indagação: "Então, as paredes fazem cristãos?". E isso ele dizia com frequência, que já era cristão, e Simpliciano com a mesma frequência dava a mesma resposta, e o conceito dos "muros" era renovado pelo outro com a mesma frequência. Pois ele temia ofender seus amigos, orgulhosos adoradores de demônios, do alto de cuja dignidade babilônica, como dos cedros do Líbano, que o Senhor ainda não havia derrubado, ele supunha que o peso da inimizade cairia sobre ele. Depois que, por meio da leitura e da reflexão séria, ele adquiriu firmeza e temeu ser negado por Cristo diante dos santos anjos, deveria agora ter medo de confessá-lo diante dos homens, e pareceu a si mesmo culpado de uma pesada ofensa, ao se envergonhar dos sacramentos da humildade de tua palavra, e não se envergonhando dos ritos sacrílegos daqueles demônios orgulhosos, cujo orgulho ele havia imitado e cujos ritos havia adotado, ele se tornou ousado contra a vaidade e envergonhado em relação à verdade e, de repente e inesperadamente, disse a Simpliciano (como ele mesmo me disse): "Vamos para a Igreja, pois quero me tornar um cristão". Não se contendo de alegria, foi com ele. E tendo sido admitido ao primeiro sacramento e se tornado catecúmeno, não muito tempo depois ele ainda deu seu nome para que pudesse ser regenerado pelo batismo, Roma se maravilhou, a Igreja se alegrou. Os soberbos viram e se enfureceram, rangeram os dentes e se derreteram. Mas o Senhor Deus era a esperança do teu servo, e ele não atentou para as vaidades e loucuras mentirosas.

Para concluir, quando chegou a hora de fazer sua profissão de fé (que em Roma eles, que estão prestes a se aproximar de tua graça, entregam, de um lugar elevado, à vista de todos os fiéis, em uma forma fixa de palavras memorizadas), os presbíteros, disse ele, ofereceram a Vitorino (como era feito com aqueles que pareciam suscetíveis de se alarmar por timidez) para fazer sua profissão mais privadamente. Contudo, ele preferiu professar sua salvação na presença da santa multidão. Pois não era a salvação que ele ensinava em Retórica, e ainda assim professava publicamente. Quanto menos deveria ele, ao pronunciar tua palavra, temer teu rebanho manso, que, ao proferir as próprias palavras, não temia uma multidão louca. Quando, pois, subiu para fazer a sua profissão, todos, como o conheciam, murmuravam o seu nome uns aos outros com voz de felicitação. E quem ali não o conhecia. Em murmúrio baixo correu por todas as bocas da multidão em regozijo: "Vitorino! Victorinus!". Súbita foi a explosão de êxtase, quando o viram, e repentinamente se calaram para o ouvir. Ele pronunciou a verdadeira fé com excelente ousadia, e todos desejavam atraí-lo para seus corações. Sim, por seu amor e alegria, eles o atraíram para lá, tais eram as mãos que o atraíam.

Meu Deus, o que acontece com o ser humano para que ele se regozije mais com a salvação de uma alma desesperada e livre de um perigo maior do que se sempre tivesse havido esperança em relação a ela ou se o perigo fosse menor? Assim também tu, pai misericordioso, te alegras mais por um penitente do que por noventa e nove pessoas justas que não precisam de arrependimento. E com muita alegria ouvimos, tantas vezes quantas ouvimos com que alegria a ovelha desgarrada é trazida de volta ao ombro do pastor, e a moeda de prata perdida é devolvida ao teu tesouro, e os vizinhos se regozijam com a mulher que a encontrou; e a alegria do serviço solene da tua casa se desfaz em lágrimas, quando na tua casa se lê sobre o teu filho mais novo que ele estava morto e reviveu; que estava perdido e foi encontrado. Tu te alegras em nós e em teus santos anjos, santos pela santa caridade. Pois tu és sempre o mesmo, e todas as coisas que não são as mesmas nem permanecem para sempre, tu as conheces da mesma maneira.

O que acontece na alma, quando ela se deleita mais em encontrar ou recuperar as coisas que ama do que se jamais as tivesse tido? Sim, e outras coisas testemunham isso, e todas as coisas estão cheias de testemunhas, clamando: "Assim é". O comandante conquistador triunfa; no entanto, ele não teria conquistado se não tivesse lutado, e quanto maior o perigo na batalha, maior a alegria no triunfo. A tempestade agita os marinheiros, ameaça naufragar, fazendo todos empalidecerem com a aproximação da morte. O céu e o mar se acalmam, e eles se alegram muito, como se estivessem com extremo medo. Um amigo está doente, e seu pulso ameaça perigo. Assim, todos os que anseiam por sua recuperação estão doentes de espírito com ele. Ele está restabelecido, embora ainda não ande com a força de antes; no entanto, há tanta alegria como não havia antes, quando andava são e forte. Sim, os próprios prazeres da vida humana as pessoas adquirem por meio de dificuldades, não apenas aquelas que caem sobre nós sem que esperemos e contra nossa vontade, mas também por problemas escolhidos por nós mesmos e que buscam o prazer. Comer e beber não dão prazer, a menos que sejam precedidos pelo beliscão da fome e da sede. Os seres humanos dados à bebida comem certas carnes salgadas para obter um calor incômodo, que a bebida, aliviando, causa prazer. Também se ordena que a noiva prometida não seja dada de uma vez, para que, como marido, ele não se apegue a uma barata que, como prometido, ele não deseja.

Essa lei é válida para a alegria imunda e maldita, para a alegria permitida e legal, para a mais pura perfeição da amizade, para aquele que estava morto e viveu novamente, que estava perdido e foi encontrado. Em toda parte, a maior alegria é introduzida pela maior dor. O que significa isso, ó Senhor meu Deus, que tu és a alegria eterna para ti mesmo, e que algumas coisas ao teu redor sempre se regozijam em ti? O que significa isso, que essa porção de coisas assim vai e vem alternadamente descontente e reconciliada? É essa a medida que lhes foi designada? É tudo o que lhes atribuíste, sendo que desde os mais altos céus até a mais baixa Terra, desde o início do mundo até o fim dos tempos, desde o anjo até o verme, desde o primeiro movimento até o último, tu colocas cada um em seu lugar e realizas cada um em seu tempo, cada coisa boa segundo sua espécie? Ai de mim! Quão alto és tu no mais alto, e quão profundo no mais profundo! Tu nunca te afastas, e nós mal retornamos a ti.

Levanta-te, Senhor, e faze que despertemos. Desperta-nos e faze-nos voltar. Acende-nos e atrai-nos, inflamando-nos, tornando-nos doces. Deixa-nos agora amar, deixa-nos correr. Não são muitos os que, de um inferno de cegueira mais profundo do que o de Victorinus, voltam a ti, aproximam-se e são iluminados, recebendo aquela luz que, aqueles que a recebem, recebem de ti o poder de se tornarem teus filhos. Mas, se forem menos conhecidos das nações, mesmo os que os conhecem se alegram menos por eles. Porque, quando muitos se regozijam juntamente a eles, cada um deles tem também uma alegria mais exuberante, porque são inflamados e inflamados uns pelos outros. E também porque os que são conhecidos por muitos influenciam mais para a salvação, e abrem caminho para que muitos os sigam. Portanto, também os que os precederam muito se regozijam neles, porque não se regozijam somente neles. Porque longe está que no teu tabernáculo sejam aceitas as pessoas ricas antes das pobres, ou as nobres antes das ignóbeis, visto que escolheste antes as coisas fracas do mundo para confundir as fortes; e escolheste as coisas humildes deste mundo, e as desprezadas, e as que não são, para reduzir a nada as que são. No entanto, mesmo aquele menor de teus apóstolos, por cuja língua proferiste essas palavras, quando, por meio de sua luta, Paulo, o procônsul, teve seu orgulho vencido e foi colocado sob o jugo suave de teu Cristo, tornando-se um provinciano do grande rei; ele também, por seu antigo nome Saulo, teve o prazer de ser chamado Paulo, em testemunho de tão grande vitória. Pois o inimigo é mais forte em alguém de quem ele tem mais controle, por quem ele tem mais controle. Mas aos soberbos, mais domínio tem, por sua nobreza, e por meio deles, ou mais, por meio de sua autoridade. Por quanto mais bem-vindo foi, então, o coração de Vitorino, que o demônio tinha como uma possessão inexpugnável, a língua de Vitorino, uma arma poderosa e afiada com a qual ele tinha matado muitos, tanto mais abundantemente deveriam teus filhos se regozijar, pois nosso rei prendeu o homem forte, e eles viram seus vasos serem tirados dele e purificados, e tornados aptos para tua honra; e tornados úteis para o Senhor, para toda boa obra.

Mas quando aquele teu homem, Simpliciano, me relatou isso de Vitorino, eu estava em chamas para imitá-lo, pois para esse mesmo fim ele o relatou. Quando ele também acrescentou que, nos dias do imperador Juliano, foi feita uma lei pela qual os cristãos eram proibidos de ensinar as Ciências Liberais ou a Oratória, e de como ele, obedecendo a essa lei, preferiu dar preferência à escola de palavras do que à tua palavra, pela qual tu tornas eloquentes as línguas dos mudos, ele me pareceu não mais resoluto do que abençoado por ter encontrado assim a oportunidade de esperar somente em ti. Eu estava suspirando por isso, preso como estava, não com os ferros de outro, mas com minha vontade de ferro. O inimigo tinha a minha vontade e, por isso, fez uma corrente para mim e me prendeu. Pois de uma vontade avançada foi feito um desejo, e um desejo servido, tornou-se costume, e o costume não resistido tornou-se necessidade. Por esses elos, por assim dizer, unidos (daí eu chamá-los de corrente), uma dura escravidão me prendeu. Mas a nova vontade que havia começado a existir em mim, de servir-te livremente e de desejar desfrutar de ti, ó Deus, o único prazer garantido, ainda não era capaz de superar minha antiga obstinação, fortalecida pela idade. Assim, minhas duas vontades, uma nova e outra velha, uma carnal e outra espiritual, lutavam dentro de mim e, com sua discórdia, destruíam minha alma.

Assim, compreendi, pela própria experiência, o que havia lido, como a carne cobiça contra o espírito e o espírito contra a carne. Eu mesmo, na verdade, em ambos os sentidos; porém, mais eu mesmo, naquilo que eu aprovava em mim mesmo, do que naquilo que eu desaprovava em mim mesmo. Porque, no tocante a essa última, já não era eu mesmo, porque em muitas coisas antes suportava contra a minha vontade do que agia voluntariamente. No entanto, foi por meu intermédio que o costume obteve esse poder de guerrear contra mim, porque eu tinha ido voluntariamente para onde não queria. E quem tem o direito de falar contra isso, se o castigo justo segue o pecador? Também não tinha mais a minha antiga alegação de que ainda hesitava em estar acima do mundo e servir-te, porque a verdade não estava totalmente esclarecida para mim. Agora, ela também estava. Mas eu ainda estava a serviço da Terra, recusando-me a lutar sob tua bandeira, e temia tanto ser libertado de todas as incumbências quanto nós temeríamos ser sobrecarregados com elas. Assim, com a bagagem deste mundo atual, eu me sentia bem, como se estivesse dormindo, e os pensamentos em que eu meditava sobre ti eram como os esforços daqueles que acordam, mas que, vencidos por uma sonolência pesada, são novamente encharcados por ela. E como ninguém quer dormir para sempre e, segundo o julgamento sóbrio de todos os homens, acordar é melhor, ainda assim, na maioria das vezes, o homem, sentindo uma letargia pesada em todos os membros, adia para se livrar do sono e, embora meio descontente, ainda assim, mesmo depois da hora de se levantar, cede a ele com prazer, assim eu estava certo de que era muito melhor para mim entregar-me à tua caridade do que entregar-me à minha cupidez. Embora o primeiro caminho me satisfizesse e me dominasse, o segundo me agradava e me dominava. Eu também não tinha nada para responder ao teu chamado: "Desperta, ó tu que dormes, e levanta-te dentre os mortos, e Cristo te iluminará". E quando tu me mostravas por todos os lados que o que dizias era verdade, eu, convencido pela verdade, não tinha nada para responder, apenas aquelas palavras monótonas e sonolentas: "Logo, logo", "em breve", "deixe-me só um pouco". Mas "agora, agora" não tinha presente, e meu "pouco tempo" se prolongou por muito tempo; em vão me deleitei em tua lei segundo o homem interior, quando outra lei em meus membros se rebelou contra a lei de minha mente e me levou cativo sob a lei do pecado que estava em meus membros. Porque a lei do pecado é a violência dos costumes, pela qual a mente é atraída e presa, mesmo contra a sua vontade; mas merecidamente, porque voluntariamente caiu nela. Quem, pois, me livraria, assim miserável, do corpo dessa morte, senão unicamente a tua graça, por Jesus Cristo nosso Senhor?

E como tu me livraste dos laços do desejo, com os quais eu estava preso mais fortemente à concupiscência carnal, e do trabalho árduo das coisas mundanas, eu agora declararei e confessarei teu nome, ó Senhor, meu ajudador e meu redentor. Em meio a uma ansiedade crescente, eu estava fazendo meu trabalho habitual e suspirando diariamente por ti. Eu frequentava tua Igreja, sempre que estava livre dos negócios sob o fardo do qual eu gemia. Alípio estava comigo, agora, após a terceira sessão, liberado de seus negócios jurídi-

CONFISSÕES DE SANTO AGOSTINHO

cos, e aguardando a quem vender seus conselhos, como eu vendia a habilidade de falar, se é que o ensino pode transmiti-la. Nebrídio tinha agora, em consideração à nossa amizade, consentido em ensinar Verecundus, um cidadão e gramático de Milão, e um amigo muito íntimo de todos nós que urgentemente desejava e pelo direito de amizade desafiou nossa companhia, uma ajuda fiel de que ele muito precisava. Nebrídio, então, não foi levado a isso por qualquer desejo de vantagem (pois ele poderia ter feito muito mais de seu aprendizado se assim quisesse), mas como um amigo muito gentil e amável, ele não faltaria a um bom trabalho e desprezaria nosso pedido. Mas ele agiu de forma muito discreta, evitando tornar-se conhecido por grandes personagens deste mundo, evitando a distração da mente daí decorrente, e desejando tê-la livre e no lazer, tantas horas quanto possível, para procurar, ler ou ouvir algo sobre sabedoria.

Certo dia, estando Nebrídio ausente (não me lembro por que), eis que veio ver-nos, a mim e a Alípio, um tal Ponciano, nosso compatriota, pois era africano, que ocupava um alto cargo na corte do imperador. Não sei o que ele queria conosco, mas nos sentamos para conversar, e aconteceu que, em cima de uma mesa de jogo, diante de nós, ele observou um livro, pegou-o, abriu-o e, ao contrário do que esperava, achou que era o apóstolo Paulo, pois pensou que fosse um daqueles livros que eu estava usando para ensinar. Então, sorrindo e olhando para mim, ele expressou sua alegria e admiração por ter encontrado esse livro de repente, e isso somente diante de meus olhos. Ele era cristão e batizado, e frequentemente se curvava diante de ti, nosso Deus, na Igreja, em orações frequentes e contínuas. Quando eu lhe disse que me dedicava muito àquelas escrituras, surgiu uma conversa (sugerida por seu relato) sobre Antônio, o monge egípcio, cujo nome era de grande reputação entre teus servos, embora até aquele momento fosse desconhecido para nós. Ao descobrir isso, ele se debruçou ainda mais sobre o assunto, informando-nos e admirando-nos de nossa ignorância a respeito de alguém tão eminente. Mas nós ficamos maravilhados ao ouvirmos teus maravilhosos trabalhos mais plenamente atestados, em tempos tão recentes, e quase em nossa época, realizados na verdadeira fé e Igreja Católica. Todos nós nos maravilhamos; nós, por serem tão grandes, e ele, por não terem chegado até nós.

A partir daí, seu discurso se voltou para os rebanhos nos mosteiros e seus caminhos sagrados, um cheiro doce para ti, e os desertos frutíferos do deserto, dos quais nada sabíamos. E havia um mosteiro em Milão, cheio de bons irmãos, fora dos muros da cidade, sob os cuidados de Ambrósio, e nós não o conhecíamos. Ele prosseguiu com seu discurso, e nós o ouvimos em silêncio.

AGOSTINHO DE HIPONA

Contou-nos, então, que certa tarde, em Tréveris, quando o imperador estava ocupado com os jogos circenses, ele e três outros companheiros saíram para passear nos jardins próximos aos muros da cidade e, como andavam em duplas, um deles foi com ele, e os outros dois vagaram sozinhos. Esses, em suas andanças, encontraram uma certa cabana, habitada por alguns de teus servos, pobres de espírito, dos quais é o reino dos céus, e lá encontraram um pequeno livro contendo a vida de Antônio. Um deles começou a lê-lo, a admirá-lo e a se entusiasmar com ele. Enquanto lia, meditava em levar tal vida e abandonar seu serviço secular para servir-te. Esses dois estavam entre aqueles que eles chamavam de agentes para os assuntos públicos. Então, de repente, cheio de um amor santo e de uma sóbria vergonha, com raiva de si mesmo, lançou os olhos sobre seu amigo, dizendo: "Dize-me, eu te peço, o que conseguiríamos com todos esses nossos trabalhos? E nisso, o que não é frágil e cheio de perigos? E com quantos perigos chegamos a um perigo maior? E quando chegamos lá? Mas um amigo de Deus, se eu quiser, me tornarei agora mesmo." Assim falou. E, sofrendo com o trabalho de uma nova vida, ele voltou os olhos novamente para o livro e continuou a ler, e foi transformado interiormente, onde tu vês, e sua mente foi despojada do mundo, como logo apareceu. E enquanto lia e revolvia as ondas de seu coração, ele se irritou consigo mesmo por um tempo, depois discerniu e decidiu seguir um caminho melhor. Agora, sendo teu, disse a seu amigo: "Agora me libertei dessas nossas esperanças e estou decidido a servir a Deus; e é isso que, a partir desta hora, neste lugar, eu começo. Se você não quiser me imitar, não se oponha". O outro respondeu que se uniria a ele para participar de tão gloriosa recompensa, tão glorioso serviço. Assim, ambos, sendo agora teus, estavam construindo a torre com o custo necessário, abandonando tudo o que tinham e te seguindo. Então, Pôncio e o outro que estava com ele, que haviam passeado em outras partes do jardim, foram procurá-los no mesmo lugar e ao os encontrarem os lembraram de que deveriam voltar, pois o dia já estava muito adiantado. Eles, porém, relatando sua resolução e propósito, e como essa vontade havia começado e se estabelecido neles, rogaram-lhes que, se não quisessem se juntar a eles, não os molestassem. Os outros, porém, embora nada tivessem mudado em relação ao que eram antes, ainda assim se lamentavam (como ele afirmava), e piedosamente os felicitavam, recomendando-se às suas orações. Assim, com o coração fixo na Terra, foram para o palácio. Mas os outros dois, com o coração voltado para o céu, permaneceram no chalé. E ambos tinham noivas que, quando souberam disso, também dedicaram sua virgindade a Deus.

CONFISSÕES DE SANTO AGOSTINHO

Tal foi a história de Ponciano, mas Tu, ó Senhor, enquanto ele falava me voltaste para mim mesmo, tirando-me de trás das costas, onde eu me havia colocado, sem querer me observar, e colocando-me diante do meu rosto, para que eu pudesse ver quão imundo eu era, quão torto e contaminado, manchado e ulcerado. Eu olhava e ficava atônito, e não sabia para onde fugir de mim mesmo. E se eu procurava desviar meus olhos de mim mesmo, ele prosseguia com sua relação, e tu me punhas outra vez contra mim mesmo, e me punhas diante dos meus olhos, para que eu descobrisse minha iniquidade e a odiasse. Eu a conhecia, mas fazia como se não a visse, piscava para ela e a esquecia.

Agora, quanto mais ardentemente eu amava aqueles cujos afetos saudáveis eu ouvia falar, que haviam se resignado totalmente a ti para serem curados, mais eu me abominava, quando comparado a eles. Pois muitos de meus anos (cerca de doze) já haviam se esgotado desde meus dezenove anos de idade, quando, ao ler *Hortênsio*, de Cícero, fui estimulado a amar sinceramente a sabedoria, e ainda assim eu estava adiando a rejeição da mera felicidade terrena e me entregando à busca daquilo que, não apenas a descoberta, mas a própria busca, deveria ser preferida aos tesouros e reinos do mundo, embora já encontrados, e aos prazeres do corpo, embora espalhados ao meu redor à minha vontade. Mas eu, miserável, muito miserável, no início de minha juventude, implorei a castidade a ti e disse: "Dá-me castidade e continência, mas não ainda". Pois eu temia que tu me ouvisses logo, e logo me curasses da doença da concupiscência, que eu desejava satisfazer, em vez de extinguir. Eu havia vagado por caminhos tortuosos em uma superstição sacrílega, não tendo certeza disso, mas preferindo-a às outras que eu não buscava religiosamente, mas às quais me opunha maliciosamente.

Eu pensava que adiava dia após dia a rejeição das esperanças deste mundo e seguia somente a ti, porque não parecia haver nada certo para onde dirigir meu curso. E chegou o dia em que eu deveria ser exposto a mim mesmo, e minha consciência deveria me repreender. "Onde está você agora, minha língua? Você disse que, por uma verdade incerta, não gostaria de se desfazer da bagagem da vaidade; agora, é certo, e ainda assim esse fardo ainda oprime, ao passo que aqueles que não se desgastaram tanto em buscá-la, tampouco por muitos anos ou mais pensaram nisso, tiveram seus ombros aliviados e receberam asas para voar". Assim, enquanto Ponciano falava, eu me sentia atormentado por dentro e extremamente confundido com uma horrível vergonha. E ele, concluindo sua narração e o assunto a que viera, retirou-se; e eu, para mim mesmo. Com que flagelos de condenação não açoitei minha alma, para que me seguisse, esforçando-me por ir após ti? No entanto, ela recuou; recusou-se, mas não se desculpou. Todos os argumentos foram esgotados e refutados, restando um encolhimento mudo; e ela temia, como se quisesse a morte, ser impedida de seguir aquele costume, pelo qual estava definhando até a morte.

Então, nessa grande contenda de minha morada interior, que eu havia levantado fortemente contra minha alma, na câmara de meu coração, com a mente e o semblante perturbados, voltei-me para Alípio e perguntei: "O que nos aflige?". Eu indago: "O que é? O que você ouviu?". E passo a exclamar: "Os iletrados começam e tomam o céu à força, e nós, com nosso conhecimento e sem coração, eis que chafurdamos em carne e sangue! Será que temos vergonha de seguir, porque outros já foram antes, e não temos vergonha nem mesmo de seguir?". Pronunciei algumas dessas palavras, e minha febre mental me afastou dele, ao passo que ele, olhando para mim com espanto, permanecia em silêncio. Não era o meu tom habitual, e minha testa, bochechas, olhos, cor e tom de voz falavam mais à minha mente do que as palavras que eu pronunciava. Havia um pequeno jardim em nosso alojamento, do qual podíamos usufruir, assim como de toda a casa, pois o dono da casa, nosso anfitrião, não estava morando lá. O tumulto de meu peito me levou para lá, onde ninguém poderia impedir a disputa acirrada em que eu me envolvera comigo mesmo, até que terminasse como tu sabias, eu não sabia. Eu estava apenas distraído e morrendo de saúde, para viver, sabendo o mal que eu era, e não sabendo o bem que em breve me tornaria. Retirei-me, então, para o jardim, e Alípio, em meus passos. Pois sua presença não diminuía minha privacidade, ou como ele poderia me abandonar tão perturbado? Nós nos sentamos o mais longe possível da casa. Eu estava com o espírito perturbado, muito veementemente indignado por não ter entrado em tua vontade e participado de teu convênio, ó meu Deus, no qual todos os meus ossos clamavam para que eu entrasse, e o louvavam até os céus. E nela não entramos por navios, nem por carros, nem por pés, não, não nos movemos tão longe como eu tinha vindo da casa para aquele lugar onde estávamos sentados. Não apenas ir, mas entrar lá, nada mais era do que querer ir, mas querer resoluta e completamente. Não virar e revirar de um lado para o outro, uma vontade mutilada e meio dividida, lutando com uma parte afundando ao mesmo tempo que outra se levantava.

Por fim, na própria febre de minha indeterminação, fiz com meu corpo muitos movimentos que as pessoas às vezes fariam, mas não podem se não tiverem os membros ou se eles estiverem presos com faixas, enfraquecidos pela enfermidade ou de qualquer outra forma impedidos. Assim, se eu rasgasse meu cabelo, batesse em minha testa, se, trancando meus dedos, eu apertasse meu joelho, eu quis, eu o fiz. Mas eu poderia ter desejado e não ter feito se a força de movimento de meus membros não tivesse obedecido. Muitas coisas eu fiz, quando "querer" não era, em si, "ser capaz", bem como não fiz o que desejava incomparavelmente mais fazer e que, logo depois, quando eu quisesse, seria capaz de fazer, porque logo depois, quando eu quisesse, seria capaz de fazer completamente. Nessas coisas a capacidade era uma só com a vontade, e querer era fazer. No entanto, não era feito, e mais facilmente meu corpo obedecia à vontade mais fraca de minha alma, movendo seus membros ao seu aceno, do que a alma obedecia a si mesma para realizar apenas na vontade essa sua vontade importante.

De onde vem essa monstruosidade? Para que fim? Que tua misericórdia brilhe para que eu possa perguntar, se é que as penalidades secretas dos seres humanos e as dores mais sombrias dos filhos de Adão talvez possam me responder. De onde vem essa monstruosidade? Qual sua finalidade? A mente comanda o corpo, e ele obedece instantaneamente, a mente comanda a si mesma, e sofre resistência. A mente ordena que a mão seja movida, e a prontidão é tanta que o comando mal se distingue da obediência. No entanto, a mente é mente, a mão é corpo. A mente ordena que a mente, seu ser, deseje, e ainda assim ela não o faz. De onde vem essa monstruosidade? Qual sua finalidade? Ela comanda a si mesma, eu digo, para querer, e não comandaria, a menos que quisesse, e o que ela comanda não é feito. Não quer totalmente, portanto, não ordena totalmente. Pois ela ordena tanto quanto quer, e a coisa ordenada não é feita tanto quanto ela não quer. A vontade ordena que haja uma vontade, não outra, mas ela mesma. Ela não ordena totalmente, portanto, o que ela ordena não é feito. Se a vontade fosse inteira ela sequer ordenaria que fosse, porque já seria. Portanto, não é monstruosidade em parte querer, em parte não querer, mas uma doença da mente, que não se eleva totalmente, pela verdade, mas pelo costume. Portanto, há duas vontades, porque uma delas não é completa, e o que falta a uma, a outra tem.

Que eles excluídos de tua presença, ó Deus, assim como devem perecer os faladores vãos e os sedutores da alma, os quais, observando que na deliberação havia duas vontades, afirmam que há duas mentes em nós, de dois tipos, uma boa e outra má. Eles mesmos são verdadeiramente maus, quando sustentam essas coisas más; e eles mesmos se tornarão bons quando sustentarem a verdade e concordarem com a verdade, de modo que teu apóstolo possa lhes dizer: "Antes vocês eram trevas, mas agora são luz no Senhor". Mas eles, desejando ser luz, não no Senhor, mas em si mesmos, imaginando que a natureza da alma é o que Deus é, tornam-se mais trevas grosseiras por meio de uma terrível arrogância, pois se afastaram mais de ti, a verdadeira luz que iluminou todo ser humano que veio ao mundo. Prestem atenção ao que dizem e corem de vergonha, aproximem-se dele e sejam iluminados, e seus rostos não serão envergonhados. Eu mesmo, quando estava decidindo servir ao Senhor meu Deus agora, como há muito havia proposto, fui eu quem quis, eu quem não quis, eu, eu mesmo. Não quis totalmente nem hesitei totalmente, porque eu estava em conflito comigo mesmo, e fui despedaçado por mim mesmo. Esse rompimento aconteceu contra a minha vontade e, ainda assim, indicava não a presença de outra mente, mas a punição da minha. Portanto, não fui mais eu quem o fez, mas o pecado que habitava em mim, o castigo de um pecado cometido mais livremente, pelo fato de eu ser filho de Adão.

Se há tantas naturezas contrárias quanto há vontades conflitantes, agora não haverá apenas duas, mas muitas. Se uma pessoa deliberar se deve ir ao seu convento ou ao teatro, esses maniqueus clamam: "Eis aqui duas naturezas: uma boa, que se dirige para cá; outra má, que se dirige para lá. Pois de onde mais vem essa hesitação entre vontades conflitantes?". Eu, porém, digo que ambas são más, tanto a que atrai para si quanto a que atrai para o teatro. Mas eles não acreditam que a vontade que os atrai não seja boa. E se um de nós deliberasse e, em meio à disputa de suas duas vontades, ficasse em dúvida se deveria ir ao teatro ou à nossa igreja, não estariam esses maniqueus também em dúvida sobre o que responder? Ou eles devem confessar (o que não querem) que a vontade que leva à nossa igreja é boa, assim como a deles, que receberam e são mantidos pelos seus mistérios; ou eles devem supor duas naturezas más e duas almas más em conflito em um ser humano, e não será verdade, como eles dizem, que há uma boa e outra má; ou eles devem se converter à verdade e não mais negar que onde alguém delibera, uma alma flutua entre vontades contrárias.

Que eles não mais digam, então, quando perceberem duas vontades conflitantes em uma pessoa, que o conflito é entre duas almas contrárias, de duas substâncias contrárias, de dois princípios contrários, uma boa e outra má. Tu, ó Deus verdadeiro, as refutas, verificas e condenas, como quando, sendo ambas as vontades más, alguém delibera se deve matar alguém com veneno ou com a espada; se deve apoderar-se de uma ou outra propriedade alheia, quando não pode ter ambas; se deve comprar prazeres com o luxo ou guardar seu dinheiro com a cobiça; se deve ir ao circo ou ao teatro, se ambos estiverem abertos no

CONFISSÕES DE SANTO AGOSTINHO

mesmo dia; ou, em terceiro lugar, roubar a casa de outrem, se tiver oportunidade; ou, em quarto lugar, cometer adultério, se ao mesmo tempo também tiver os meios para isso; todas essas coisas se encontram juntas na mesma conjuntura de tempo, e todas são igualmente desejadas, o que não pode ser feito de uma só vez, pois eles rasgam a mente em meio a quatro, ou mesmo (em meio à grande variedade de coisas desejadas) mais vontades conflitantes, tampouco alegam que há tantas substâncias diferentes. O mesmo acontece com as vontades que são boas. Eu lhes pergunto: "É bom ter prazer em ler o apóstolo, ou ter prazer em um Salmo sóbrio? É bom discorrer sobre o evangelho?". E eles responderão a cada um: "é bom". O que acontece, então, se todos dão o mesmo prazer, e todos ao mesmo tempo? Não distraem a mente diversas vontades, enquanto ela delibera sobre qual deve escolher? No entanto, todas são boas e estão em desacordo até que uma seja escolhida, para onde a única vontade inteira pode ser levada, que antes estava dividida em muitas. Assim também, quando acima a eternidade nos deleita, e o prazer do bem temporal nos prende abaixo, é a mesma alma que não deseja uma coisa ou outra com uma vontade inteira. Portanto, é dilacerada por dolorosas perplexidades, ao mesmo tempo que por verdade coloca uma em primeiro lugar, mas, por hábito, não deixa a outra de lado.

Eu estava doente da alma e atormentado, acusando-me muito mais severamente do que o meu costume, rolando e girando-me em minha corrente, até que ela fosse totalmente quebrada, por meio da qual eu agora estava apenas, mas ainda estava, preso. Tu, ó Senhor, me pressionaste em meu íntimo com severa misericórdia, redobrando os açoites do medo e da vergonha, para que eu não cedesse novamente e, não rompendo a mesma ligeira amarra restante, ela recuperasse a força e me prendesse ainda mais. Pois eu disse a mim mesmo: "Que seja feito agora, que seja feito agora". Enquanto eu falava, eu quase o fiz. Eu quase o fiz, mas não o fiz; no entanto, não voltei ao meu estado anterior, mas mantive minha posição e tomei fôlego. E tornei a tentar, e quis um pouco menos, e um pouco menos, e quase o toquei, e me agarrei a ele, mas ainda assim não cheguei a ele nem o toquei, tampouco me agarrei a ele, hesitando em morrer para a morte e viver para a vida. E o pior a que eu estava acostumado prevalecia mais sobre mim do que o melhor a que eu não estava acostumado. No exato momento que eu deveria me tornar diferente do que eu era, quanto mais se aproximava de mim, mais horror me causava; no entanto, não me atacava de volta nem me afastava, mas me mantinha em suspense.

Os próprios brinquedos dos brinquedos e as vaidades das vaidades, minhas antigas amantes, ainda me prendiam. Elas arrancavam minhas vestes carnudas e sussurravam baixinho: "Você nos rejeita? A partir desse momento não estaremos mais com você para sempre? A partir desse momento isso ou aquilo não lhe será lícito para sempre?". E o que foi que eles sugeriram quando eu disse "isso ou aquilo"? O que eles sugeriram, ó meu Deus? Que tua misericórdia afaste isso da alma de teu servo. Que impurezas eles sugeriram! Que vergonha! E agora eu os ouvia muito menos que a metade, e não se mostravam abertamente e me contradiziam, mas murmuravam pelas minhas costas, arrancavam-me às escondidas, quando eu estava partindo, mas para olhá-los de volta. No entanto, eles me retardavam, de modo que eu hesitava em irromper e me libertar deles, e saltar para onde eu era chamado, e um hábito violento me questionava: "Você acha que pode viver sem eles?".

Agora, ele falava muito fracamente. Mas agora ele falava muito fraco. Pois do lado em que eu havia colocado meu rosto, e para onde eu tremia para ir, apareceu para mim a casta dignidade da castidade, serena, mas não relaxada, alegre, honestamente me incentivando a vir e a não duvidar. Estendendo-se para me receber e abraçar, suas mãos sagradas cheias de multidões de bons exemplos. Havia tantos jovens e donzelas, uma multidão de jovens e de todas as idades, viúvas e virgens idosas, e a própria castidade em tudo, não estéril, mas uma mãe frutífera de filhos de alegrias, por ti, Senhor, seu marido. E ela sorriu para mim com uma zombaria persuasiva, como se perguntasse: "Não podes tu o que podem esses jovens, o que podem essas donzelas? Ou podem eles em si mesmos, e não antes no Senhor seu Deus? O Senhor seu Deus me deu a eles. Lança-te sobre ele, não temas; ele não se retirará para que caias; lança-te destemidamente sobre ele, e ele te receberá e te curará". E eu corei muito, pois ainda ouvia os murmúrios daqueles brinquedos, e fiquei na expectativa. E ela parecia dizer novamente: "Tapa teus ouvidos contra esses teus membros impuros na Terra, para que possam ser mortificados. Eles lhe falam de prazeres, mas não como faz a lei do Senhor teu Deus". Essa controvérsia em meu coração era apenas do eu contra o eu. Alípio, sentado ao meu lado, aguardou em silêncio o resultado de minha emoção inesperada.

Quando uma profunda reflexão do fundo secreto de minha alma reuniu e amontoou toda a minha miséria à vista de meu coração, surgiu uma forte tempestade, trazendo uma forte chuva de lágrimas. Para que eu pudesse derramá-las totalmente, em suas expressões naturais, eu me afastei de Alípio. A solidão me foi sugerida como mais adequada para a tarefa de chorar. Então, retirei-me

CONFISSÕES DE SANTO AGOSTINHO

para tão longe que nem mesmo sua presença poderia ser um fardo para mim. Foi assim que aconteceu comigo, e ele percebeu algo disso; suponho que eu tenha falado algo em que os tons de minha voz pareciam sufocados pelo choro, e por isso me levantei. Ele permaneceu onde estávamos sentados, extremamente surpreso. Eu me joguei, não sei como, debaixo de uma figueira, dando vazão às minhas lágrimas; e as lágrimas dos meus olhos jorraram como um sacrifício aceitável a ti, não propriamente com essas palavras, mas com esse propósito, falei muito a ti. Tu, ó Senhor, até quando? Até quando, Senhor, ficarás irado para sempre? Não te lembres de nossas iniquidades anteriores, pois senti que estava preso a elas. Enviei essas palavras tristes: "Até quando, até quando, amanhã e amanhã? Por que não agora? Por que não há nesta hora um fim para minha impureza?".

Eu estava falando e chorando na mais amarga contrição de meu coração quando ouvi de uma casa vizinha uma voz, de menino ou menina, não sei, cantando e repetindo muitas vezes: "Pegue e leia; pegue e leia". Instantaneamente, meu semblante se alterou e comecei a pensar com muita atenção se as crianças costumavam cantar tais palavras em algum tipo de brincadeira, um vez que eu não me lembrava de ter ouvido nada parecido. Assim, controlando a torrente de minhas lágrimas, levantei-me, interpretando que não era outra coisa senão uma ordem de Deus para abrir o livro e ler o primeiro capítulo que encontrasse. Pois eu tinha ouvido de Antônio que, ao entrar durante a leitura do evangelho, ele recebeu a admoestação, como se o que estava sendo lido lhe fosse dito: "Vai, vende tudo o que tens e dá aos pobres, e terás um tesouro no céu, e vem e segue-me". Por esse oráculo ele imediatamente se converteu a ti. Então, ansiosamente, voltei ao lugar onde Alípio estava sentado, pois ali eu havia colocado o livro do apóstolo quando me levantei. Peguei, abri e, em silêncio, li a seção sobre a qual meus olhos caíram pela primeira vez: "Não em tumultos e bebedeiras, tampouco em luxúria e devassidão, não em contendas e invejas, mas revesti-vos do Senhor Jesus Cristo, e não tenhais cuidado da carne, na concupiscência". Não quis ler mais nada, nem precisei, pois, instantaneamente, ao final dessa frase, por meio de uma luz como que de serenidade infundida em meu coração, toda a escuridão da dúvida desapareceu.

Então, colocando meu dedo entre elas, ou alguma outra marca, fechei o volume e, com um semblante calmo, dei a conhecer o fato a Alípio. Ele me mostrou assim o que havia sido produzido nele, o que eu não sabia. Ele pediu para ver o que eu havia lido. Eu lhe mostrei, e ele olhou ainda mais além do que eu havia lido, e eu não sabia o que se seguia. Depois disso, disse: "Recebe aquele que é fraco na fé, o que ele aplicou a si mesmo e me revelou". E por essa admoestação ele foi fortalecido, e por uma boa resolução e propósito, e mais correspondente ao seu caráter, em que ele sempre foi muito diferente de mim, para melhor, sem qualquer demora turbulenta ele se juntou a mim. Depois disso, fomos até minha mãe, contamos a ela. Ela se alegrou, então contamos em ordem como tudo aconteceu e ela saltou de alegria, e bendisse a ti, que és capaz de fazer mais do que pedimos ou pensamos. Ela percebeu que tu lhe deste mais por mim do que ela costumava implorar com seus gemidos lamentáveis e tristes. Tu me converteste a ti mesmo, de modo que não busquei esposa nem qualquer esperança deste mundo, mantendo-me naquela regra de fé que tu lhe mostraste em uma visão, tantos anos antes. E converteste o seu luto em alegria, muito mais abundante do que ela desejava, e de uma forma muito mais preciosa e pura do que ela exigia, ao ter netos do meu corpo.

Afresco barroco de São Jerônimo, médico da igreja católica ocidental. A obra de arte de Martino Teofilo Polacco está situada na Catedral de Santa Maria Assunta, na Itália.

LIVRO IX

Senhor, eu sou teu servo e filho da tua serva. Tu rompeste minhas cadeias. Eu te oferecerei sacrifício de louvor. Louvem-te o meu coração e a minha língua; sim, digam todos os meus ossos: "Senhor, quem é semelhante a ti?". Digam eles, e responde-me tu, e dize à minha alma: "Eu sou a tua salvação". Quem sou eu, e o que sou? Que mal não têm sido as minhas obras, ou, se não as minhas obras, as minhas palavras, ou, se não as minhas palavras, a minha vontade? Tu, Senhor, és bom e misericordioso, e tua mão direita respeitou a profundidade da minha morte, e do fundo do meu coração esvaziou aquele abismo de corrupção. E toda a tua dádiva foi anular o que eu desejava e desejar o que tu desejavas. Mas onde, durante todos esses anos, e de que recesso baixo e profundo meu livre-arbítrio foi chamado em um momento para submeter meu pescoço ao teu jugo suave e meus ombros ao teu fardo leve, ó Cristo Jesus, meu ajudador e meu redentor? Quão doce se tornou para mim, imediatamente, a falta das doçuras daqueles brinquedos! E aquilo de que eu temia me separar, agora era uma alegria. Tu os expulsaste de mim, tu, a verdadeira e mais elevada doçura. Tu os rejeitaste e, por eles, entraste em ti mesmo, mais doce do que todo prazer, embora não para a carne e o sangue. Mais brilhante do que toda luz, mas mais oculto do que todas as profundezas, mais elevado do que toda honra, mas não para os elevados nos próprios conceitos. Agora, minha alma está livre das preocupações mordazes de procurar e receber, de se afundar na sujeira e de coçar a coceira da luxúria. E minha língua infantil fala livremente a ti, meu brilho, minhas riquezas e minha saúde, Senhor meu Deus.

E resolvi, à tua vista, não tumultuosamente rasgar, mas gentilmente retirar o serviço de minha língua dos mercados do trabalho labial, para que os jovens, não estudantes em tua lei, nem em tua paz, mas em dotes mentirosos e disputas judiciais, não mais comprassem em minha boca armas para sua loucura. E, muito oportunamente, faltavam poucos dias para as férias da colheita de uvas, e eu resolvi suportá-las, para então, de maneira regular, despedir-me e, tendo sido comprado por ti, não mais voltar para a venda. Nosso propósito era então conhecido por ti, mas não era conhecido pelos homens, a não ser por nossos amigos. Havíamos concordado entre nós em não divulgá-lo a ninguém; embora para nós, agora subindo do vale de lágrimas e cantando aquela canção de graus, tu tivesses dado flechas afiadas e brasas destruidoras contra a língua sutil, que, como se nos aconselhasse, nos frustraria e, por amor, nos devoraria, como faz com sua carne.

Tu transpassaste nossos corações com tua caridade, e levamos tuas palavras como que fixadas em nossas entranhas. E os exemplos de teus servos, a quem tornaste brilhantes por serem negros, e vivos por serem mortos, sendo amontoados no receptáculo de nossos pensamentos, acenderam e queimaram nosso pesado torpor, para que não nos afundássemos no abismo. Eles nos incendiaram tão veementemente que todas as explosões de línguas sutis dos contraditores só poderiam nos inflamar mais ferozmente, não nos extinguir. No entanto, porque, por causa do teu nome, que santificaste em toda a Terra, esse nosso voto e propósito também poderia encontrar alguém que o recomendasse, pareceu-me uma ostentação não esperar pelo feriado agora tão próximo, mas deixar de antemão uma profissão pública, que estava diante dos olhos de todos, de modo que todos os que olhassem para esse meu ato e observassem quão próximo estava o tempo da colheita que eu desejava antecipar falariam muito de mim, como se eu tivesse desejado parecer alguém grande. E de que me serviu o fato de que as pessoas se referissem e disputassem sobre meu propósito, e que nosso bem fosse mal falado?

Além disso, a princípio me incomodou o fato de que, nesse mesmo verão, meus pulmões começaram a ceder, em meio a um trabalho literário muito grande, e a respirar profundamente com dificuldade, e pela dor em meu peito a mostrar que estavam feridos, e a recusar qualquer fala completa ou prolongada. Isso me incomodou, pois quase me obrigou, por necessidade, a abandonar esse fardo de ensinar, ou, se eu pudesse ser curado e me recuperar, pelo menos a interrompê-lo. Quando o desejo pleno de lazer, para que eu pudesse ver como tu és o Senhor, surgiu e se fixou em mim, meu Deus, tu sabes, comecei até a me alegrar por ter essa desculpa secundária, e não fingida, que poderia moderar de alguma forma a ofensa daqueles que, por causa de seus filhos, desejavam que eu nunca tivesse a liberdade de teus filhos. Cheio, então, de tal alegria, suportei até que o intervalo de tempo se esgotasse; pode ter sido uns vinte dias, mas ainda assim foram suportados com coragem; suportados, pois a cobiça, que antes suportava uma parte desse pesado negócio, havia me deixado, e eu permaneci sozinho, e teria sido esmagado se a paciência não tivesse tomado seu lugar. Talvez alguns de teus servos, meus irmãos, possam dizer que pequei no fato de que, com o coração totalmente voltado para teu serviço, permiti que eu me sentasse por uma hora sequer na cadeira da mentira. Nem quis ser contencioso. Mas tu, ó Senhor misericordioso, não perdoaste e remistes esse pecado também, com meus outros pecados mais horríveis e mortais, na água benta?

CONFISSÕES DE SANTO AGOSTINHO

Verecundo estava muito preocupado com essa nossa bem-aventurança, pois, estando preso por laços que o prendiam muito fortemente, viu que deveria ser separado de nós. Ele ainda não era cristão, mas sua esposa era uma das fiéis, e ainda assim bem mais rigidamente do que por qualquer outra corrente ele foi impedido da jornada que agora havíamos tentado. Pois, segundo ele, não queria ser cristão em nenhuma outra condição, a não ser naquelas que não podia. No entanto, ofereceu-nos cortesmente que permanecêssemos em sua casa de campo enquanto lá estivéssemos. Tu, Senhor, o recompensarás na ressurreição dos justos, pois já lhe deste a sorte dos justos. Embora, em nossa ausência, estando agora em Roma, ele tenha sido acometido de doença corporal, e tendo sido feito cristão e um dos fiéis, ele partiu desta vida. Contudo, não tiveste misericórdia apenas dele, mas também de nós, para que, lembrando-nos da grande bondade de nosso amigo para conosco, mas incapazes de contá-lo entre o teu rebanho, não ficássemos agoniados com uma tristeza intolerável. Graças a ti, nosso Deus, somos teus. Tuas sugestões e consolações nos dizem: Fiel nas promessas, Tu agora retribuis a Verecundo por sua casa de campo em Cassicíaco, onde, desde a febre do mundo, repousamos em ti, com o frescor eterno de teu paraíso, pois tu lhe perdoaste os pecados na Terra, naquela rica montanha, aquela montanha que produz leite, tua montanha.

Naquele tempo, ele teve tristeza, mas Nebrídio teve alegria. Embora ele também, não sendo ainda um cristão, tivesse caído na cova do erro mais pernicioso, acreditando que a carne de teu filho era um fantasma, ainda assim, emergindo dali, ele acreditava como nós, ainda não tendo recebido nenhum dos sacramentos de tua Igreja, mas sendo um ardente buscador da verdade. A quem, não muito tempo depois de nossa conversão e regeneração pelo teu batismo, sendo também um membro fiel da Igreja Católica e servindo-te em perfeita castidade entre seu povo na África, tendo toda a sua casa sido primeiramente tornada cristã por meio dele, tu o libertaste da carne, e agora ele vive no seio de Abraão. Seja qual for o significado desse seio, ali vive meu Nebrídio, meu doce amigo, e teu filho, Senhor, adotado de um homem liberto, ali ele vive. Que outro lugar há para uma alma assim? Ali ele vive, e por isso pediu muito de mim, um pobre homem inexperiente. Agora, ele não coloca seu ouvido em minha boca, mas sua boca espiritual em tua fonte, e bebe tanto quanto pode receber, sabedoria em proporção à sua sede, infinitamente feliz. Não creio que ele esteja tão embriagado com isso a ponto de se esquecer de mim, pois tu, Senhor, de quem ele bebe, te lembras de nós. Assim estávamos nós, então, consolando Verecundo, que lamentava, tanto quanto a amizade permitia, que nossa conversão fosse de tal espécie, exortando-o a se tornar fiel, de acordo com sua medida, ou seja, de um estado casado. E esperando Nebrídio para nos seguir, o que, estando tão perto, ele estava quase fazendo. Aqueles dias foram passando, pois pareciam longos e numerosos por causa do amor que eu tinha pela liberdade fácil, para que eu pudesse cantar para ti, do fundo do meu coração: "Meu coração tem dito a ti, eu tenho buscado tua face. Tua face, Senhor, eu buscarei".

Chegou o dia em que, de fato, eu deveria ser libertado de minha cátedra de Retórica, da qual, em pensamento, eu já estava libertado. E assim foi feito. O Senhor resgatou minha língua, como antes havia resgatado meu coração. E eu te abençoei, regozijando-me, retirando-me com todos os meus para a vila. O que eu escrevi lá, e que agora estava alistado a teu serviço, embora ainda, nesse tempo de respiração, por assim dizer, ofegante da escola do orgulho, meus livros podem testemunhar, tanto o que eu debati com outros, quanto o que eu debati sozinho, diante de ti. O que com Nebrídio, que estava ausente, minhas epístolas testemunham. Quando terei tempo para relatar todos os teus grandes benefícios para conosco naquela época, especialmente quando nos apressamos para obter misericórdias ainda maiores? Minha lembrança me faz recordar, e é agradável para mim, Senhor, confessar a ti, por quais impulsos internos tu me dominaste; e como tu me nivelaste, abaixando as montanhas e colinas de minhas altas imaginações, endireitando minha tortuosidade e suavizando meus caminhos ásperos; e como tu também subjugaste o irmão de meu coração, Alípio, ao nome de teu unigênito, nosso Senhor e Salvador Jesus Cristo, o que ele não quis, a princípio, permitir que fosse inserido em nossos escritos. Pois ele preferia que eles tivessem o sabor dos altos cedros das escolas, que o Senhor agora derrubou, do que das ervas saudáveis da Igreja, o antídoto contra as serpentes.

Oh, como eu falava a ti, meu Deus, quando lia os Salmos de Davi, aqueles cânticos fiéis e sons de devoção, que não permitem nenhum espírito inchado, ainda um catecúmeno e um noviço em teu verdadeiro amor, descansando naquela vila, com Alípio, um catecúmeno, minha mãe se apegando a nós, em trajes femininos com fé masculina, com a tranquilidade da idade, amor maternal, piedade cristã! Oh, que louvores eu pronunciava a ti naqueles Salmos, e como eu me acendia com eles em direção a ti, e me inflamava para ensaiá-los, se possível, por todo o mundo, contra o orgulho da humanidade! Eles são cantados em todo o mundo, e ninguém pode se esconder do teu calor. Com que veemente e amarga tristeza eu me enfureci contra os maniqueus! E novamente tive pena deles, pois não conheciam aqueles sacramentos, aqueles remédios, e

CONFISSÕES DE SANTO AGOSTINHO

estavam loucos contra o antídoto que poderia tê-los recuperado de sua loucura. Como eu gostaria que eles estivessem em algum lugar perto de mim e, sem que eu soubesse que estavam lá, pudessem ter visto meu semblante e ouvido minhas palavras, quando li o Salmo 4 naquele momento de descanso, e como esse Salmo me tocou: "Quando clamei, o Deus da minha justiça me ouviu; na tribulação me alargaste. Tem misericórdia de mim, Senhor, e ouve a minha oração". Quem dera que eles pudessem ouvir o que eu disse com essas palavras, sem que eu soubesse se eles ouviram, para que não pensassem que falei por causa deles! Porque, na verdade, eu não falaria as mesmas coisas, tampouco da mesma maneira, se percebesse que eles me ouviam e me viam; nem se eu as falasse, eles as receberiam como quando eu falava por mim mesmo diante de ti, baseado nos sentimentos naturais de minha alma.

Tremi de medo, e novamente me acendi com esperança e com regozijo em tua misericórdia, ó pai. E tudo isso saiu de meus olhos e de minha voz, quando teu bom espírito, voltando-se para nós, disse: "Ó filhos dos homens, como sois lentos de coração? Pois eu amava a vaidade e buscava o lucro. E tu, ó Senhor, já engrandeceste o teu santo, ressuscitando-o dentre os mortos e pondo-o à tua direita, de onde do alto enviaria a sua promessa, o consolador, o espírito da verdade". E já o tinha enviado, mas eu não sabia; enviou-o, porque já estava engrandecido, ressuscitando dentre os mortos e subindo ao céu. Até então, o espírito ainda não tinha sido dado, porque Jesus ainda não tinha sido glorificado. E o profeta clama: "Até quando, tardos de coração? Por que amais a vaidade, e buscais a leviandade? Sabei isto: que o Senhor engrandeceu o seu santo". Ele clama: "Até quando?". E eu, não o sabendo, amei a vaidade e busquei o arrendamento, por isso ouvi e tremi, porque foi dito a alguém como eu me lembrava de ter sido. Porque naqueles fantasmas que eu tinha tido por verdades, havia vaidade e arrendamento; e falei muitas coisas em voz alta, com seriedade e força, na amargura da minha lembrança. O que teriam ouvido eles, que ainda amam a vaidade e buscam prazeres terrenos! Talvez se perturbassem e vomitassem isso, e tu os ouvirias quando clamassem a ti, porque Cristo morreu por nós com uma verdadeira morte na carne, e agora intercede junto a ti por nós.

Li ainda: "Irai-vos e não pequeis". E como me comovi, ó meu Deus, que agora aprendi a ficar irado comigo mesmo pelas coisas passadas, para não pecar no futuro! Sim, para me indignar com justiça, pois não era outra a natureza do povo das trevas que pecava por mim, como dizem os que não se indignam consigo mesmos e entesouram ira para o dia da ira e da revelação do teu justo juízo. Tampouco minhas coisas boas estavam fora ou eram procuradas com os olhos da carne naquele sol terrestre, pois aqueles que querem ter alegria de fora logo se tornam vaidosos, e se desperdiçam nas coisas vistas e temporais, e em seus pensamentos famintos lambem as próprias sombras. Oxalá se cansassem de sua fome e perguntassem: "Quem nos mostrará coisas boas?". E nós diríamos, e eles ouviriam: "A luz do teu rosto está selada sobre nós. Porque nós não somos a luz que ilumina a todo homem, mas somos iluminados por ti; para que, tendo sido às vezes trevas, sejamos luz em ti". Oh, se eles pudessem ver o interno eterno, o qual, tendo provado, fiquei triste por não poder mostrar-lhes, enquanto eles me traziam seu coração em seus olhos vagando longe de ti, enquanto indagavam: "Quem nos mostrará coisas boas?". Pois ali, onde eu estava irado dentro de mim mesmo em meu quarto, onde eu estava interiormente picado, onde eu havia me sacrificado, matando meu velho homem e iniciando o propósito de uma nova vida, colocando minha confiança em ti – ali tu começaste a ficar doce para mim, e colocaste alegria em meu coração. E eu clamei, ao ler isso externamente, encontrando-o internamente. Eu não me multiplicaria com bens mundanos, desperdiçando tempo e sendo desperdiçado pelo tempo, ao passo que eu tinha em tua eterna essência simples milho, vinho e azeite.

E com um forte grito do meu coração, clamei no verso seguinte: "Ó em paz, ó por mim mesmo! Oh, o que ele disse: 'Eu me deitarei e dormirei, pois quem nos impedirá, quando acontecer o que está escrito: A morte é tragada pela vitória?'. Tu, sem dúvida, és o mesmo, que não mudaste; e em ti está o descanso que esquece todo o trabalho, pois não há outro contigo, nem devemos buscar essas muitas outras coisas, que não são o que tu és. Mas tu, Senhor, somente tu me fizeste habitar na esperança". Eu lia e me entusiasmava, e não sabia o que fazer com aqueles surdos e mortos, entre os quais eu era uma pessoa pestilenta, amarga e cega contra aqueles escritos, que são honrados com o mel do céu e iluminados com tua luz, e fui consumido pelo zelo contra os inimigos dessa escritura.

Quando me lembrarei de tudo o que aconteceu naqueles dias santos? Contudo, não me esqueci nem passarei por alto a severidade do teu flagelo e a maravilhosa rapidez da tua misericórdia. Então, tu me atormentaste com dores nos dentes, e quando elas chegaram a tal ponto que eu não conseguia falar, veio ao meu coração o desejo de que todos os meus amigos presentes orassem por mim a ti, o Deus de toda sorte de saúde. Escrevi isso em cera e dei a eles para lerem. Logo que, com humilde devoção, dobramos nossos joelhos, a dor desapareceu. Mas que dor? Como foi embora? Fiquei assustado, ó meu Senhor, meu Deus, pois desde a infância eu nunca havia experimentado algo semelhante. E o poder de teu aceno me foi profundamente transmitido e, regozijando-me na fé, louvei teu nome. Essa fé permitiu que eu não ficasse tranquilo em relação aos meus pecados passados, que ainda não haviam sido perdoados por teu batismo.

Terminadas as férias de fim de ano, avisei aos milaneses para que dessem a seus alunos outro mestre que lhes vendesse palavras, pois eu havia escolhido servir-te e, por causa de minha dificuldade de respirar e da dor no peito, não estava à altura do cargo de professor. Por meio de cartas comuniquei a teu prelado, o santo homem Ambrósio, meus erros anteriores e desejos atuais, pedindo seu conselho sobre qual das tuas escrituras eu deveria ler melhor, para me tornar mais preparado e apto a receber tão grande graça. Ele recomendou o profeta Isaías. Creio que porque ele, acima dos demais, é um precursor mais claro do evangelho e do chamado dos gentios. Mas eu, não entendendo a primeira lição nele, e imaginando que o todo fosse semelhante a ela, deixei-a de lado, para ser retomada quando melhor praticada nas próprias palavras de nosso Senhor.

Assim, quando chegou o momento que eu deveria dar meu nome, deixamos o país e retornamos a Milão. Alípio também se agradou de ter nascido de novo em ti comigo, já vestido com a humildade própria de teus sacramentos, um valente domador do corpo, de modo que, com ousadia inusitada, usou o solo congelado da Itália com seus pés descalços. Juntamos a nós o menino Adeodato, nascido segundo a carne, do meu pecado. Tu o fizeste de modo excelente. Ele não tinha quinze anos e sua inteligência superava a de muitos homens sérios e eruditos. Confesso-te os teus dons, Senhor meu Deus, Criador de tudo, e abundantemente capaz de reformar as nossas deformidades, pois eu não tive parte naquele menino, a não ser o pecado. Por tê-lo criado em tua disciplina, foste tu, e nenhum outro, que nos inspirou a isso. Eu te confesso os teus dons. Há um livro nosso intitulado "O mestre" – um diálogo entre ele e eu. Você sabe que tudo o que foi atribuído à pessoa que conversava comigo eram suas ideias, em seu décimo sexto ano de vida. Encontrei nele muito mais do que isso, e ainda mais admirável. Esse talento me causou admiração. E quem, além de ti, poderia ser o artífice de tais maravilhas? Logo tiraste sua vida da terra, e agora me lembro dele sem ansiedade, sem temer por sua infância ou juventude, ou por todo o seu ser. Juntamo-nos a ele, nosso contemporâneo na graça, para sermos criados em tua disciplina, fomos batizados, e a ansiedade por nossa vida passada desapareceu de nós. Naqueles dias, também não me saciei com a maravilhosa doçura de considerar a profundidade de teus conselhos com relação à salvação da humanidade. Como chorei em teus hinos e cânticos, tocado pelas vozes de tua Igreja afinada! As vozes fluíam em meus ouvidos, e a verdade se destilava em meu coração, de onde os afetos de minha devoção transbordavam, e as lágrimas escorriam, e eu era feliz ali.

Não faz muito tempo que a Igreja de Milão começou a usar esse tipo de consolo e exortação, e os irmãos se uniram zelosamente com harmonia de voz e coração. Foi há um ano, ou pouco mais, que Justina, mãe do imperador Valentiniano II,[21] uma criança, perseguiu teu servo Ambrósio, em favor de sua heresia, à qual ela foi seduzida pelos arianos. O povo devoto vigiava na Igreja, pronto para morrer com seu bispo, teu servo. Lá, minha mãe, tua serva, suportando a maior parte dessas ansiedades e vigílias, vivia em oração. Nós, ainda não aquecidos pelo calor de teu espírito, éramos estimulados pela visão da cidade espantada e inquieta. Então, foi instituído pela primeira vez que, à maneira das Igrejas orientais, hinos e salmos deveriam ser cantados, para que o povo não desmaiasse com o tédio da tristeza. Desde aquele dia até hoje o costume é mantido, e várias (sim, quase todas) as tuas congregações, em outras partes do mundo, seguem esse costume.

Então, por meio de uma visão, tu descobriste ao teu bispo Ambrósio onde estavam escondidos os corpos de Gervásio e Protásio, os mártires (que tu tinhas em teu tesouro secreto guardado incorruptos por tantos anos), de onde poderias trazê-los oportunamente para reprimir a fúria de uma mulher, mas uma imperatriz. Pois quando eles foram descobertos e desenterrados, e com a devida honra transladados para a Basílica Ambrosiana, não apenas os que estavam atormentados por espíritos imundos (os demônios se confessando) foram curados, mas também um certo homem cego há muitos anos, cidadão e bem conhecido na cidade, perguntando e ouvindo a razão da alegria confusa do povo, saiu em disparada desejando que seu guia o conduzisse até lá. Conduzido até lá, ele implorou que lhe fosse permitido tocar com seu lenço o esquife de teus santos, cuja morte é preciosa aos teus olhos. Quando o fez, e o levou aos olhos, estes se abriram imediatamente. Daí se espalhou a fama, daí brilha-

---

21   Segundo Eduardo André, um estudioso de história romana antiga que escreve para o blog "Histórias de Roma", o imperador Valentiniano I (321-375), que morreu subitamente com um infarto fulminante, tinha um filho chamado Graciano quando se casou com a imperatriz Justina. O irmão de Valentiniano I, o imperador Valente, reinava na metade oriental do Império, em Constantinopla. Com apenas 16 anos de idade Graciano foi obrigado a aceitar o irmão caçula, Valentiniano II, de apenas 7 anos de idade, como co-imperador do Ocidente. Naquela época, em Milão, Justina tornou-se a virtual regente do Império Romano do Ocidente. Ela era adepta do cristianismo pela doutrina do bispo Ário, cujos seguidores são denominados "arianos", credo segundo o qual Jesus Cristo, o Filho de Deus, era subordinado ao Pai, e, portanto, Cristo foi criado por Deus e, assim, veio a existir depois de Deus, negando o dogma da "Santíssima Trindade". Para os católicos, isso somente poderia ser uma heresia. O católico mais influente em Milão era o bispo Ambrósio, inimigo implacável de tudo que se opusesse à ortodoxia do credo trinitário (ANDRÉ, Eduardo. Valentiniano II. História de Roma, 15 maio 2018. Disponível em: https://historiasderoma.com/2018/05/15/valentiniano-ii/. Acesso em: 23 ago. 2023).

ram e resplandeceram os teus louvores; daí a mente daquela inimiga, embora não se voltasse para a solidez da crença, ainda assim foi desviada de sua fúria perseguidora. Graças a ti, ó meu Deus. De onde e para onde levaste a minha memória, para que eu te confesse também estas coisas, que, por maiores que sejam, eu tinha esquecido. E, contudo, quando o odor dos teus unguentos era tão perfumado, não corríamos atrás de ti. Por isso chorei mais entre os cânticos de teus hinos, antes suspirando por ti, e finalmente respirando em ti, tanto quanto o fôlego pode entrar nesta nossa casa de grama.

Tu, que fazes que as pessoas vivam unidas em uma só casa, uniste a nós também Euodius, um jovem de nossa cidade, o qual, sendo oficial da corte, converteu-se a ti e foi batizado diante de nós. Ao deixar sua luta secular, cingiu-se à tua. Estávamos juntos, prestes a viver juntos em nosso propósito devoto. Procuramos onde poderíamos te servir de forma mais útil e estávamos juntos voltando para a África, indo em direção a Óstia, minha mãe partiu desta vida. Muito omito, por ser muito apressado. Recebe, ó meu Deus, as minhas confissões e ações de graças por inúmeras coisas sobre as quais me calo. Não omitirei, porém, tudo o que minha alma quiser dizer a respeito daquela tua serva que me deu à luz, tanto na carne, para que eu nascesse para esta luz temporal, como no coração, para que eu nascesse para a luz eterna. Eu não falaria de seus dons, mas dos teus nela, pois ela não se criou nem se educou a si mesma. Tu a criaste, tampouco seu pai e sua mãe sabiam o que viria deles. E o cetro de teu Cristo, a disciplina de teu único filho, em uma casa cristã, um bom membro de tua Igreja, educou-a em teu temor. Em função de sua boa disciplina ela costumava elogiar não tanto a diligência de sua mãe, mas a de uma certa serva decrépita, que havia carregado seu pai quando criança, como os pequenos costumavam ser carregados nas costas das moças mais velhas. Por essa razão, e por sua grande idade e excelente conversa, ela era, naquela família cristã, muito respeitada por seus chefes. Por isso também lhe foi confiada a guarda das filhas de seu senhor, à qual se dedicava com diligência, restringindo-as, quando necessário, com santa severidade, e ensinando-as com grave discrição. Pois, exceto nas horas em que eram mais temporariamente alimentadas na mesa de seus pais, ela não permitia que elas, embora sedentas, bebessem nem água, evitando um mau costume e acrescentando este saudável conselho: "Vocês bebem água agora, porque não têm vinho em seu poder; mas quando se casarem e se tornarem donas de adegas e armários, desprezarão a água, mas o costume de beber permanecerá". Por meio desse método de instrução e da autoridade que possuía, ela refreou a avareza da infância e moldou a sede delas a uma moderação tão excelente que o que elas não deviam, não queriam.

No entanto (como tua serva me disse), ela havia adquirido um amor pelo vinho. Pois quando (como era de costume), como se fosse uma donzela sóbria, era convidada por seus pais a tirar o vinho do estábulo, segurando a vasilha sob a abertura, antes de despejar o vinho no jarro, ela bebia um pouco com a ponta dos lábios, pois mais seus sentimentos instintivos recusavam. Isso ela fez, não por desejo de beber, mas pela exuberância da juventude, que transborda em loucuras alegres, as quais, nos espíritos jovens, costumam ser contidas pela gravidade dos mais velhos. Assim, acrescentando àquela pequena quantidade de coisas cotidianas (pois, quem despreza as pequenas coisas cairá pouco a pouco), ela adquiriu o hábito de beber avidamente de sua pequena taça quase cheia de vinho. Onde estava, então, aquela idosa discreta, e sua sincera contra-argumentação? De nada adiantaria uma doença secreta se a tua mão curadora, Senhor, não cuidasse de nós! Pai, mãe e governadores ausentes, tu presente, que criaste, que chamaste, que também, por meio daqueles que nos governam, operas algo para a salvação de nossas almas, o que fizeste então, ó meu Deus? Como a curaste? Não fizeste sair de outra alma uma provocação dura e afiada, como uma lanceta de teu depósito secreto, e com um toque removeste toda aquela coisa imunda? Pois uma serva, com quem ela costumava ir à adega, ao trocar palavras (como acontece) com sua pequena senhora, quando estava a sós com ela, zombou dela por causa desse defeito, com o insulto mais hostil, chamando-a de bebedora de vinho. Com essa provocação, ela, ferida em cheio, percebeu a sujeira de sua falta e imediatamente a condenou e a abandonou. Assim como os amigos lisonjeiros pervertem, os inimigos repreensivos geralmente corrigem. Contudo, não é o que por eles fazes, mas o que eles mesmos intentaram, que tu lhes retribuis. Porque ela, na sua ira, procurava irritar a sua jovem senhora, e não a corrigir, e o fez em particular, ou porque o tempo e o lugar da contenda assim os encontraram, ou para que ela mesma não se irritasse, descobrindo-o tão tarde. Tu, Senhor, governador de tudo o que há no céu e na Terra, que diriges para teus propósitos as correntes mais profundas e a turbulência dominante da maré dos tempos, curaste outra alma pela própria insalubridade, para que ninguém, ao observar isso, atribua o fato ao próprio poder, mesmo quando outra pessoa, que ele desejava que fosse reformada, é reformada por meio de tuas palavras.

Criada assim modesta e sobriamente, e antes sujeita por ti a seus pais, do que por seus pais a ti, logo que chegou à idade de casar, tendo sido concedida a um marido, serviu-o como seu senhor esforçando-se por conquistá-lo para ti, pregando-lhe o teu nome por meio da conversação que a ornaste, tornando-a reverentemente amável e admirável para seu marido. E suportou de tal modo a injustiça do seu leito, que nunca mais discutiu com seu marido. Pois ela esperava tua misericórdia sobre ele, para que, crendo em ti, ele se tornasse casto. Mas, além disso, ele era fervoroso, tanto em seus afetos quanto em sua ira; mas ela havia aprendido a não resistir a um marido irado tanto em atos quanto em palavras. Somente quando ele estava calmo e tranquilo, e com disposição para recebê-la, ela prestava contas de suas ações, se por acaso ele tivesse se ofendido excessivamente. Em suma, ao passo que muitas matronas, que tinham maridos mais brandos, mas que ainda assim tinham marcas de vergonha em seus rostos, culpavam a vida de seus maridos em conversas familiares, ela culpava suas línguas, dando-lhes, como em uma brincadeira, conselhos sinceros: "Que a partir do momento em que ouvissem os escritos do casamento serem lidos para eles, deveriam considerá-los como escrituras, pelas quais foram feitos servos; e assim, lembrando-se de sua condição, não deveriam se levantar contra seus senhores". E quando elas, sabendo o marido colérico que ela suportava, se maravilhavam com o fato de nunca ter sido ouvido nem percebido que Patrício tivesse batido em sua esposa ou que tivesse havido qualquer diferença doméstica entre eles, mesmo que por um dia, e perguntando confidencialmente a razão, ela lhes ensinou a prática mencionada. As esposas que a observaram encontraram o bem e agradeceram, ao passo que as que não a observaram não encontraram alívio e sofreram.

Sua sogra também, a princípio por meio de sussurros de servos malignos incensados contra ela, venceu de tal forma pela observância, perseverança e mansidão, que por sua vontade descobriu a seu filho as línguas intrometidas pelas quais a paz doméstica entre ela e sua nora havia sido perturbada, pedindo-lhe que as corrigisse. Então, quando, em obediência à sua mãe e para o bem da família, ele havia corrigido com açoites aqueles que haviam sido descobertos, por vontade dela, que os havia descoberto, ela prometeu a mesma recompensa a qualquer um que, para agradá-la, falasse mal de sua nora para ela, e ninguém agora se aventurou, eles viveram juntos com uma notável doçura de bondade mútua.

Esse grande dom também concedeste, ó meu Deus, minha misericórdia, àquela tua boa serva, em cujo ventre me criaste, que, entre quaisquer partes discordantes e discordantes, sempre que pôde mostrou-se tão pacificadora que, ouvindo de ambos os lados as coisas mais amargas, tais como a cólera inchada e indigesta costuma irromper, quando as cruezas das inimizades são expelidas em discursos azedos a um amigo presente contra um inimigo ausente, ela nunca revelava nada de um para o outro, a não ser o que poderia tender à sua reconciliação. Isso poderia parecer um pequeno bem para mim, se eu não conhecesse, para minha tristeza, inúmeras pessoas que, por meio de um horrível e amplo contágio do pecado, não apenas revelam às pessoas mutuamente irritadas coisas ditas com raiva, mas também acrescentam coisas nunca ditas, ao passo que para a humanidade deveria parecer uma coisa leve não atormentar ou aumentar a má vontade por meio de palavras más, a menos que se estude, por meio de boas palavras, como extingui-la. Assim era ela, tu mesmo, seu instrutor mais íntimo, ensinando-a na escola do coração.

Finalmente, seu marido, no final de sua vida terrena, ela ganhou para ti. Não tinha que se queixar daquilo que nele, como crente, ela havia herdado dele antes que ele fosse crente. Ela também era a serva de teus servos, e todos os que a conheciam, louvavam, honravam e te amavam, pois, por meio do testemunho dos frutos de uma conversa santa, percebiam tua presença em seu coração. Porque tinha sido esposa de um só homem, tinha sido digna de seus pais, tinha governado piedosamente a sua casa, tinha sido muito conhecida pelas suas boas obras, tinha criado filhos, e tantas vezes teve dores de parto por causa deles, que os viu desviarem-se de ti. Por fim, de todos nós, teus servos, Senhor (a quem, por ocasião de teu dom, permites falar), nós, que antes de dormir em ti vivíamos unidos, tendo recebido a graça de teu batismo, ela cuidou tanto, como se tivesse sido mãe de todos nós. Serviu-nos tanto, como se tivesse sido filha de todos nós.

Quando se aproximava o dia em que ela deveria partir desta vida (dia que tu bem sabias, nós não), aconteceu que tu mesmo, segundo creio, por teus caminhos secretos, assim o ordenaste, que ela e eu estávamos sozinhos, debruçados em uma certa janela que dava para o jardim da casa onde agora estávamos, em Óstia, onde, afastados do barulho das pessoas, estávamos nos preparando para a viagem, após as fadigas de uma longa jornada. Estávamos discutindo juntos, a sós, com muita ternura, esquecendo as coisas que ficaram para trás e nos aproximando das que estão diante de nós, perguntávamos entre nós, na presença da verdade, que tu és, de que tipo seria a vida eterna dos santos, que os olhos não viram nem os ouvidos ouviram, tampouco entrou no coração dos humanos. Contudo, com a boca de nosso coração, arfávamos em busca das torrentes celestiais de tua fonte, a fonte da vida, que está contigo, para que, sendo irrigados por elas de acordo com nossa capacidade, pudéssemos de alguma forma meditar sobre tão elevado mistério.

E quando nosso discurso foi levado a esse ponto, que o maior deleite dos sentidos terrenos, na mais pura luz material, era, em relação à doçura daquela vida, não apenas indigno de comparação, mas também sequer de menção, nós nos elevamos com uma afeição mais ardente em relação ao "mesmo" e, aos poucos, passamos por todas as coisas corporais, até o próprio céu de onde o Sol, a Lua e as estrelas brilham sobre a Terra. Sim, estávamos subindo ainda mais alto, por meio de reflexões internas, discursos e admiração de tuas obras, e chegamos a nossas mentes, e fomos além delas, para que pudéssemos chegar àquela região de abundância inesgotável, onde tu alimentas Israel para sempre com o alimento da verdade, e onde a vida é a sabedoria pela qual todas essas coisas são feitas, e o que tem sido, e o que será, e ela não é feita, mas é, como tem sido, e assim será para sempre. Antes, "ter sido" e "ser no futuro" não estão nela, mas apenas "ser", visto que ela é eterna. Pois o "ter sido" e o "vir a ser" não são eternos. Enquanto estávamos discutindo e ofegantes atrás dela, nós a tocamos levemente com todo o esforço de nosso coração, suspiramos, e ali deixamos presos os primeiros frutos do espírito, e retornamos às expressões vocais de nossa boca, onde a palavra falada tem começo e fim. E quem é semelhante à tua palavra, nosso Senhor, que permanece em si mesma sem se tornar velha, e faz novas todas as coisas?

Estávamos dizendo: "Se para alguém se calasse o tumulto da carne, se calassem as imagens da terra, das águas e do ar, se calasse também o mastro do céu, se a própria alma se calasse para si mesma e, por não pensar em si mesma, superasse a si mesma, se calassem todos os sonhos e revelações imaginárias, toda língua e todo sinal, e tudo o que existe apenas em transição, pois se alguém pudesse ouvir, todos eles diriam: 'Não fomos nós que nos fizemos, mas foi Deus que nos fez, o qual permanece para sempre, se eles também se calassem, tendo despertado apenas nossos ouvidos para aquele que os fez, e somente ele falasse, não por eles, mas por si mesmo, para que pudéssemos ouvir sua palavra, não por meio de qualquer língua de carne, tampouco voz de anjo ou som de trovão, muito menos no escuro enigma de uma semelhança, mas pudéssemos ouvir aquele que nessas coisas amamos, pudéssemos ouvir seu ser sem elas (como nós dois agora nos esforçamos, e em rápido pensamento tocamos naquela sabedoria eterna que permanece sobre tudo)" – pudesse isso ser continuado, e outras visões de tipo muito diferente fossem retiradas, e arrebatasse, absorvesse e envolvesse seu observador em meio a essas alegrias interiores, de modo que a vida pudesse ser para sempre como aquele momento de compreensão pelo qual agora suspiramos. Não seria como a escritura: "Entra na alegria de teu mestre?". E quando será isso? Quando todos nós ressuscitaremos, embora nem todos sejamos transformados?

Eu estava falando essas coisas e, mesmo que não fosse dessa maneira e com essas mesmas palavras, ainda assim, Senhor, tu sabes que naquele dia em que estávamos falando dessas coisas, e este mundo com todas as suas delícias se tornou, como falamos, desprezível para nós, minha mãe disse: "Filho, de minha parte, não tenho mais prazer em nada nesta vida. O que faço aqui e para que estou aqui, eu não sei, agora que minhas esperanças neste mundo estão cumpridas. Eu desejava permanecer nesta vida por algum tempo, para que pudesse vê-lo como um cristão católico antes de morrer. Meu Deus fez isso por mim de forma ainda mais abundante, para que eu pudesse vê-la agora com ele, desprezando a felicidade terrena, tornando-se sua serva: o que eu faço aqui?"

Não me lembro da resposta que lhe dei a essas coisas. Pouco mais de cinco dias depois, ou não muito mais, ela adoeceu de febre e, durante essa doença, um dia caiu em um desmaio e, por algum tempo, afastou-se das coisas visíveis. Nós nos apressamos em rodeá-la, mas ela logo voltou a si e, olhando para mim e para meu irmão, que estávamos ao seu lado, perguntou-nos: "Onde eu estava?". Então, olhando fixamente para nós, com uma tristeza espantosa: "Aqui", disse ela, "vocês enterrarão sua mãe". Eu me calei e evitei chorar, mas meu irmão falou alguma coisa, desejando que ela morresse, como se fosse o destino mais feliz, não em um lugar estranho, mas em sua terra. Ela, então, com um olhar ansioso, examinou-o com os olhos, pois ele ainda sentia o sabor dessas coisas, e depois olhou para mim: "Vejam", disse ela, "o que ele diz"; e logo depois a nós dois: "Deitem", disse ela, "este corpo em qualquer lugar, não se preocupem com isso de forma alguma, só peço que se lembrem de mim no altar do Senhor, onde quer que estejam". E, depois de expressar esse sentimento com as palavras que pôde, ela se calou, sendo atormentada por sua doença crescente.

Mas eu, considerando tuas dádivas, ó Deus invisível, que introduzes no coração de teus fiéis, de onde brotam frutos maravilhosos, regozijei-me e dei graças a ti, lembrando-me do que eu sabia antes, do cuidado e da ansiedade que ela sempre tivera com relação ao local de sepultamento, que ela providenciara e preparara para si junto ao corpo de seu marido. Como haviam vivido juntos em grande harmonia, ela também desejava (tão pouco pode a mente humana abraçar as coisas divinas) ter esse acréscimo a essa felicidade e fazer com que fosse lembrado entre as pessoas que, depois de sua peregrinação além dos mares, o que era terreno desse par unido havia sido permitido unir-se sob a mesma terra. Mas quando esse vazio, por meio da plenitude de tua bondade, começou a cessar em seu coração, eu não sabia, e me alegrei admirando o que ela havia me revelado; embora, de fato, em nossa conversa também na janela, quando ela disse: "O que eu faço aqui por mais tempo?", não parecia haver nenhum desejo de morrer em seu país. Soube mais tarde que, quando estávamos em Óstia, ela, com a confiança de uma mãe, quando eu estava ausente, conversou um dia com alguns de meus amigos sobre o desprezo desta vida e a bênção da morte. Quando eles ficaram maravilhados com a coragem que o Senhor havia dado a uma mulher e perguntaram: "Se ela não temia deixar seu corpo tão longe de sua cidade?", ela respondeu: "Nada está longe para Deus; nem era de temer que, no fim do mundo, ele não reconhecesse de onde me havia de ressuscitar." No nono dia de sua doença, no quinquagésimo sexto ano de sua idade e no trigésimo terceiro da minha, aquela alma religiosa e santa foi libertada do corpo.

Fechei os olhos dela e, com isso, uma grande tristeza fluiu para o meu coração, que transbordou em lágrimas; meus olhos, ao mesmo tempo, sob o comando violento de minha mente, beberam sua fonte totalmente seca. Ai de mim em tal luta! Quando ela deu seu último suspiro, o menino Adeodato começou a se lamentar em voz alta; depois, controlado por todos nós, se calou. Da mesma forma, um sentimento infantil em mim, que estava, por meio da voz juvenil de meu coração, encontrando seu desabafo no choro, foi contido e silenciado. Pois achamos que não era apropriado solenizar aquele funeral com lágrimas e gemidos, já que, na maioria das vezes, eles expressam tristeza pela pessoa que partiu, como se ela fosse infeliz ou estivesse totalmente morta, ao passo que ela não foi infeliz em sua morte, tampouco estava totalmente morta. Disso nos foi assegurado com bons fundamentos, pelo testemunho de sua boa conduta e de sua fé não fingida.

O que foi, então, que me causou grande dor interior, senão uma nova ferida causada pela repentina perda daquele costume tão doce e querido de vivermos juntos? De fato, alegrei-me com seu testemunho, quando, em sua última doença, misturando seus carinhos com meus atos de dever, ela me chamou de "obediente" e mencionou, com grande afeto de amor, que nunca tinha ouvido qualquer som áspero ou reprovador proferido por minha boca contra ela. Mas ainda assim, ó meu Deus, que nos criou, que comparação há entre a honra que eu lhe prestei e sua dedicação a mim? Ao ser privado de tão grande consolo nela, minha alma foi ferida, e a vida, que era dela e minha, foi dividida como se fosse uma só.

Então, tendo o menino cessado de chorar, Euodius pegou o Saltério e começou a cantar, com toda a nossa casa respondendo a ele, o Salmo: "Cantarei a ti, Senhor, a misericórdia e os juízos". Ao ouvirem o que estávamos fazendo, muitos irmãos e mulheres religiosas se reuniram, e enquanto eles, cujo ofício era preparar o sepultamento, como é o costume, em uma parte da casa, onde eu seria apropriado, juntamente àqueles que não achavam adequado me deixar, eu discorria sobre algo adequado ao momento, e por esse bálsamo da verdade amenizava aquele tormento, conhecido por ti. Eles não sabiam, mas ouviam atentamente, e me consideravam sem qualquer sentimento de tristeza. Mas em teus ouvidos, onde nenhum deles ouvia, eu censurava a fraqueza de meus sentimentos e refreava minha torrente de tristeza, que cedia um pouco. Voltava, como uma maré, mas não a ponto de explodir em lágrimas ou de mudar de semblante. Ainda assim eu sabia o que estava guardando em meu coração. Estando muito descontente com o fato de essas coisas humanas terem tal poder sobre mim, o que, na devida ordem e determinação de nossa condição natural deve acontecer, com uma nova dor eu me afligi com a minha dor, e assim fui tomado por uma dupla tristeza.

Eis que o cadáver foi levado para o sepultamento. Fomos e voltamos sem lágrimas. Pois nem mesmo nas orações que te fizemos, quando o sacrifício do nosso resgate foi oferecido por ela, quando o cadáver estava ao lado da sepultura, como é costume, antes de ser colocado nela eu chorei durante essas orações. No entanto, fiquei o dia inteiro em segredo, muito triste, e com a mente perturbada, orei a ti, como pude, para curar minha tristeza, mas tu não o fizeste. Impressionando, creio eu, minha memória com esse exemplo, quão forte é o vínculo de todo hábito, mesmo em uma alma que agora não se alimenta de nenhuma palavra enganosa. Também me pareceu bom ir tomar banho, pois ouvi dizer que o nome do banho (*balneum*) vem do grego *balaneion*, pois ele afasta a tristeza da mente. E isso também confesso à tua misericórdia, pai dos órfãos, que me banhei e fiquei como antes de me banhar. Pois a amargura da tristeza não podia sair de meu coração. Então, dormi e acordei novamente, e encontrei minha dor nem um pouco suavizada, mas como eu estava sozinho em minha cama, lembrei-me daqueles versos verdadeiros de teu Ambrósio. Pois Tu és o:

Criador de tudo, o Senhor,
E governante das alturas,

CONFISSÕES DE SANTO AGOSTINHO

Que, vestindo o dia de luz, derramou
Suave sono sobre a noite,
Para que em nossos membros tenham força
Que a força do trabalho seja renovada,
E os corações que se afundam e se encolhem sejam erguidos,
E as tristezas sejam subjugadas.

Então, pouco a pouco, recuperei meus pensamentos anteriores sobre tua serva, tua santa conversa contigo, tua santa ternura e observância para conosco, das quais fui repentinamente privado. Eu estava disposto a chorar à tua vista, por ela e por mim mesmo, e deixei que as lágrimas, que antes eu havia contido, transbordassem o quanto quisessem, colocando meu coração sobre elas, e nelas encontrei descanso, pois foi em teus ouvidos, não nos das pessoas, que teriam interpretado com desdém meu choro. E agora, Senhor, por escrito, confesso isso a ti. Leia-o, quem quiser, e interprete-o como quiser, e se ele encontrar pecado nele, que eu chorei minha mãe por uma pequena porção de uma hora (a mãe que naquele momento estava morta aos meus olhos, que por muitos anos chorou por mim para que eu pudesse viver aos teus olhos), que ele não zombe de mim, mas antes, se ele for de grande caridade, que ele mesmo chore por meus pecados a ti, o pai de todos os irmãos de teu Cristo.

Agora, porém, com o coração curado daquela ferida, que poderia parecer culpável por um sentimento terreno, eu derramo a ti, nosso Deus, em favor daquela tua serva, um tipo muito diferente de lágrimas, que fluem de um espírito abalado pelos pensamentos dos perigos de toda alma que morre em Adão. Embora ela tenha sido vivificada em Cristo, mesmo antes de ser libertada da carne, ela viveu para o louvor de teu nome por sua fé e conduta. Ainda assim não ouso dizer que, desde o momento em que tu a regeneraste pelo batismo, nenhuma palavra saiu de sua boca contra teu mandamento. Teu filho, a verdade, disse: "Todo aquele que disser a seu irmão: 'Tu és tolo', correrá o risco do fogo do inferno". E ai da vida louvável dos homens, se, deixando de lado a misericórdia, tu a examinares. Mas, como o Senhor não é extremo na investigação dos pecados, esperamos com confiança encontrar algum lugar junto a ti. Mas quem quer que te conte os seus verdadeiros méritos, o que te conta senão os teus próprios dons? Oxalá os homens soubessem que são homens; e que aquele que se gloria se gloriasse no Senhor.

Eu, portanto, ó meu louvor e minha vida, Deus do meu coração, deixando de lado por um tempo suas boas ações, pelas quais te dou graças com alegria, rogo-te agora pelos pecados de minha mãe. Atende-me, eu te peço, pelo remédio de nossas feridas, que foi pendurado no madeiro e agora, sentado à tua direita, intercede por nós. Sei que ela agiu com misericórdia e, de coração, perdoou as dívidas de seus devedores; perdoa também as dívidas dela, sejam quais forem as que ela tenha contraído em tantos anos, desde a água da salvação. Perdoa-lhe, Senhor, perdoa, eu te peço; não entres em juízo com ela. Que tua misericórdia seja exaltada acima de tua justiça, uma vez que tuas palavras são verdadeiras e tu prometeste misericórdia aos misericordiosos, que tu os deste para serem, que terás misericórdia de quem tu tiveres misericórdia; e terás compaixão de quem tu tiveres compaixão.

E creio que já fizeste o que te peço, mas aceita, Senhor, as ofertas voluntárias da minha boca. Pois ela, estando próximo o dia de sua dissolução, não se preocupou em ter seu corpo suntuosamente enrolado ou embalsamado com especiarias nem desejou um monumento de escolha, ou ser enterrada em sua terra. Essas coisas ela não nos ordenou, desejou apenas que seu nome fosse comemorado em teu altar, ao qual ela serviu sem intervalo de um dia, de onde ela sabia que o santo sacrifício seria dispensado, pelo qual a caligrafia que era contra nós foi apagada, por meio do qual o inimigo foi triunfante, que, resumindo nossas ofensas e procurando o que colocar em nossa acusação, não encontrou nada nele, em quem vencemos. Quem lhe restituirá o sangue inocente? Quem lhe pagará o preço com que nos comprou, e assim nos tirará dele? Ao sacramento, do qual é nosso resgate, tua serva uniu sua alma pelo vínculo da fé. Que ninguém a separe de tua proteção, nem o leão nem o dragão se interponham por força ou fraude. Pois ela não responderá que não deve nada, para não ser condenada e presa pelo astuto acusador, mas responderá que seus pecados lhe foram perdoados por Cristo, a quem ninguém pode pagar o preço que ele, que não devia nada, pagou por nós.

Que ela descanse em paz com o marido, antes e depois do qual ela nunca teve nenhum, a quem ela obedeceu, com paciência, produzindo frutos para ti, para que ela pudesse ganhá-lo também para ti. E inspira, ó Senhor meu Deus, inspira teus servos, meus irmãos, teus filhos, meus senhores, a quem sirvo com a voz, o coração e a pena, para que todos os que lerem estas confissões possam, em teu altar, lembrar-se de Mônica, tua serva, com Patrício, seu marido, por cujos corpos me trouxeste a esta vida, não sei como. Que eles possam, com devota afeição, lembrar-se de meus pais nesta luz transitória, meus irmãos sob teu comando, nosso pai, em nossa mãe católica, e meus concidadãos naquela Jerusalém eterna que teu povo peregrino suspira desde o seu êxodo até o seu retorno para cá. Que o último pedido que minha mãe me fez, por meio de minhas confissões, mais do que por meio de minhas orações, possa ser, por meio das orações de muitos, mais abundantemente cumprido para ela.

Afresco de Santo Agostinho, situado na cúpula da Basílica de Maria Auxiliadora, em Turim, uma das maiores cidades da Itália. Por Giuseppe Rollini.

LIVRO X

Permite-me conhecer-te, Senhor, que me conheces. Permite-me conhecer--te, assim como sou conhecido. Poder da minha alma, entra nela e prepara-a para ti, para que tu a tenhas e a conserves sem mancha nem ruga. Essa é a minha esperança, por isso falo, e nessa esperança me regozijo, quando me regozijo com saúde. Outras coisas desta vida são tanto menos lamentáveis quanto mais são lamentadas, e quanto mais lamentáveis, menos as pessoas se lamentam por elas. Eis que tu amas a verdade, e aquele que a pratica vem para a luz. Isso quero fazer em meu coração, diante de ti, em confissão, e em minha escrita, diante de muitas testemunhas.

E de ti, ó Senhor, a cujos olhos está exposto o abismo da consciência do ser humano, que poderia estar oculto em mim, ainda que eu não o confessasse? Pois eu deveria esconder-te de mim, e não eu de ti. Mas agora, para que o meu gemido seja testemunha de que estou descontente comigo mesmo, tu apareces, e és agradável, amado e desejado, para que eu possa me envergonhar de mim mesmo, e renunciar a mim mesmo, e escolher a ti, e não agradar a ti nem a mim mesmo, mas em ti. A ti, portanto, ó Senhor, estou aberto, seja o que for que eu seja, e com que fruto eu te confesso, eu já disse. Não o faço com palavras e sons da carne, mas com as palavras da minha alma e o clamor do pensamento que o teu ouvido conhece. Porque, quando sou mau, confessar-te não é outra coisa senão estar descontente comigo mesmo; mas, quando sou santo, não é outra coisa senão não atribuir o fato a mim mesmo; porque tu, Senhor, abençoas o piedoso, mas primeiro o justificas quando ímpio. A minha confissão, pois, ó meu Deus, à tua vista, é feita silenciosamente, e não silenciosamente. Porque, em som, é silenciosa, em afeto, clama em voz alta. Porque não digo às pessoas coisa alguma certa, que antes não tenhas ouvido de mim, tampouco ouves de mim coisa alguma que primeiro não me tenhas dito.

Que tenho eu, pois, a ver com as pessoas, para que ouçam as minhas confissões – como se pudessem curar todas as minhas enfermidades – uma raça curiosa por conhecer a vida dos outros, mas indolente para corrigir a própria? Por que eles querem ouvir de mim o que sou, se não querem ouvir de ti o que eles mesmos são? E como saberão eles, quando de mim ouvirem falar de mim mesmo, se digo a verdade, visto que ninguém sabe o que há no ser humano, senão o espírito do humano que nele está? Mas se ouvirem de ti o que eles mesmos são, não poderão dizer: "O Senhor mente". E quem sabe e diz: "É falso", a não ser que ele mesmo minta? Como a caridade crê em todas as coisas (isto é, entre aqueles que se unem a si mesma), eu também, ó Senhor, de tal modo te confessarei, que as pessoas possam ouvir, às quais não posso demonstrar se confesso verdadeiramente; contudo, elas acreditam em mim, cujos ouvidos a caridade me abre.

Mas tu, meu médico íntimo, faze-me ver que fruto posso colher ao fazê-lo. Pois as confissões de meus pecados passados, que tu perdoaste e cobriste, para que pudesses me abençoar em ti, transformando minha alma pela fé e por teu sacramento, quando lidas e ouvidas, estimulam o coração, para que ele não durma em desespero e diga "não posso", mas desperte no amor de tua misericórdia e na doçura de tua graça, pela qual quem é fraco se torna forte, quando por ela se torna consciente de sua própria fraqueza. E os bons se deleitam em ouvir sobre os males passados daqueles que agora estão livres deles, não porque sejam males, mas porque foram e não são. Com que fruto, então, ó Senhor meu Deus, a quem minha consciência diariamente confessa, confiando mais na esperança de tua misericórdia do que na própria inocência, com que fruto, eu peço, eu confesso por este livro às pessoas também em tua presença o que eu sou agora, não o que eu fui? Pois esse outro fruto eu já vi e falei. O que sou agora, no exato momento em que faço estas confissões, os mergulhadores desejam saber, que me conheceram ou não, que ouviram de mim ou de mim; mas seus ouvidos não estão em meu coração, onde estou, seja o que for que eu seja. Desejam, pois, ouvir-me confessar o que sou por dentro, onde nem seus olhos nem seus ouvidos e mesmo seu entendimento podem chegar; desejam-no, como se estivessem prontos a crer – mas, saberão? Pois a caridade, pela qual eles são bons, lhes diz que em minhas confissões eu não minto; e ela, nelas, acredita em mim.

Mas, para que fruto eles ouviriam isso? Desejam alegrar-se comigo, quando ouvirem quão perto, por teu dom, eu me aproximo de ti? Orar por mim, quando ouvirem o quanto sou refreado por meu peso? A esses eu me descobrirei. Pois não é fruto pequeno, Senhor meu Deus, que muitos te agradeçam por nós, e que muitos te peçam por nós. Que a mente fraterna ame em mim o que tu ensinaste que deve ser amado, e lamente em mim o que tu ensinaste que deve ser lamentado. Que a mente fraternal, não estranha, não seja a dos filhos estranhos, cuja boca fala vaidade, e cuja mão direita é a destra da iniquidade, mas aquela mente fraternal que, quando me aprova, se alegra por mim, e quando me desaprova, se entristece por mim, porque, quer me aprove, quer me desaprove, ela me ama. A esses eu me revelarei. Eles respirarão livremente com minhas boas ações, suspirarão com minhas más ações. Minhas boas ações são teus compromissos e teus dons; minhas más ações são minhas ofensas e teus julgamentos. Que eles respirem livremente por uma coisa, suspirando pela outra, e que hinos e choro subam à tua vista, do coração de meus irmãos, teus incensários. Tu, Senhor, te agradas do incenso do teu santo templo, tem misericórdia de mim segundo a tua grande misericórdia, por amor do teu próprio nome, e de modo algum abandones o que começaste, aperfeiçoa as minhas imperfeições.

Este é o fruto de minhas confissões do que sou, não do que fui, para confessar isso, não apenas diante de ti, em uma exultação secreta com tremor e uma tristeza secreta com esperança, mas também aos ouvidos dos filhos crentes dos homens, participantes de minha alegria e parceiros em minha mortalidade, meus concidadãos e companheiros de peregrinação, que foram antes, ou que seguirão adiante, companheiros de meu caminho. Estes são teus servos, meus irmãos, a quem desejas que sejam teus filhos; meus senhores, a quem ordenas que eu sirva, se quiser viver contigo, de ti. Mas essa tua palavra era pequena, pois só ordenava por meio da palavra, e não ia adiante na execução. Isso, pois, faço em atos e palavras, isso faço debaixo das tuas asas; em grande perigo, não estivesse a minha alma sujeita a ti debaixo das tuas asas, e a minha enfermidade te fosse conhecida. Sou pequenino, mas meu pai vive para sempre, e meu guardião me basta. Ele é o mesmo que me gerou e me defende. E tu mesmo és todo o meu bem, tu, todo-poderoso, que estás comigo, sim, antes que eu esteja contigo. A esses, portanto, a quem tu me ordenas servir, eu revelarei não o que fui, mas o que sou agora e o que ainda sou. Tampouco julgo a mim mesmo. Portanto, assim quero ser ouvido.

Tu, Senhor, me julgas, porque, embora ninguém saiba as coisas do homem, senão o espírito do homem que nele está, ainda há algo do homem que nem o espírito do homem que nele está conhece. Tu, Senhor, sabes tudo a respeito dele, tu que o fizeste. E eu, ainda que aos teus olhos me despreze, e me considere pó e cinza, sei alguma coisa de ti, que de mim mesmo não sei. E, na verdade, agora vemos através de um vidro escuro, não face a face ainda. Portanto, enquanto eu estiver ausente de ti, estarei mais presente comigo mesmo do que contigo. No entanto, sei que tu não és de forma alguma passível, mas eu, não sei a que tentações posso resistir, nem a que não posso. E há esperança, porque tu és fiel, e não permitirás que sejamos tentados além do que podemos, mas com a tentação darás também o escape, para que a possamos suportar. Confessarei, pois, o que sei de mim mesmo, confessarei também o que não sei de mim mesmo. Isso porque o que sei de mim mesmo é pelo teu resplendor sobre mim, e o

CONFISSÕES DE SANTO AGOSTINHO

que não sei de mim mesmo, por tanto tempo não sei, até que as minhas trevas se tornem como o meio-dia no teu rosto.

Não com dúvida, mas com consciência segura, eu te amo, Senhor. Tu atingiste meu coração com tua palavra, e eu te amei. Sim, também o céu, a Terra e tudo o que neles há, eis que de todos os lados me convidam a te amar, e não deixo de dizer isso a todos, para que não tenham desculpa. Mais profundamente terás misericórdia de quem quiseres ter misericórdia, e terás compaixão de quem tiveres compaixão; caso contrário, os céus e a Terra farão ouvidos moucos para louvar-te. Não a beleza dos corpos, tampouco a bela harmonia do tempo ou o brilho da luz, tão agradável aos nossos olhos, muito menos as doces melodias de canções variadas, nem o cheiro perfumado de flores, unguentos e especiarias, nem o maná e o mel nem os membros aceitáveis para abraçar a carne. Não amo nada disso quando amo meu Deus. Amo um tipo de luz, melodia, fragrância, carne e abraço quando amo meu Deus, a luz, a melodia, a fragrância, a carne, o abraço de meu homem interior, onde brilha para minha alma o que o espaço não pode conter, e onde soa o que o tempo não pode levar, e há o gosto que a comida não diminui, e há o apego que a saciedade não separa. Isso é o que eu amo quando amo o meu Deus.

E o que é isso? Perguntei à terra, e ela me respondeu: "Eu não sou Deus". E tudo o que nela há confessou o mesmo. Perguntei ao mar e às profundezas, e aos seres vivos rastejantes, e eles responderam: "Não somos teu Deus, busca acima de nós". Perguntei ao ar em movimento, e todo o ar com seus habitantes respondeu: "Anaxímenes foi enganado, eu não sou Deus". Perguntei aos céus, ao Sol, à Lua e às estrelas: "Não (dizem eles) somos o Deus que você procura". E eu respondi a todas as coisas que estão na porta de minha carne: "Tu me falaste de meu Deus, que não és ele; dize-me algo sobre ele". E eles gritaram em alta voz: "Ele nos fez". Meu questionamento era meu pensamento sobre eles, e sua forma de beleza deu a resposta. Voltei-me para mim mesmo e perguntei: "Quem é você?". E respondi: "Um homem". Eis que em mim se me apresentam a alma e o corpo, um fora e outro dentro. Por qual deles devo buscar o meu Deus? Eu o busquei no corpo, da Terra ao céu, até onde pude enviar mensageiros, os raios de meus olhos. Mas o melhor é o interior, pois a ele, como presidente e juiz, todos os mensageiros corporais relataram as respostas do céu e da Terra, e de todas as coisas neles contidas, que disseram: "Nós não somos Deus, mas ele nos fez". Essas coisas meu homem interior sabia pelo ministério do exterior: Eu, o interior, as conhecia; eu, a mente, por meio dos sentidos de meu corpo.

Perguntei a toda a estrutura do mundo sobre o meu Deus, e ela me respondeu: "Eu não sou Deus, mas ele me fez".

Essa figura corpórea não é aparente para todos cujos sentidos são perfeitos? Por que, então, não fala o mesmo para todos? Animais pequenos e grandes o veem, mas não podem perguntar, porque não há razão sobre seus sentidos para julgar o que eles relatam. Mas as pessoas podem perguntar, de modo que as coisas invisíveis de Deus são claramente vistas, sendo compreendidas pelas coisas que estão feitas; mas, por amor a elas, são feitos sujeitos a elas, e os sujeitos não podem julgar. Sequer as criaturas respondem aos que perguntam, a menos que possam julgar. Também mudam sua voz (ou seja, sua aparência), se uma pessoa apenas vê, outro que vê pergunta, de modo a aparecer de uma forma para ela, de outra forma para aquele, mas aparecendo da mesma forma para ambos, é mudo para um, fala para aquele. Sim, melhor, fala para todos, mas só entendem aqueles que comparam sua voz recebida de fora com a verdade interior. Pois a verdade me diz: "Nem o céu, nem a Terra, nem qualquer outro corpo é teu Deus". Isso, sua natureza diz para aquele que os vê: "Eles são uma massa; uma massa é menor em uma parte do que no todo." Agora, falo a ti, ó minha alma, tu és a minha melhor parte, pois tu vivificas a massa do meu corpo, dando-lhe vida, o que nenhum corpo pode dar a um corpo, mas o teu Deus é até para ti a vida da tua vida.

O que amo eu, pois, quando amo o meu Deus? Quem é ele acima da cabeça da minha alma? Por minha alma ascenderei a ele. Passarei além do poder pelo qual estou unido ao meu corpo e encherei de vida toda a sua estrutura. Tampouco posso encontrar meu Deus por esse poder, pois assim o cavalo e a mula que não têm entendimento podem encontrá-lo, visto que é o mesmo poder pelo qual até seus corpos vivem. Há outro poder, não apenas aquele pelo qual eu animo, mas também aquele pelo qual eu imbuo de sentido a minha carne, que o Senhor moldou para mim, ordenando ao olho que não ouça, e ao ouvido que não veja; mas ao olho, para que por meio dele eu veja, e ao ouvido, para que por meio dele eu ouça; e aos outros sentidos, separadamente, o que é para cada um de seus lugares e funções peculiares, os quais, sendo diversos, eu, a única mente, faço por meio deles. Eu irei além desse meu poder, pois isso também têm o cavalo e a mula, porque eles também percebem através do corpo.

Então, ultrapassarei também esse poder de minha natureza, elevando-me gradualmente até aquele que me criou. E chegarei aos campos e palácios espaçosos de minha memória, onde estão os tesouros de inúmeras imagens, trazidas para ela de coisas de todos os tipos percebidas pelos sentidos. Lá está arma-

CONFISSÕES DE SANTO AGOSTINHO

zenado tudo o que pensamos, seja ampliando ou diminuindo, ou de qualquer outra forma variando as coisas que o sentido percebeu. Tudo o mais que foi comprometido e armazenado, que o esquecimento ainda não engoliu e enterrou. Quando entro ali, exijo que o que quero seja trazido à tona, e algo vem instantaneamente; outros devem ser procurados por mais tempo, que são buscados, por assim dizer, de algum receptáculo interno; outros saem em tropas e, enquanto uma coisa é desejada e exigida, eles começam a sair, como quem deveria perguntar: "Por acaso sou eu?". Essas eu afasto com a mão de meu coração, da face de minha lembrança, até que o que desejo seja revelado e apareça à vista, fora de seu lugar secreto. Outras coisas surgem prontamente, em ordem ininterrupta, à medida que são solicitadas, e as que estão na frente abrem caminho para as seguintes e, à medida que abrem caminho, ficam ocultas, prontas para aparecer quando eu quiser. Tudo isso acontece quando repito uma coisa de cor.

Todas as coisas são preservadas distintamente e sob títulos gerais, cada uma tendo entrado pela própria avenida, como a luz e todas as cores e formas de corpos pelos olhos; pelos ouvidos, todos os tipos de sons; todos os cheiros pela avenida das narinas; todos os gostos pela boca; e pela sensação de todo o corpo, o que é duro ou macio; quente ou frio; ou áspero; pesado ou leve; seja externa ou internamente ao corpo. Tudo isso aquele grande porto da memória recebe em seus inúmeros enrolamentos secretos e inexprimíveis, para ser levado para fora quando necessário. Cada um entra por seu portão e ali fica guardado. Sequer as próprias coisas entram, apenas as imagens das coisas percebidas estão prontas para serem lembradas pelo pensamento. Quais imagens, como são formadas, quem pode dizer, embora apareça claramente por qual sentido cada uma foi trazida e armazenada? Pois, mesmo enquanto habito na escuridão e no silêncio, em minha memória posso produzir cores, se eu quiser, e discernir entre preto e branco, e o que mais eu quiser. Os sons não invadem e perturbam a imagem desenhada por meus olhos, que estou revendo, embora eles também estejam lá, adormecidos e guardados, por assim dizer, à parte. Pois também os chamo, e logo aparecem. Embora minha língua esteja quieta e minha garganta muda, posso cantar o quanto quiser, porque nem aquelas imagens de cores, que apesar de estarem lá, se intrometem e interrompem, quando outro estoque é chamado, que fluiu pelos ouvidos. Assim, as outras coisas, acumuladas pelos outros sentidos, eu as recordo a meu bel-prazer. Sim, eu distingo o hálito dos lírios das violetas, embora não cheire nada, e prefiro o mel ao vinho doce, suave antes de ser áspero, sem provar nem manusear, apenas lembrar.

Essas coisas eu faço em meu interior, naquele vasto pátio de minha memória. Pois ali estão presentes comigo o céu, a Terra, o mar e tudo o que eu possa pensar, além do que já esqueci. Lá também me encontro comigo mesmo, e me lembro de quando, onde e o que fiz, e sob quais sentimentos. Ali está tudo o que me lembro, seja por experiência própria ou por crédito de outros. Do mesmo estoque, eu mesmo, com o passado, continuamente combino novas e novas semelhanças de coisas que experimentei ou, baseado no que experimentei, acreditei. Daí novamente deduzo ações, eventos e esperanças futuras, e tudo isso novamente reflito, como se fosse o presente. "Farei isso ou aquilo", digo a mim mesmo, naquele grande receptáculo de minha mente, armazenado com as imagens de tantas e tão grandes coisas, "e isso ou aquilo se seguirá". "Oh, que isso ou aquilo possa acontecer!". "Que Deus evite isso ou aquilo!". Assim falo comigo mesmo e, quando falo, as imagens de tudo o que menciono estão presentes, vindas do mesmo tesouro da memória, e eu não falaria de nada disso se as imagens não estivessem presentes.

Grande é essa força da memória, excessivamente grande, ó meu Deus, uma câmara grande e sem limites! Quem já sondou o fundo dela? Esse é um poder meu e pertence à minha natureza, porque nem eu mesmo compreendo tudo o que sou. Portanto, a mente é muito estreita para conter a si mesma. E onde estaria aquilo que ela não contém em si mesma? Está fora dela, e não dentro? Como, então, ela não compreende a si mesma? Uma admiração maravilhosa me surpreende, o espanto me toma com isso. As pessoas vão ao exterior para admirar as alturas das montanhas, as poderosas ondas do mar, as amplas marés dos rios, a bússola do oceano e os circuitos das estrelas, e passam por eles mesmos. Não é de se admirar que, quando falei de todas essas coisas, eu não as tenha visto com meus olhos, mas não poderia ter falado delas, a não ser que eu realmente visse as montanhas, as ondas, os rios, as estrelas que eu tinha visto e o oceano que eu acredito ser, internamente em minha memória, e isso, com os mesmos vastos espaços entre eles, como se eu os visse no exterior. No entanto, ao vê-los, não os atraí para mim mesmo, quando os contemplei com meus olhos; tampouco eles mesmos estão comigo, apenas suas imagens. E eu sei por qual sentido do corpo cada uma delas foi impressa em mim.

Não é apenas isso que a capacidade incomensurável de minha memória retém. Aqui também está tudo, aprendido nas ciências liberais e ainda não esquecido; removido como se fosse para algum lugar interior, que ainda não é lugar. Tampouco são as imagens, mas as próprias coisas. Pois, o que é literatura, o que é a arte de disputar, quantos tipos de questões existem, o que quer que eu saiba, de tal forma existe em minha memória, que eu não tenha tomado a imagem e deixado de fora a coisa, ou que ela tenha soado e passado, como uma voz fixada no ouvido por aquela impressão, por meio da qual ela poderia ser lembrada, como se tivesse soado, quando não mais soasse, ou como um cheiro que, ao passar e evaporar no ar, afeta o sentido do olfato, de onde transmite à memória uma imagem de si mesmo, a qual, ao lembrarmos, renovamos, ou como a carne que, na verdade, no ventre já não tem sabor, ou como qualquer coisa que o corpo percebe pelo tato e que, quando afastado de nós, a memória ainda concebe. Essas coisas não são transmitidas para a memória, apenas suas imagens são captadas com uma rapidez admirável e armazenadas como se estivessem em gabinetes maravilhosos, e daí maravilhosamente trazidas à tona pelo ato de lembrar.

Agora, quando ouço que há três tipos de perguntas: "Se a coisa é? O que é? De que tipo é?", tenho as imagens dos sons de que essas palavras são compostas, e que esses sons, com um ruído, passaram pelo ar e agora não são mais. Mas as coisas em si que são significadas por esses sons, eu nunca alcancei com qualquer sentido do meu corpo, bem como nunca as discerni de outra forma a não ser em minha mente. No entanto, em minha memória eu não guardei suas imagens, mas elas mesmas. Que digam, se puderem, como entraram em mim, pois percorri todas as avenidas de minha carne, mas não consigo descobrir por onde entraram. Pois os olhos dizem: "Se essas imagens eram coloridas, nós as relatamos". Os ouvidos dizem: "Se elas soam, nós as conhecemos". As narinas dizem: "Se têm cheiro, passaram por nós". O paladar diz: "Se não tiverem sabor, não me perguntem". O tato diz: "Se não tem tamanho, não o manuseei; se não o manuseei, não o notei". De onde e como essas coisas entraram em minha memória? Não sei como. Pois quando as aprendi, não dei crédito à mente de outra pessoa, mas as reconheci na minha, e ao aprová-las como verdadeiras, recomendei-as a ela, guardando-as como se fossem, de onde eu poderia trazê-las à tona quando quisesse. Em meu coração, então, elas estavam, mesmo antes de eu aprendê-las, mas em minha memória não estavam. Onde, então, ou por que, quando elas foram ditas, eu as reconheci e disse: "Assim é, é verdade", a não ser que elas já estivessem na memória, mas tão jogadas para trás e enterradas, por assim dizer, em recessos mais profundos, que se a sugestão de outro não as tivesse trazido à tona, eu teria sido incapaz de concebê-las?

Portanto, descobrimos que aprender essas coisas, das quais não absorvemos as imagens por meio de nossos sentidos, mas as percebemos por si mesmas, sem imagens, como elas são, nada mais é do que, por meio da concepção, receber e, por meio da marcação, cuidar para que essas coisas que a memória antes continha de forma aleatória e desordenada sejam colocadas à disposição, como se estivessem nessa mesma memória, onde antes estavam desconhecidas, dispersas e negligenciadas, e tão prontamente ocorram à mente familiarizada com elas. Quantas coisas desse tipo minha memória carrega, que já foram descobertas e, como eu disse, colocadas como se estivessem à disposição, que supostamente aprendemos e passamos a conhecer, e que se eu, por algum curto espaço de tempo, deixasse de lembrar, elas seriam novamente tão enterradas e deslizariam de volta, por assim dizer, para os recessos mais profundos, que teriam de ser novamente, como se fossem novas, pensadas dali, pois não têm outra morada, mas devem ser reunidos novamente, para que possam ser conhecidos, ou seja, devem ser como que reunidos pela sua dispersão. Daí deriva a palavra "cogitação", pois "cogo" (coletar) e "cogito" (recoletar) têm a mesma relação entre si que "ago" e "agito", "facio" e "factito". Mas a mente se apropriou dessa palavra (cogitação), de modo que, não o que é "coletado" de qualquer maneira, mas o que é "lembrado", ou seja, reunido, na mente, é propriamente dito ser cogitado ou pensado.

A memória contém também razões e leis inumeráveis de números e dimensões, nenhuma das quais tem qualquer sentido corporal impresso, pois não têm cor, nem som, nem gosto, nem cheiro, nem tato. Eu ouvi o som das palavras pelas quais, quando discutidas, elas são denotadas, mas os sons são diferentes das coisas. Sons são diferentes em grego e em latim, mas as coisas não são nem grego, nem latim, nem qualquer outra língua. Eu vi as linhas dos arquitetos, as mais finas, como o fio de uma aranha, mas elas ainda são diferentes, não são as imagens daquelas linhas que o olho da carne me mostrou, pois ele as conhece, todo aquele que, sem qualquer concepção de um corpo, as reconhece dentro de si mesmo. Percebi também os números das coisas com as quais numeramos todos os sentidos do meu corpo, mas aqueles números com os quais numeramos são diferentes, nem são as imagens desses, e, portanto, de fato o são. Que aquele que não os vê, zombe de mim por dizer essas coisas, e eu terei pena dele, enquanto ele zomba de mim.

Lembro-me de todas essas coisas e de como as aprendi. Também ouvi e me lembro de muitas coisas que lhes foram falsamente contestadas. Embora sejam falsas, não é falso que eu me lembre delas. Também me lembro de ter discernido entre essas verdades e essas falsidades que lhes foram contestadas. E percebo que o discernimento atual dessas coisas é diferente de lembrar que muitas vezes as discerni, quando pensava nelas com frequência. Lembro-me, então, de que muitas vezes compreendi essas coisas, e o que agora percebo e compreendo guardo em minha memória, para que no futuro eu possa me lembrar de que agora as compreendo. Assim, também me lembro de ter me lembrado, como se, daqui em diante, eu trouxesse à lembrança o fato de que agora fui capaz de me lembrar dessas coisas, pela força da memória eu as trarei à lembrança.

A mesma memória contém também os afetos de minha mente, não da mesma forma que minha mente os contém, quando os sente, mas de forma muito diferente, de acordo com um poder próprio. Sem alegria, eu me lembro de ter me alegrado, e sem tristeza, eu me lembro de minha tristeza passada. E o que antes temia, revejo sem medo, e sem desejo, lembro-me de um desejo passado. Às vezes, ao contrário, com alegria me lembro de minha tristeza passada, e com tristeza, da alegria. O que não é maravilhoso, no que diz respeito ao corpo, pois a mente é uma coisa, o corpo é outra. Portanto, se eu me lembrar com alegria de alguma dor passada no corpo, isso não é tão maravilhoso. Mas agora, vendo que essa própria lembrança é a mente (pois quando damos uma coisa para ser guardada na memória, dizemos: "Veja se você a mantém na mente"; e quando esquecemos, dizemos: "Isso não veio à minha mente" e "Escapou da minha mente", chamando a própria memória de mente). Sendo assim, como é possível que, quando me lembro com alegria de minha tristeza passada, a mente tenha alegria, a memória tenha tristeza; a mente, com a alegria que há nela, é alegre, mas a memória, com a tristeza que há nela, não é triste? Por acaso a memória não pertence à mente? Quem poderia dizer isso? A memória, então, é, por assim dizer, o ventre da mente, e a alegria e a tristeza são como alimentos doces e amargos, que, quando registrados na memória, são como se passassem para o ventre, onde podem ser armazenados, mas não podem ser saboreados. Ridículo é imaginar que sejam iguais, no entanto, não são totalmente diferentes.

Mas eis que trago isso de minha memória, quando digo que há quatro perturbações da mente: desejo, alegria, medo, tristeza. Tudo o que posso discutir sobre isso, dividindo cada uma em suas espécies subordinadas e definindo-as, encontro em minha memória o que dizer, e de lá o trago. No entanto, nenhuma dessas perturbações me perturba quando, ao trazê-las à mente, eu me lembro delas. Sim, e antes que eu me lembrasse delas e as trouxesse de volta, elas estavam lá. Portanto, poderiam, por meio da lembrança, ser trazidas de lá. Talvez, então, assim como a carne é tirada do ventre pela ruminação, também pela lembrança elas são tiradas da memória. Por que, então, o disputador, ao se lembrar, não sente na boca de sua reflexão a doçura da alegria ou a amargura da tristeza? A comparação é diferente nisso, porque não é semelhante em todos os aspectos? Quem falaria de bom grado sobre isso se sempre que nomeássemos tristeza ou medo fôssemos obrigados a ficar tristes ou temerosos? No entanto, não poderíamos falar deles se não encontrássemos em nossa memória não apenas os sons dos nomes de acordo com as imagens impressas pelos sentidos do corpo, mas também noções das próprias coisas que nunca recebemos por qualquer via do corpo, que a própria mente, percebendo pela experiência de suas paixões, guardou na memória, ou a memória de si mesma reteve, sem ter sido guardada.

Se por imagens ou não, quem pode dizer prontamente? Assim, eu nomeio uma pedra, eu nomeio o Sol, as coisas em si não estando presentes aos meus sentidos, mas suas imagens em minha memória. Eu nomeio uma dor corporal, mas ela não está presente em mim, quando nada me dói. No entanto, a menos que sua imagem estivesse presente em minha memória, eu não saberia o que dizer a respeito, tampouco discernir a dor do prazer ao falar. Dou o nome de saúde corporal, pois estando o corpo sadio a coisa em si está presente comigo. A menos que sua imagem também estivesse presente em minha memória, eu não poderia de forma alguma lembrar o que o som desse nome deveria significar. Tampouco os doentes, quando a saúde fosse nomeada, reconheceriam o que foi dito, a menos que a mesma imagem fosse retida pela força da memória, embora a própria coisa estivesse ausente do corpo. Eu nomeio os números por meio dos quais numeramos, e não suas imagens, mas eles mesmos estão presentes em minha memória. Eu nomeio a imagem do Sol, e essa imagem está presente em minha memória. Pois não me lembro da imagem de sua imagem, mas a própria imagem está presente em minha mente, chamando-a à lembrança. Eu nomeio a memória e reconheço o que nomeio. E onde eu a reconheço, senão na própria memória? Ela também está presente a si mesma por sua imagem, e não por si mesma?

De onde eu poderia reconhecê-lo, se não me lembrasse dele? Não falo do som do nome, mas da coisa que ele significa, porque se eu tivesse esquecido não poderia reconhecer o que esse som significa. Quando, então, me lembro da memória, a própria memória está, através de si mesma, presente consigo, mas quando me lembro do esquecimento estão presentes tanto a memória quanto o esquecimento. A memória pela qual me lembro, o esquecimento do qual me lembro. O que é o esquecimento, senão a privação da memória? Como, então, é presente que eu me lembro dele, uma vez que, quando presente, não posso me lembrar? Mas se aquilo de que nos lembramos o retemos na memória e, a menos que nos lembrássemos do esquecimento, nunca poderíamos, ao ouvir o nome, reconhecer o que ele significa, então o esquecimento é retido pela memória. Portanto, o esquecimento é retido pela memória. Deve-se entender que o esquecimento, quando nos lembramos dele, não está presente na memória por si só, mas por sua imagem, pois se estivesse presente por si só não nos faria lembrar, mas esquecer. Quem agora pesquisará isso? Quem compreenderá como é?

Senhor, eu, na verdade, labuto nisso, sim, e labuto em mim mesmo, tornei-me um solo pesado que requer muito suor da fronte. Não estamos agora pesquisando as regiões do céu ou medindo as distâncias das estrelas, tampouco investigando o equilíbrio da Terra. Sou eu mesmo que me lembro, eu a mente. Não é tão maravilhoso se o que eu mesmo não sou estiver longe de mim. Mas o que está mais próximo de mim do que eu mesmo? Eis que a força de minha memória não é compreendida por mim, embora eu não consiga sequer me nomear sem ela. O que devo dizer, quando está claro para mim que me lembro do esquecimento? Ou devo dizer que o esquecimento está em minha memória para esse fim, para que eu não me esqueça? Ambas as hipóteses são muito absurdas. Qual é o terceiro caminho? Como posso dizer que a imagem do esquecimento é retida por minha memória, e não o próprio esquecimento, quando me lembro dele? Como eu poderia dizer isso, já que quando a imagem de qualquer coisa é impressa na memória a coisa em si deve estar presente primeiro, de onde essa imagem pode ser impressa? Assim me lembro de Cartago, de todos os lugares onde estive, dos rostos das pessoas que vi, e das coisas relatadas pelos outros sentidos, da saúde ou da doença do corpo. Pois quando essas coisas estavam presentes, minha memória recebia delas imagens que, estando presentes comigo, eu podia ver e trazer de volta à minha mente, quando me lembrava delas em sua ausência. Se, portanto, esse esquecimento é retido na memória por meio de sua imagem, e não por meio de si mesmo, então é evidente que ele mesmo já esteve presente, para que sua imagem pudesse ser tomada. Mas quando estava presente, como escreveu sua imagem na memória, visto que o esquecimento, por sua presença, apaga até o que já foi registrado? No entanto, seja de que maneira for, embora essa maneira não possa ser concebida nem explicada, estou certo de que também me lembro do próprio esquecimento, pelo qual o que lembramos é apagado.

Grande é o poder da memória, uma coisa temível, ó meu Deus, uma multiplicidade profunda e sem limites; e essa coisa é a mente, e essa coisa sou eu mesmo. O que sou eu, então, ó meu Deus? Que natureza eu tenho? Uma vida variada e múltipla, e extremamente imensa. Contemplai nas planícies, grutas e cavernas de minha memória, inumeráveis e inumeravelmente cheias de inumeráveis tipos de coisas, seja por meio de imagens, como todos os corpos, seja por presença real, como as artes, quer seja por certas noções ou impressões, como os afetos da mente, os quais, mesmo quando a mente não sente, a memória retém, ao passo que tudo o que está na memória também está na mente – sobre tudo isso eu corro, eu voo, mergulho de um lado e de outro, tanto quanto posso, e não há fim. Tão grande é a força da memória, tão grande é a força da vida, mesmo na vida mortal do ser humano. O que farei então, ó tu, minha verdadeira vida, meu Deus? Irei além desse meu poder que se chama memória; sim, irei além dele, para que possa me aproximar de ti, ó doce luz. O que me dizeis? Veja, estou subindo em minha mente em direção a ti, que estás acima de mim. Sim, agora passarei além desse meu poder chamado memória, desejoso de chegar a ti, de onde se pode chegar a ti; e de me apegar a ti, de onde se pode apegar a ti. Pois até os animais e os pássaros têm memória; caso contrário, não poderiam retornar às suas tocas e ninhos, muito menos a muitas outras coisas a que estão acostumados, tampouco poderiam, de fato, estar acostumados a qualquer coisa, a não ser pela memória. Passarei, pois, além da memória, para chegar àquele que me separou dos animais de quatro patas e me fez mais sábio do que as aves do céu. E onde te encontrarei? Se eu te encontrar sem minha memória, então não te retenho em minha memória. E como te encontrarei, se não me lembrar de ti?

A mulher que perdeu sua moeda e a procurou com uma lâmpada, se não se tivesse lembrado dela, nunca a teria encontrado. Porque, se a achasse, como poderia saber se era a mesma, se não se lembrasse dela? Lembro-me de ter procurado e encontrado muitas coisas, e sei disso porque, quando eu estava procurando alguma delas e me perguntavam: "É isso?" "É isso?", e eu sempre dizia "Não", até que me fosse oferecida a coisa que eu procurava. Se eu não tivesse me lembrado (do que quer que fosse), ainda que me fosse oferecido, eu não o encontraria, porque não poderia reconhecê-lo. E é sempre assim, quando buscamos e encontramos qualquer coisa perdida. Não obstante, quando qualquer coisa é perdida por acaso da visão, não da memória (como qualquer corpo visível), ainda assim sua imagem é retida dentro dela, e ela é procurada até que seja restaurada à visão, e quando é encontrada, é reconhecida pela imagem que está dentro dela, porque não dizemos que encontramos o que foi perdido, a menos que o reconheçamos, tampouco podemos reconhecê-lo, a menos que nos lembremos dele. Isso foi perdido para os olhos, mas retido na memória.

CONFISSÕES DE SANTO AGOSTINHO

Quando a própria memória perde alguma coisa, como acontece quando esquecemos e procuramos nos lembrar? E lá, se por acaso uma coisa for oferecida em vez de outra, nós a rejeitamos, até que o que procuramos nos encontre; e quando isso acontece, dizemos: "É isso", o que não faríamos, a menos que a reconhecêssemos, bem como não a reconheceríamos, a menos que nos lembrássemos dela. Certamente, naquele momento nos esquecemos. Ou será que o todo não nos escapou, mas, pela parte que tínhamos em mãos, a parte perdida foi procurada, pois a memória sentiu que não tinha tudo o que estava acostumada a fazer e, como se estivesse mutilada pela redução de seu antigo hábito, exigiu a restauração do que havia perdido? Por exemplo, se virmos ou pensarmos em alguém conhecido e, tendo esquecido seu nome, tentarmos recuperá-lo, qualquer outra coisa que ocorra não se conectará a ele, porque não costumava ser pensada junto a ele e, portanto, é rejeitada, até que se apresente, sobre a qual o conhecimento repousa equitativamente como seu objeto habitual. E de onde isso se apresenta, senão da própria memória? Mesmo quando o reconhecemos, ao sermos lembrados por outro, é daí que ele vem. Não acreditamos nisso como algo novo, mas, ao nos lembrarmos, consideramos correto o que foi nomeado. Mas se fosse totalmente apagado da mente, não nos lembraríamos dele, mesmo quando lembrado. Ainda não esquecemos completamente aquilo que lembramos ter esquecido. Então, o que esquecemos completamente, embora perdido, não podemos sequer procurar.

Como, então, eu te busco, Senhor? Pois quando eu te busco, meu Deus, busco uma vida feliz. Eu te buscarei, para que minha alma viva. Porque o meu corpo vive da minha alma, e a minha alma de ti. Como, pois, busco uma vida feliz, visto que não a tenho, até que possa dizer, quando devo dizer: "Basta"? Como busco isso? Pela lembrança, como se a tivesse esquecido, lembrando-me de que a esqueci? Ou desejando aprendê-la como algo desconhecido, sem nunca a ter conhecido, ou tendo-a esquecido a ponto de sequer lembrar que a havia esquecido? Não é uma vida feliz o que todos desejam, e ninguém a deseja totalmente? De fato, nós a temos, mas como, eu não sei. Sim, há um outro caminho, no qual, quando alguém o tem, então é feliz; e há aqueles que são abençoados na esperança. Esses a têm em uma espécie inferior à dos que a têm em fato; contudo, estão em melhor situação do que aqueles que não são felizes nem em fato nem em esperança. No entanto, mesmo esses, se não o tivessem de alguma forma, não desejariam ser felizes, o que é certo que desejam. Eles a conheceram então, não sei como, e assim a têm por algum tipo de conhecimento, o que, eu não sei, e estou perplexo se está na memória, que se for, então fomos felizes uma vez; se todos separadamente, ou naquele homem que pecou primeiro, em quem também todos nós morremos, e de quem todos nós nascemos com miséria, eu agora não pergunto, apenas se a vida feliz está na memória? Tampouco a amaríamos se não a conhecêssemos. Ouvimos o nome e todos confessamos que desejamos a coisa, pois não nos deleitamos com o mero som. Quando um grego o ouve em latim, ele não se deleita, por não saber o que é falado; mas nós, latinos, nos deleitamos, como ele também se deleitaria se o ouvisse em grego; porque a coisa em si não é nem grega nem latina, o que gregos e latinos, e pessoas de todas as outras línguas, desejam tão ardentemente. Portanto, é conhecido por todos, pois se perguntássemos a uma só voz se "eles seriam felizes?", eles responderiam sem dúvida: "eles seriam". E isso não poderia acontecer, a menos que a coisa em si, da qual é o nome, fosse mantida em sua memória.

Mas será que é assim, como quem se lembra de Cartago e a viu? Não. Pois uma vida feliz não é vista com os olhos, porque não é um corpo. Então, como nos lembramos dos números? Não. Pois esses, aquele que os tem em seu conhecimento, não busca mais alcançá-los, mas uma vida feliz nós temos em nosso conhecimento e, portanto, a amamos, e ainda assim desejamos alcançá--la, para que possamos ser felizes. Então, como nos lembramos da eloquência? Não. Porque, embora ao ouvir esse nome, alguns se lembrem disso, os que ainda não são eloquentes, e muitos que desejam sê-lo, o que dá a impressão de que isso está em seu conhecimento. No entanto, esses, por meio de seus sentidos corporais, observaram que outros são eloquentes, ficaram encantados e desejam ser semelhantes (embora, de fato, não ficariam encantados se não tivessem algum conhecimento interior disso, tampouco desejariam ser seme--lhantes, a menos que estivessem assim encantados), ao passo que uma vida feliz não experimentamos em outros, por meio de sentidos corporais. Como, então, nos lembramos da alegria? Talvez, pois minha alegria eu me lembro, mesmo quando triste, assim como uma vida feliz, quando infeliz. Jamais vi, ouvi, cheirei, provei ou toquei minha alegria com os sentidos corporais, mas experimentei em minha mente, quando me regozijei, e o conhecimento dela se apegou à minha memória, de modo que às vezes posso recordá-la com re-pugnância, outras vezes com saudade, de acordo com a natureza das coisas em que me lembro de ter me regozijado. Mesmo em coisas ruins estive imerso em uma espécie de alegria, que agora, ao recordar, detesto e execro; em outras, em coisas boas e honestas, que recordo com saudade, embora talvez não mais presentes. Portanto, com tristeza, recordo a alegria anterior.

Onde e quando vivi minha vida feliz, para que eu me lembrasse, amasse e ansiasse por ela? Não sou apenas eu, ou alguns poucos, mas todos nós gostaríamos de ser felizes, o que, a menos que soubéssemos com certeza, não deveríamos desejar com tanta certeza. Mas, como é possível que, se perguntassem a dois homens se eles iriam para as guerras, um, porventura, responderia que sim, o outro, que não; mas se lhes perguntassem se seriam felizes, ambos diriam instantaneamente, sem qualquer dúvida, que sim; e por nenhuma outra razão um iria para as guerras, e o outro não, a não ser para ser feliz. Por acaso, como um procura sua alegria em uma coisa, outro em outra, todos concordam em seu desejo de ser feliz, como fariam (se lhes fosse perguntado) que desejavam ter alegria, e essa alegria eles chamam de vida feliz? Embora um obtenha essa alegria por um meio e outro de maneira distinta, todos têm um fim que se esforçam para alcançar, a saber, a alegria. Sendo essa uma coisa que todos devem dizer que experimentaram, ela é, portanto, encontrada na memória e reconhecida sempre que o nome de uma vida feliz é mencionado.

Longe, Senhor, longe do coração de teu servo que aqui te confessa, longe de mim que, seja qual for a alegria, eu deva me considerar feliz. Pois há uma alegria que não é dada aos ímpios, mas sim àqueles que te amam por amor de ti, cuja alegria és tu mesmo. E esta é a vida feliz: regozijar-se em ti, de ti, por ti; é esta, e não há outra. Aqueles que pensam que há outra, buscam outra coisa e não a verdadeira alegria. No entanto, sua vontade não é desviada de alguma aparência de alegria.

Não é certo, pois, que todos desejem ser felizes, uma vez que aqueles que não desejam se alegrar em ti, que é a única vida feliz, não desejam verdadeiramente a vida feliz. Ou será que todas as pessoas desejam isso, mas, como a carne cobiça contra o espírito, e o espírito contra a carne, não podendo fazer o que querem, recaem sobre o que podem, e com isso se contentam. Porque naquilo que não podem fazer não desejam tão fortemente que seja suficiente para torná-las capazes? Eu pergunto a qualquer um se ele prefere se alegrar com a verdade ou com a falsidade? Eles não hesitarão tanto em dizer "na verdade" quanto em dizer "que desejam ser felizes", pois uma vida feliz é a alegria na verdade, porque essa é a alegria em ti, que és a verdade, ó Deus, minha luz, saúde do meu semblante, meu Deus. Essa é a vida feliz que todos desejam, essa vida, que é a única feliz, todos desejam, porque todos desejam a alegria na verdade. Encontrei muitos que querem enganar; quem quer ser enganado, ninguém. Onde, pois, conheceram eles essa vida feliz, senão onde também conhecem a verdade? Pois eles também a amam, já que não querem ser enganados. E quando amam a vida feliz, que não é outra coisa senão o gozo da verdade, então também amam a verdade, a qual, todavia, não amariam se não houvesse algum sinal dela em suas memórias. Por que, então, não se regozijam nela? Por que não são felizes? Porque estão mais ocupados com outras coisas que têm mais poder para torná-los miseráveis do que com aquilo de que tão vagamente se lembram para fazê-los felizes. Porque ainda há um pouco de luz nas pessoas; andem, andem, para que as trevas não as apanhem.

Mas, por que "a verdade gera ódio", e o teu homem, pregando a verdade, se torna um inimigo para eles? Considerando que uma vida feliz é amada, o que nada mais é do que se alegrar com a verdade, a menos que essa verdade seja amada de tal forma que aqueles que amam qualquer outra coisa gostariam que aquilo que amam fosse a verdade? Por que eles não seriam enganados, não seriam convencidos de que são assim? Eles odeiam a verdade por causa daquilo que amam em vez da verdade. Eles amam a verdade quando ela esclarece, mas a odeiam quando ela reprova. Pois, como não querem ser enganados e querem enganar, eles a amam quando ela se revela a eles, e a odeiam quando ela os revela. Por isso, ela lhes retribuirá de tal modo que, àqueles que não querem ser manifestados por ela, ela, contra a vontade deles, os manifesta, e ela mesma não se manifesta a eles. Assim, sim, assim é a mente do ser humano, cega e doente, suja e malfadada, deseja ser escondida, mas não quer que nada lhe seja escondido. O contrário lhe é concedido: que não se oculte da verdade; mas a verdade lhe é oculta. Contudo, mesmo assim miserável, ela se alegrava mais com as verdades do que com as falsidades. Feliz será, então, quando, sem interposição de distração, se alegrar naquela única verdade, por quem todas as coisas são verdadeiras.

Veja que espaço percorri em minha memória procurando por ti, ó Senhor, e não te encontrei, sem isso. Tampouco encontrei algo a teu respeito, a não ser o que tenho guardado na memória, desde que te aprendi. Pois desde que te aprendi, não te esqueci. Onde encontrei a verdade, ali encontrei meu Deus, a própria verdade, a qual, desde que aprendi, não esqueci. Desde que te aprendi, tu resides em minha memória, e ali te encontro, quando te recordo e me deleito em ti. Essas são as minhas santas delícias, que tu me deste em tua misericórdia, tendo em conta a minha pobreza.

Onde resides em minha memória, ó Senhor, onde resides lá? Que tipo de alojamento preparaste para ti? Que tipo de santuário construíste para ti? Tu deste essa honra à minha memória, de residir nela. Mas, em que parte dela tu resides, é o que estou considerando. Pois, ao pensar em ti, passei além das partes dela que as bestas também têm, pois não te encontrei entre as imagens de coisas corpóreas; e cheguei às partes às quais dediquei as afeições de minha mente, mas não te encontrei ali. Entrei no próprio assento de minha mente (que está em minha memória, visto que a mente também se lembra de si mesma), e tu não estavas lá. Assim como tu não és uma imagem corpórea nem o afeto de um ser vivo (como quando nos alegramos, nos condoemos, desejamos, tememos, lembramos, esquecemos ou algo semelhante), também não és a própria mente, porque tu és o Senhor Deus da mente, e tudo isso muda, mas tu permaneces imutável sobre tudo, e ainda assim concedeste habitar em minha memória, desde que te aprendi. Por que procuro saber em que lugar tu habitas, como se houvesse lugares? Estou certo de que nela habitas, pois tenho me lembrado de ti desde que te aprendi, e lá te encontro quando te chamo à lembrança.

Onde, pois, te encontrei, para que te pudesse aprender? Pois em minha memória tu não estavas, antes que eu te aprendesse. Onde, pois, te encontrei, para que te aprendesse, senão em ti, acima de mim? Não há lugar, mesmo que vamos para trás e para frente, não há lugar. Em toda parte, ó verdade, tu dás audiência a todos os que te pedem conselho, e de imediato respondes a todos, embora sobre vários assuntos eles peçam teu conselho. Tu respondes claramente, embora nem todos ouçam claramente. Todos te consultam sobre o que querem, embora nem sempre ouçam o que querem. Teu melhor servo é aquele que não procura ouvir de ti o que ele mesmo quer, mas sim o que ele quer ouvir de ti.

Tarde demais eu te amei, ó beleza dos dias antigos, mas sempre nova! Tarde demais eu te amei! E eis que tu estavas dentro de mim, e eu fora, e lá eu te procurava; deformado eu, mergulhando em meio àquelas belas formas que tu criaste. Tu estavas comigo, mas eu não estava contigo. Coisas me mantinham longe de ti, as quais, a menos que estivessem em ti, não existiam de fato. Tu chamaste, gritaste e rompeste minha surdez. Tu brilhaste, brilhaste e espalhaste minha cegueira. Tu exalaste odores, e eu respirei e ofeguei por ti. Provei, e tive fome e sede. Tu me tocaste, e eu ardia por tua paz.

Quando eu me apegar a ti com todo o meu ser, não terei tristeza ou trabalho em lugar algum, e minha vida viverá inteiramente, como se estivesse cheia de ti. Mas agora, uma vez que tu enches, tu levantas, porque não estou cheio de ti, sou um fardo para mim mesmo. Alegrias lamentáveis lutam com tristezas alegres, e não sei de que lado está a vitória. Ai de mim! Senhor, tem piedade de mim. Minhas más tristezas lutam com minhas boas alegrias, e não sei de que lado está a vitória. Ai de mim! Senhor, tem piedade de mim. Ai de mim! Eis que não escondo minhas feridas. Tu és o médico, eu o doente. Tu és misericordioso, eu miserável. A vida do ser humano na Terra não é só provação? Quem deseja problemas e dificuldades? Tu os ordenas para serem suportados, não para serem amados. Nenhum ser humano ama o que suporta, embora ame suportar. Pois, embora se alegre com o fato de suportar, preferiria que não houvesse nada para suportar. Na adversidade, anseio pela prosperidade; na prosperidade, temo a adversidade. Que meio-termo há entre esses dois, onde a vida das pessoas não seja só provação? Ai das prosperidades do mundo, uma e outra vez, por causa do medo da adversidade e da corrupção da alegria! Ai das adversidades do mundo, uma e outra vez, e a terceira vez, por causa do desejo de prosperidade, e porque a adversidade em si é uma coisa difícil, e para que não destrua a resistência. A vida do ser humano na Terra não é toda uma provação, sem nenhum intervalo?

E toda a minha esperança não está em outro lugar senão em tua grandíssima misericórdia. Dá o que ordenas e ordena o que desejas. Tu nos ordenas a castidade, e quando eu sabia, diz alguém, que nenhum homem pode ser casto, a menos que Deus lhe conceda, isso também era parte da sabedoria para saber de quem é o dom. Pela continência, em verdade, somos unidos e trazidos de volta a um, de onde fomos dissipados em muitos. Pois muito pouco te ama aquele que ama qualquer coisa contigo, que não ama por ti. Ó amor, que sempre ardes e nunca te consomes! Ó caridade, meu Deus, acende-me. Tu ordenas a continuidade, então quero receber o que ordenas, e ordenas o que quiseres.

Em verdade, tu me ordenas a abstinência da concupiscência da carne, da concupiscência dos olhos e da ambição do mundo. Ordenais que me abstenha do concubinato, e para o próprio matrimônio, aconselhastes algo melhor do que o que permitistes. E como tu o deste, foi feito, mesmo antes de eu me tornar um dispensador de teu sacramento. Mas ainda vivem em minha memória (da qual já falei muito) as imagens de tais coisas que meu mau costume fixou, que me assombram, sem força quando estou acordado, mas durante o sono, não apenas para dar prazer, mas até para obter consentimento, e o que é muito parecido com a realidade. Sim, a ilusão da imagem prevalece tanto em minha alma e em minha carne, que, quando estou dormindo, as falsas visões persuadem o que, quando estou acordado, a verdadeira não pode persuadir. Não sou eu mesmo, ó Senhor meu Deus? No entanto, há tanta diferença entre mim e mim mesmo, naquele momento em que passo da vigília para o sono, ou volto do sono para a vigília! Onde está a razão que, acordada, resiste a tais sugestões? E se as próprias coisas forem instigadas sobre ela, ela permanecerá inabalável. Estará ela presa com os olhos? Estará adormecida com os sentidos do corpo? E por que será que muitas vezes, mesmo durante o sono, resistimos e, conscientes de nosso propósito e permanecendo nele com toda a castidade, não damos assentimento a tais tentações? Há tanta diferença que, quando acontece o contrário, ao despertarmos, voltamos à paz de consciência e, por essa mesma diferença, descobrimos que não o fizemos, mas ainda assim lamentamos que, de alguma forma, isso tenha sido feito em nós.

Não és poderoso, Deus todo-poderoso, para curar todas as doenças de minha alma e, com tua graça mais abundante, extinguir até os movimentos impuros de meu sono? Aumenta, Senhor, teus dons cada vez mais em mim, para que minha alma possa seguir-me até ti, desembaraçada do limo da concupiscência, para que não se rebele contra si mesma e, mesmo em sonhos, não apenas não cometa, por meio de imagens dos sentidos, essas corrupções degradantes, mesmo a poluição da carne, sequer consinta com elas. Pois nada desse tipo deve ter, sobre as afeições puras, mesmo de um dorminhoco, a menor influência, sequer como um pensamento poderia restringir – fazer isso, não apenas durante a vida, mas mesmo na minha idade atual, não é difícil para o todo-poderoso, que é capaz de fazer mais do que tudo o que pedimos ou pensamos. O que eu ainda sou nesse tipo de mal, eu confesso ao meu bom Senhor; regozijando-me com tremor, naquilo que tu me deste, e lamentando aquilo em que ainda sou imperfeito; esperando que tu aperfeiçoes tuas misericórdias em mim, até a paz perfeita, que meu homem exterior e também o interior terão contigo, quando a morte for tragada pela vitória.

Há outro mal do dia, que eu gostaria que fosse suficiente para ele. Pois, comendo e bebendo, reparamos as más decomposições de nosso corpo, até que tu destruas tanto o ventre quanto a carne, quando matarás meu vazio com uma maravilhosa plenitude, e revestirás este incorruptível com uma qualidade eterna de não apodrecer. Agora, a necessidade é doce para mim, contra a qual luto para não ser levado cativo, e faço uma guerra diária por meio de jejuns, muitas vezes submetendo meu corpo, e assim minhas dores são removidas pelo prazer. Pois a fome e a sede são, de certa forma, dores, porque elas queimam e matam como uma febre, a menos que o remédio da nutrição venha em nosso auxílio. E como isso está ao alcance da mão por meio das consolações de teus dons, com os quais a terra, a água e o ar servem à nossa fraqueza, nossa calamidade é chamada de gratificação. Isso tu me ensinaste, que eu deveria me preparar para tomar comida como remédio. Enquanto estou passando do desconforto do vazio para o contentamento do reabastecimento, na própria passagem a armadilha da concupiscência me assedia. Pois essa passagem é prazer, e não há outra maneira de passar para lá, para onde precisamos passar. E, sendo a saúde a causa do comer e do beber, ela é acompanhada por um prazer perigoso, que na maioria das vezes tenta precedê-la, de modo que, por causa dela, posso fazer o que digo que faço, ou desejo fazer, por causa da saúde. Nem todos têm a mesma medida, pois o que é suficiente para a saúde é muito pouco para o prazer. E muitas vezes é incerto se é o cuidado necessário do corpo que ainda está pedindo sustento, ou se uma voluptuosa e enganosa ganância está oferecendo seus serviços. Nessa incerteza, a alma infeliz se regozija e, com isso, prepara uma desculpa para se proteger, feliz por não aparecer o que é suficiente para a moderação da saúde, para que, sob o manto da saúde, possa disfarçar a questão da gratificação. A essas tentações eu me esforço diariamente para resistir, e invoco tua mão direita, e a ti recorro em minhas perplexidades, porque ainda não tenho um conselho estabelecido a esse respeito.

Ouço a voz de meu Deus ordenando: "Não sobrecarreguem seus corações com excessos e embriaguez". A embriaguez está longe de mim. Tu terás misericórdia, para que ela não se aproxime de mim. Às vezes, a fartura de comida se apodera de teu servo. Tu terás misericórdia, para que ela fique longe de mim, pois ninguém pode ser continente se tu não o deres. Muitas coisas tu nos dás quando oramos por elas, e todo bem que recebemos antes de orar, foi de ti que o recebemos. Sim, para que depois saibamos se o recebemos antes. Nunca fui um bêbado, mas conheci bêbados que se tornaram sóbrios por ti. De ti, então, veio que aqueles que nunca foram tais não o fossem, assim como de ti veio que aqueles que já o foram não o fossem jamais, e de ti veio que ambos pudessem saber de Quem era. Ouvi outra voz tua. Não sigas tuas concupiscências, e desvia-te dos teus prazeres. Sim, pelo teu favor, ouças o que muito amo, porque nem se comermos teremos abundância, tampouco se não comermos teremos falta, isto é, nem uma coisa me fará abundante nem a outra miserável. Também ouvi outra, porque aprendi a estar contente em qualquer estado em que me encontre. Sei como ter abundância e como passar necessidade. Posso todas as coisas em Cristo que me fortalece. Eis aqui um soldado do acampamento celestial, não o pó que somos. Lembre-se, Senhor, de que somos pó, e de que do pó fizeste o homem, e ele estava perdido e foi achado. Não poderia fazer isso por si mesmo, porque aquele a quem eu tanto amava, dizendo isso por meio do sopro de tua inspiração, era do mesmo pó. Posso fazer todas as coisas (disse ele) por meio daquele que me fortalece. Fortalece-me, para que eu possa. Dá o que tu ordenas, e ordena o que tu queres. Ele confessa ter recebido. Dá o que ordenas, e ordena o que queres. Ele confessa que recebeu e, quando se gloria,

gloria-se no Senhor. Já ouvi outro suplicar para receber. Tira de mim (diz ele) os desejos do ventre; por isso, ó meu santo Deus, parece que tu dás, quando se faz o que tu ordenas que seja feito.

Tu me ensinaste, bom pai, que para o puro todas as coisas são puras; mas que é mau para o homem comer com ofensa, e que toda criatura tua é boa, e nada deve ser recusado se for recebido com ações de graças, bem como que a carne não nos recomenda a Deus e que ninguém deve nos julgar pela comida ou pela bebida. Que aquele que come não despreze aquele que não come; e que aquele que não come não julgue aquele que come. Essas coisas tenho aprendido, graças a ti, louvor a ti, meu Deus, meu mestre, que bates aos meus ouvidos e iluminas meu coração. Livra-me de toda tentação. Não temo a impureza da carne, mas a impureza da cobiça. Sei que a Noé foi permitido comer toda espécie de carne que fosse boa para a alimentação; que Elias foi alimentado com carne; que, dotado de uma admirável abstinência, não se contaminou por se alimentar de criaturas vivas, gafanhotos. Sei também que Esaú foi enganado por desejar lentilhas; e que Davi se culpou por desejar um pouco de água; e que nosso rei foi tentado, não por causa da carne, mas do pão. E, portanto, o povo no deserto também merecia ser repreendido, não por desejar carne, mas porque, no desejo de comida, murmuravam contra o Senhor.

Colocado, pois, em meio a essas tentações, combato diariamente a concupiscência no comer e no beber. Pois ela não é de tal natureza que eu possa decidir cortá-la de uma vez por todas e nunca mais tocá-la, como poderia fazer com o concubinato. O freio da garganta, portanto, deve ser mantido entre a frouxidão e a rigidez. E quem é, ó Senhor, que não está um pouco além dos limites da necessidade? Quem quer que seja, é um grande; que ele engrandeça teu nome. Mas eu não sou assim, pois sou um homem pecador. No entanto, eu também magnifico teu nome, e ele intercede por meus pecados junto a ti, que venceu o mundo, contando-me entre os membros fracos de teu corpo; porque teus olhos viram o que é imperfeito dele, e em teu livro tudo será escrito.

Não me preocupo muito com os atrativos dos cheiros. Quando ausente, não sinto falta deles, e quando presente, não os recuso, mas estou sempre pronto para ficar sem eles. É o que parece a mim mesmo; talvez eu esteja enganado. Isso também é uma escuridão lamentável, por meio da qual minhas habilidades internas estão ocultas de mim; de modo que minha mente, ao investigar seus poderes, não se aventura a acreditar prontamente em si mesma, porque até o que está nela está mais oculto, a menos que a experiência o revele. E ninguém deve estar seguro nesta vida, cuja totalidade é chamada de provação, de modo que aquele que foi capaz de tornar o pior em melhor, não possa, da mesma forma, tornar o melhor em pior. Nossa única esperança, única confiança, única promessa segura é a tua misericórdia.

As delícias do ouvido tinham me enredado e subjugado com mais firmeza, mas tu me soltaste e libertaste. Agora, nas melodias em que tuas palavras inspiram a alma, quando cantadas com uma voz doce e afinada, eu repouso um pouco, não para ficar preso a elas, mas para que eu possa me soltar quando quiser. Com as palavras que são sua vida e pelas quais elas são admitidas em mim, elas mesmas buscam em meus afetos um lugar de alguma estima, e dificilmente posso atribuir-lhes um lugar adequado. Pois, em algum momento, parece-me que lhes dou mais honra do que é razoável, sentindo que nossas mentes são mais santas e fervorosamente elevadas a uma chama de devoção, pelas próprias palavras sagradas quando assim cantadas, do que quando não; e que as várias afeições de nosso espírito, por uma doce variedade, têm as próprias medidas adequadas na voz e no canto, por alguma correspondência oculta com a qual são estimuladas. Mas esse contentamento da carne, ao qual a alma não deve ser entregue para ser enervada, muitas vezes me engana, o sentido não esperando pela razão como pacientemente para segui-la; mas, tendo sido admitido meramente por causa dela, ele se esforça até para correr antes dela e a conduzir. Assim, nessas coisas, eu peco inconscientemente, e depois me dou conta disso.

Em outras ocasiões, evitando ansiosamente esse mesmo engano, erro com muito rigor, e às vezes a tal ponto que desejo que toda a melodia da doce música que é usada no Saltério de Davi seja banida de meus ouvidos, e também dos ouvidos da Igreja. Esse modo me parece mais seguro, que me lembro de ter sido frequentemente contado por Atanásio, bispo de Alexandria, que fazia o leitor do salmo o pronunciar com tão leve inflexão de voz, que era mais próximo da fala do que do canto. No entanto, quando me lembro das lágrimas que derramei ao ouvir a salmodia de tua Igreja, no início de minha fé recuperada, e como agora me emociono, não com o canto, mas com as coisas cantadas, quando são cantadas com uma voz clara e a modulação mais adequada, reconheço a grande utilidade dessa instituição. Assim, eu flutuo entre o perigo do prazer e a saúde aprovada, inclinado a aprovar o uso do canto na Igreja (embora não pronunciando uma opinião irrevogável), para que, pelo deleite dos ouvidos, as mentes mais fracas possam se elevar ao sentimento de devoção. Quando acontece de eu ficar mais emocionado com a voz do que com as palavras cantadas, confesso ter pecado penalmente, e então preferia não ouvir música. Vê agora o meu estado, chora comigo e chora por mim, tu que regulas teus sentimentos interiormente, de modo que a boa ação se siga. Para ti, que não ages, essas coisas não te tocam. Tu, ó Senhor meu Deus, ouves, olhas, e vês, tens misericórdia e me cura. Tu, em cuja presença eu me tornei um problema para mim mesmo, e essa é a minha enfermidade.

Resta o prazer desses olhos da minha carne, com os quais posso fazer minhas confissões aos ouvidos do teu templo, esses ouvidos fraternos e devotos; e assim concluir as tentações da concupiscência da carne, que ainda me assaltam, gemendo fervorosamente e desejando ser revestido com a minha casa do céu. Os olhos amam formas belas e variadas, e cores brilhantes e suaves. Que isso não ocupe minha alma; que Deus a ocupe, pois foi ele quem fez essas coisas, que são muito boas. Ele é o meu bem, não elas. E elas me afetam, desperto, o dia inteiro, e delas não tenho descanso, como tenho da música, às vezes em silêncio, de todas as vozes. Pois essa rainha das cores, a luz, que banha tudo o que contemplamos, onde quer que eu esteja durante o dia, deslizando por mim em formas variadas, me acalma quando estou ocupado com outras coisas e não a observo. E ela se entrelaça tão fortemente que, se for subitamente retirada, é procurada com saudade e, se estiver ausente por muito tempo, entristece a mente.

Ó tu, luz, que Tobias viu quando, com os olhos fechados, ensinou a seu filho o caminho da vida; e ele mesmo foi à frente com os pés da caridade, sem nunca se desviar. Ou o que Isaac viu, quando seus olhos carnais estavam pesados e fechados pela idade avançada, foi-lhe concedido, não conscientemente, abençoar seus filhos, mas pela bênção os conhecer. Ou o que Jacó viu, quando ele também, cego por causa da idade avançada, com o coração iluminado, nas pessoas de seus filhos, lançou luz sobre as diferentes raças do futuro povo, nelas prenunciando, e impôs suas mãos, misticamente cruzadas, sobre seus netos por meio de José, não como o pai deles, por seus olhos externos, os corrigiu, mas como ele mesmo discerniu interiormente. Essa é a luz, ela é uma, e todos são um, que a veem e a amam. Mas a luz corpórea de que falei tempera a vida deste mundo para seus amantes cegos, com uma doçura sedutora e perigosa. Mas aqueles que sabem como louvar-te por ela, "ó Senhor criador de tudo", a aceitam em teus hinos, e não se deixam levar por ela em seu sono. Eu seria assim. Resisto a essas seduções dos olhos, para que meus pés, com os quais ando em teu caminho, não sejam enredados; e levanto meus olhos invisíveis para ti, para que tires meus pés do laço. Tu sempre os arrancas, pois estão enlaçados. Não cessarás de arrancá-los, enquanto eu me enredar nos laços que por todos os lados se armam, porque tu, que guardas a Israel, não cochilarás nem dormirás.

Que inumeráveis brinquedos, feitos por diversas artes e manufaturas, em nossas roupas, sapatos, utensílios e todos os tipos de obras, também em quadros e diversas imagens, e que excedem em muito todo o uso necessário e moderado e todo o significado piedoso, pessoas acrescentaram para tentar os próprios olhos com eles. Exteriormente seguindo o que eles mesmos fazem, interiormente abandonando aquele por quem foram feitos, e destruindo o que eles mesmos foram feitos! Mas eu, meu Deus e minha glória, também canto um hino a ti, e consagro louvores Àquele que me consagra, porque esses belos padrões que através das almas das pessoas são transmitidos às suas mãos astutas, vêm daquela beleza que está acima de nossas almas, pela qual minha alma suspira dia e noite. Mas os criadores e seguidores das belezas exteriores derivam daí a regra de julgá-las, mas não de usá-las. Ele está lá, embora eles não o percebam, para que não se desviem, mas guardem suas forças para ti, e não as dispersem em cansaços agradáveis. E eu, ainda que fale e veja isso, enredei meus passos nessas belezas exteriores, mas tu me arrancas, ó Senhor, tu me arrancas, porque tua benignidade está diante dos meus olhos. Pois sou tomado miseravelmente, e tu me arrancas misericordiosamente, às vezes sem o perceber, quando apenas as tinha iluminado de leve, outras vezes com dor, porque me tinha apegado a elas.

A isso se acrescenta outra forma de tentação mais perigosa. Porque, além da concupiscência da carne, que consiste no deleite de todos os sentidos e prazeres, em que seus escravos, que se afastam de ti, definham e perecem, a alma tem, por meio dos mesmos sentidos do corpo, um certo desejo vão e curioso, velado sob o título de conhecimento e aprendizagem, não de se deleitar na carne, mas de fazer experimentos por meio da carne. Sendo a sede desse desejo o apetite do conhecimento, e sendo a visão o sentido mais usado para obter conhecimento, ele é chamado na linguagem divina de concupiscência dos olhos. Pois ver pertence propriamente aos olhos; contudo, usamos essa palavra também para os outros sentidos, quando os empregamos na busca do conhecimento. Não dizemos: "Ouçam como brilha, ou cheirem como resplandece, ou provem como brilha, ou sintam como resplandece", pois todas essas coisas são vistas. Não dizemos apenas: "Veja como brilha, o que somente os olhos podem perceber", mas também: "Veja como soa, veja como cheira, veja como tem gosto, veja como é duro". E assim, a experiência geral dos sentidos, como foi dito, é chamada de concupiscência dos olhos, porque o ofício de ver, no qual os olhos detêm a prerrogativa, os outros sentidos, por semelhança, tomam para si quando buscam qualquer conhecimento. Por isso pode ser mais evidentemente discernido, onde o prazer e onde a curiosidade é o objeto dos sentidos, pois o prazer busca objetos belos, melodiosos, perfumados, saborosos, suaves; mas a curiosidade, por causa da provação, o contrário também, não por causa de sofrer incômodo, mas por causa da cobiça de fazer a provação e os conhecer. No entanto, se ela estiver por perto, eles se aglomeram ali para ficarem tristes e empalidecerem. Mesmo dormindo, têm medo de vê-la. Como se, quando acordados, alguém os obrigasse a vê-la, ou qualquer relato de sua beleza os atraísse para lá! Assim também nos outros sentidos, que demoramos a examinar. Dessa doença da curiosidade decorrem todas aquelas estranhas imagens exibidas no teatro. Por isso, pessoas continuam a procurar os poderes ocultos da natureza (o que está além de nosso objetivo), os quais não são proveitosos para o conhecimento, e para os quais os seres humanos não desejam nada além de conhecer. Assim, com esse mesmo objetivo de conhecimento pervertido, as artes mágicas são investigadas. Por isso, também na própria religião Deus é tentado, quando lhe são exigidos sinais e prodígios, não desejados para qualquer fim bom, mas meramente para serem provados.

Nesse tão vasto deserto, cheio de laços e perigos, eis que muitos deles eu cortei e expulsei do meu coração, como tu me deste, ó Deus da minha salvação. No entanto, quando me atreverei a dizer, já que tantas coisas desse tipo circulam por todos os lados em nossa vida diária – quando me atreverei a dizer que nada desse tipo atrai minha atenção ou causa em mim um interesse ocioso? É verdade que os teatros não me levam agora, nem me interessa saber o curso das estrelas, tampouco minha alma jamais consultou fantasmas que partiram, porque todos os mistérios sacrílegos eu detesto. De ti, ó Senhor meu Deus, a quem devo um serviço humilde e sincero, com que artifícios e sugestões o inimigo me manipula para desejar algum sinal! Rogo-te, porém, por nosso rei e por nossa pura e santa terra, Jerusalém, que, assim como está longe de mim qualquer consentimento, esteja cada vez mais longe. Mas quando oro a ti pela salvação de alguém, meu objetivo e intenção são muito diferentes. Tu me dás e me darás para que eu te siga de boa vontade, fazendo o que tu desejas.

Não obstante, em quantas coisas mais mesquinhas e desprezíveis nossa curiosidade é tentada diariamente, e com que frequência cedemos, quem pode contar? Quantas vezes começamos como se estivéssemos tolerando que as pessoas contem histórias vãs, para não ofendermos os fracos; depois, aos poucos, começamos a nos interessar por elas! Não vou agora ao circo para ver um cão correndo atrás de uma lebre; mas no campo, se estiver passando, essa corrida talvez me distraia até mesmo de algum pensamento importante e me atraia para ele, não que eu desvie o corpo do meu animal, mas ainda assim inclino minha mente para lá. E a menos que tu, tendo-me feito ver minha enfermidade, rapidamente me admoestes, seja por meio da própria visão, por alguma contemplação, a me elevar em direção a ti, ou a desprezá-la e ignorá-la completamente, eu permaneço fixamente nela. O que, quando estou sentado em casa, um lagarto pegando moscas, ou uma aranha enredando-as e correndo para suas redes, muitas vezes chama minha atenção? Será que o fato de serem criaturas pequenas é diferente? Por meio delas passo a louvar-te, o maravilhoso criador e ordenador de tudo, mas isso não atrai minha atenção em primeiro lugar. Uma coisa é se levantar rapidamente, outra é não cair. E de tais coisas minha vida está cheia, e minha única esperança é tua maravilhosa e grande misericórdia. Quando nosso coração se torna o receptáculo de tais coisas e está sobrecarregado com multidões dessa vaidade abundante, então nossas orações também são frequentemente interrompidas e distraídas, e enquanto em tua presença dirigimos a voz de nosso coração aos teus ouvidos essa tão grande preocupação é interrompida pela pressa de não sei que pensamentos ociosos. Devemos, então, considerar isso também entre as coisas de pouca importância, ou nada nos trará de volta à esperança, a não ser tua completa misericórdia, já que começaste a nos mudar?

Tu sabes até a que ponto me mudaste, pois primeiro me curaste da cobiça de me justificar, para que assim pudesses perdoar todas as minhas iniquidades, curar todas as minhas enfermidades, redimir a vida da corrupção, coroar-me com misericórdia e piedade, e satisfazer meu desejo com coisas boas. Tu refreaste meu orgulho com teu temor, e domaste meu pescoço ao teu jugo. E agora eu o suporto e ele me é leve, porque assim prometeste e o fizeste, e em verdade assim foi, e eu não sabia, quando temia tomá-lo. Mas, ó Senhor, tu que és o único Senhor sem orgulho, porque és o único Senhor verdadeiro, que não tem senhor, será que esse terceiro tipo de tentação também cessou de mim, ou pode cessar durante toda esta vida? Desejar, a saber, ser temido e amado pelas pessoas, sem nenhum outro objetivo, a não ser o de ter uma alegria que não é alegria? Que vida miserável esta e que vanglória imunda! Por isso, especialmente, as pessoas não te amam nem te temem puramente. Porque tu resistes aos soberbos e dás graça aos humildes. Sim, tu trovejas sobre as ambições do mundo, e os fundamentos das montanhas tremem. Porque agora certos cargos da sociedade humana tornam necessário ser amado e temido pelos homens, o adversário de nossa verdadeira bem-aventurança nos ataca duramente, espalhando por toda parte suas armadilhas de "bem feito, bem feito"; para que, avidamente, ao agarrá-las, sejamos pegos de surpresa e separemos nossa alegria de tua verdade, e a coloquemos no engano dos seres humanos, e fiquemos satisfeitos por sermos amados e temidos, não por tua causa, mas em teu lugar. Assim, tendo sido feito semelhante a ele, ele pode tê-los para si, não com as faixas da caridade, mas com os laços do castigo que propôs estabelecer seu trono no norte, para que todos pudessem servi-lo, imitando-te de forma pervertida e tortuosa. Mas nós, Senhor, somos o teu pequeno rebanho; possui-nos como teus, estende as tuas asas sobre nós e deixa-nos voar sob elas. Sê tu a nossa glória; que sejamos amados por ti, e a tua palavra seja temida em nós. Quem quer ser louvado pelos homens quando tu culpas, não será defendido pelas pessoas quando tu julgas, tampouco libertado quando tu condenas. Quando, porém, não se louva o pecador nos desejos da sua alma nem se bendiz aquele que procede impiamente, mas se louva um ser humano por algum dom que lhe deste, e ele se alegra mais com o louvor de si mesmo do que com o fato de possuir o dom pelo qual é louvado, também ele é louvado, ao passo que tu o desprezas, porque melhor é aquele que louva do que aquele que é louvado. Porque um tinha prazer no dom de Deus no homem; o outro tinha mais prazer no dom do homem do que no de Deus.

Por essas tentações somos assaltados diariamente, Senhor. Sem cessar somos assaltados, nossa fornalha diária é a língua das pessoas. E assim também nos ordenais a castidade. Dê o que ordenas, e ordenas o que quiseres. Tu conheces os gemidos do meu coração e as lágrimas dos meus olhos. Não posso saber até a que ponto estou mais limpo dessa praga, e temo muito meus pecados secretos, que teus olhos conhecem, mas os meus não. Pois em outros tipos de tentações eu tenho algum tipo de meio de me examinar, ao passo que nessas quase nenhum. Pois, ao refrear minha mente dos prazeres da carne e da curiosidade ociosa, vejo o quanto tenho alcançado quando passo sem eles, seja renunciando a eles, seja não os tendo. Então, pergunto a mim mesmo: "Quanto mais ou menos incômodo me causa não os ter?" Então, as riquezas, que são desejadas para servir a uma ou duas ou a todas as três concupiscências, se a alma não consegue discernir se, quando as tem, as despreza, elas podem ser rejeitadas, para que assim ela possa se provar. Mas, para não sermos louvados, e assim ensaiarmos nossos poderes, devemos viver mal, sim, de forma tão abandonada e atroz que ninguém possa saber sem nos detestar? Que loucura maior pode ser dita ou pensada? Se o louvor é e deve acompanhar uma boa vida e boas obras, não devemos abrir mão de sua companhia, assim como a própria vida boa? No entanto, não sei se posso ficar bem ou mal sem alguma coisa, a menos que ela esteja ausente.

O que devo confessar-te, pois, Senhor, nesse tipo de tentação? O que, senão que me deleito com o louvor, mas com a própria verdade, mais do que com o louvor? Porque, se me fosse proposto que, estando frenético no erro em todas as coisas, fosse louvado por todas as pessoas, ou que, sendo coerente e mais firme na verdade, fosse censurado por todas elas, sei qual escolheria. No entanto, desejaria ardentemente que a aprovação de outrem sequer aumentasse minha alegria por qualquer bem em mim. Reconheço que ela a aumenta, e não apenas isso, mas a depreciação a diminui. E quando me perturbo com essa minha miséria, ocorre-me uma desculpa, cujo valor tu, Deus, sabes, pois me deixa inseguro. Uma vez que não nos ordenaste apenas a castidade, isto é, de que coisas devemos refrear o nosso amor, mas também a justiça, isto é, em que devemos concedê-lo, e quiseste que amássemos não só a ti, mas também ao nosso próximo, muitas vezes, quando me agrada o louvor inteligente, parece-me que me agrada a proficiência ou a afabilidade do meu próximo, ou que me entristeço com o mal que há nele, quando o ouço desdenhar o que não entende ou o que é bom. Às vezes me entristeço com meu louvor, seja quando são louvadas coisas em mim, nas quais não gosto de mim mesmo, seja quando bens menores e leves são mais estimados do que deveriam. Novamente, como posso saber se sou assim afetado, porque não gostaria que aquele que me elogia diferisse de mim em relação a mim mesmo, não como sendo influenciado pela preocupação com ele, mas porque as mesmas coisas boas que me agradam em mim mesmo me agradam mais quando agradam a outro também? De alguma forma, não sou elogiado quando meu julgamento sobre mim mesmo não é elogiado, porque ou são elogiadas as coisas que me desagradam, ou aquelas mais, que me agradam menos. Porventura, duvido de mim mesmo a esse respeito?

Eis que em ti, ó verdade, vejo que não devo me comover com meus louvores, por mim mesmo, mas pelo bem do meu próximo. E se é assim comigo, eu não sei. Porque nisso conheço menos a mim mesmo do que a ti. Rogo-te agora, ó meu Deus, que me descubras também a mim mesmo, para que eu possa confessar aos meus irmãos, que devem orar por mim, em que me encontro mutilado. Que eu me examine novamente com mais diligência. Se em meu louvor me comovo com o bem do meu próximo, por que me comovo menos se alguém é injustamente depreciado do que se for eu mesmo? Por que me sinto mais ofendido com a reprovação lançada sobre mim do que com a lançada sobre outro, com a mesma injustiça, diante de mim? Não sei eu também disso? Ou será que finalmente me engano e não faço a verdade diante de ti em meu coração e em minha língua? Afasta de mim, Senhor, essa loucura, para que minha boca não seja para mim o óleo do pecador, para engordar a minha cabeça. Sou pobre e necessitado; no entanto, o melhor, enquanto em gemidos ocultos me desagrada e busco tua misericórdia, até que o que está faltando em meu estado defeituoso seja renovado e aperfeiçoado, até aquela paz que os olhos dos orgulhosos não conhecem.

A palavra que sai da boca e os atos conhecidos pelas pessoas trazem consigo uma tentação muito perigosa, porque, para estabelecer uma certa excelência própria, o amor ao louvor solicita e coleta o sufrágio das pessoas. Ele tenta, até quando é reprovado por mim mesmo em mim mesmo, pelo próprio fato de ser reprovado, e muitas vezes se vangloria de maneira mais vã pelo próprio desprezo da presunção, e assim não é mais desprezo da vanglória, da qual ele se vangloria, porque ele não contesta quando se vangloria.

Também no interior há outro mal, proveniente de semelhante tentação, pelo qual as pessoas se tornam vaidosos, agradando a si mesmas em si mesmas, embora não agradem, ou desagradem, ou não se importem em agradar aos outros. Mas, agradando a si mesmas, muito te desagradam, não só tendo prazer nas coisas que não são boas, como se fossem boas, mas também nas tuas coisas boas, como se fossem suas, ou mesmo se como tuas, mas como se fossem por seus méritos; ou mesmo se como se fossem da tua graça, mas não com alegria fraternal, mas invejando essa graça para os outros. Em todas essas e outras dificuldades e trabalhos semelhantes, tu vês o tremor do meu coração; e prefiro sentir que minhas feridas são curadas por ti do que não infligidas por mim.

Por onde não andaste comigo, ó verdade, ensinando-me o que devo ter cuidado e o que devo desejar; quando me referi a ti e te consultei sobre o que poderia descobrir aqui embaixo? Com meus sentidos externos, como pude, examinei o mundo e observei a vida que meu corpo tem de mim, e esses meus sentidos. Daí entrei nos recessos de minha memória, naquelas múltiplas e espaçosas câmaras, maravilhosamente providas de inumeráveis reservas, e considerei e fiquei atônito, não sendo capaz de discernir nada dessas coisas sem ti, e não achando que nenhuma delas fosse tu. Nem era eu mesmo, que descobri essas coisas, que examinei todas elas e me esforcei para distinguir e valorizar cada coisa de acordo com sua dignidade, tomando algumas coisas pelo relato de meus sentidos, questionando sobre outras que senti estarem misturadas a mim, numerando e distinguindo os próprios mensageiros e, no grande tesouro de minha memória, revolvendo algumas coisas, armazenando outras, extraindo outras. Tampouco eu era eu mesmo quando fazia isso, ou seja, o meu poder pelo qual eu o fazia, nem eras tu, pois tu és a luz permanente, que eu consultava a respeito de tudo isso, se eram, o que eram e como deveriam ser avaliados; e eu te ouvia dirigindo-me e ordenando-me; e isso eu faço com frequência, isso me encanta e, na medida em que posso ser liberado dos deveres necessários, recorro a esse prazer. Nem em todas essas coisas que eu consulto a ti posso encontrar um lugar seguro para minha alma, a não ser em ti; onde meus membros dispersos podem ser reunidos, e nada de mim se afasta de ti. Às vezes, tu me admites uma afeição muito incomum em meu íntimo, que se eleva a uma estranha doçura que, se fosse aperfeiçoada em mim, não sei o que nela não pertenceria à vida futura. Mas, por causa de meus miseráveis obstáculos, afundo novamente nessas coisas inferiores, e sou arrastado de volta pelo costume anterior, e sou retido, e choro muito, mas sou muito retido. O fardo de um mau costume nos sobrecarrega tanto. Aqui eu posso ficar, mas não quero; lá eu quero, mas não posso; em ambos os casos, miserável.

Assim, pois, considerei as enfermidades de meus pecados nessa tríplice concupiscência, e invoquei tua mão direita em meu auxílio. Pois, com o coração ferido, contemplei o teu resplendor e, abatido, disse: "Quem pode chegar até lá? Fui expulso da vista de teus olhos". Tu és a verdade que preside a tudo, mas eu, por causa da minha cobiça, não te renunciei, mas quis possuir uma mentira junto a ti, assim como nenhuma pessoa falaria falsamente, ignorando a verdade. Assim, pois, eu te perdi, porque tu não permites ser possuído por uma mentira. A quem poderia eu encontrar para me reconciliar contigo? Deveria eu recorrer aos anjos? Com quais orações? Com quais sacramentos? Muitos que se esforçaram para voltar a ti, mas não conseguiram, segundo ouvi dizer, tentaram isso e caíram no desejo de visões curiosas, e foram considerados dignos de serem iludidos. Eles, sendo arrogantes, buscaram-te com o orgulho de aprender, inchando em vez de bater no peito, e assim, com a concordância de seu coração, atraíram para si os príncipes do ar, os conspiradores de seu orgulho, pelos quais, por meio de influências mágicas foram enganados, buscando um mediador pelo qual pudessem ser purificados, e não havia nenhum. Pois era o diabo, transformando-se em um anjo de luz. E muito seduziu a orgulhosa carne, que não tinha corpo de carne. Pois eles eram mortais e pecadores; mas tu, Senhor, com quem eles orgulhosamente procuravam se reconciliar, és imortal e sem pecado. Um mediador entre Deus e o ser humano deve ter algo semelhante a Deus, algo semelhante às pessoas, para que, sendo em ambos semelhante ao ser humano, não se afaste de Deus; ou, se em ambos semelhante a Deus, seja muito diferente do ser humano; e assim não seja um mediador. Aquele mediador enganoso, portanto, por quem, em teus julgamentos secretos, o orgulho mereceu ser iludido, tem uma coisa em comum com o ser humano, que é o pecado; outra ele parece ter em comum com Deus; e, não estando vestido com a mortalidade da carne, se vangloriaria de ser imortal. Mas, uma vez que o salário do pecado é a morte, ele tem em comum com as pessoas o fato de ser condenado à morte com elas.

Mas o verdadeiro mediador, a quem, em tua secreta misericórdia, mostraste aos humildes e enviaste, para que, por seu exemplo, aprendessem a mesma humildade, esse mediador entre Deus e o ser humano, o homem Cristo Jesus, apareceu entre os pecadores mortais e o justo imortal; mortal para com os humanos, justo para com Deus, para que, em razão de o salário da justiça ser a vida e a paz, ele pudesse, por uma justiça unida a Deus, anular a morte dos pecadores, agora feitos justos, que ele desejava ter em comum com eles. Por isso, Cristo foi mostrado às pessoas santas da Antiguidade, para que elas, pela fé na paixão vindoura de Jesus, assim como nós, pela fé nela, pudéssemos ser salvos. Porque, como homem, era mediador; mas, como verbo, não estava no meio, entre Deus e o ser humano, porque era igual a Deus, e Deus com Deus, e juntos um só Deus.

Como nos amaste, ó pai bondoso, que não poupaste o teu filho unigênito, antes o entregaste por nós, ímpios! Como nos amaste, por quem aquele que não julgou ser um roubo ser igual a ti, foi feito sujeito até a morte de cruz, somente Ele, livre entre os mortos, tendo poder para dar sua vida e poder para retomá-la, por nós, para ti, tanto vitorioso quanto vítima, e, portanto, vitorioso, porque a vítima; por nós, para ti, sacerdote e sacrifício, e, portanto, sacerdote, porque o sacrifício; fazendo-nos para ti, de servos, filhos, por termos nascido de ti, e servindo-nos. Assim, pois, é forte a minha esperança nele, de que curarás todas as minhas enfermidades por meio daquele que está assentado à tua direita e intercede por nós; do contrário, eu me desesperaria. Porque muitas e grandes são as minhas enfermidades, muitas e grandes; mas o teu remédio é mais poderoso. Poderíamos imaginar que a tua palavra estava longe de qualquer união com o ser humano, e nos desesperaríamos, a menos que Cristo tivesse sido feito carne e habitasse entre nós.

Assustado com meus pecados e com o fardo de minha miséria, eu havia abandonado meu coração e planejado fugir para o deserto, mas tu me proibiste e me fortaleceste, dizendo: "Cristo morreu por todos, para que os que vivem não vivam mais para si mesmos, mas para aquele que morreu por eles". Vê, Senhor, lanço sobre ti meus cuidados, para que possa viver, e considero as maravilhas da tua lei. Tu conheces minha imperícia e minhas fraquezas, então ensina-me e cura-me. Cristo, teu único filho, em quem estão escondidos todos os tesouros da sabedoria e do conhecimento, redimiu-me com seu sangue. Não falem mal de mim os soberbos, porque medito no meu resgate, e como, e bebo, e o comunico; e, pobre, desejo saciar-me dele, entre os que comem e se fartam, e louvarão ao Senhor os que o buscam.

Afresco de Santo Agostinho na cúpula da Igreja de São Máximo, em Torino, Itália. Por Paolo Emilio Volgari.

LIVRO XI

Senhor, sendo tua a eternidade, ignoras o que te digo ou vês no tempo o que se passa no tempo? Por que, então, coloco em ordem diante de ti tantas relações? Não, na verdade, para que tu possas aprendê-las por meu intermédio, mas para estimular minha devoção e a de meus leitores em relação a ti, para que todos possamos dizer: "Grande é o Senhor, e muito digno de ser louvado". Eu disse, e novamente direi, por amor ao teu amor faço isso. Nós também oramos, mas a verdade disse: "Vosso Pai sabe do que necessitais, antes de pedirdes". São, portanto, nossos afetos que abrimos para ti, confessando nossas misérias e pedindo por tuas misericórdias sobre nós, para que tu nos libertes totalmente, já que tu começaste, para que deixemos de ser miseráveis em nós mesmos e sejamos abençoados em ti, já que tu nos chamaste para nos tornarmos pobres de espírito, mansos, pranteadores, famintos e sedentos de justiça, misericordiosos, puros de coração e pacificadores. Vê, eu te disse muitas coisas, como pude e como quis, porque tu primeiro quiseste que eu te confessasse, meu Senhor Deus. Porque tu és bom, porque a tua misericórdia dura para sempre.

Mas, como me bastará a língua de minha pena para proferir todas as tuas exortações, e todos os teus terrores, e consolos, e orientações, pelos quais me trouxeste para pregar a tua palavra e distribuir o teu sacramento ao teu povo? E se me bastar dizê-las em ordem, as gotas de tempo são preciosas para mim, e há muito tempo tenho ardido em meditar em tua lei, e nela confessar a ti minha habilidade e imperícia, o amanhecer de tua iluminação e os remanescentes de minha escuridão, até que a enfermidade seja engolida pela força. Eu não gostaria que nada além disso roubasse as horas que encontro livres das necessidades de refrescar meu corpo e os poderes de minha mente, e do serviço que devemos às pessoas, ou que, embora não devamos, ainda assim pagamos.

Ó Senhor, meu Deus, dá ouvidos à minha oração e deixa que tua misericórdia atenda ao meu desejo, porque ele não é ansioso apenas por mim, mas serve à caridade fraterna. Tu vês meu coração, que é assim. Quero sacrificar-te o serviço do meu pensamento e da minha língua. Dá-me o que eu puder oferecer-te. Pois eu sou pobre e necessitado, tu és rico para todos os que te invocam, aquele que, inacessível ao cuidado, cuida de nós. Circuncidai de toda temeridade e de toda mentira meus lábios interiores e exteriores, que tuas escrituras sejam meu puro deleite. Não me deixes enganar por elas. Senhor, ouve e compadece-te, Senhor meu Deus, luz dos cegos e fortaleza dos fracos. Sim, luz dos que veem e fortaleza dos fortes, atende à minha alma e ouve o seu clamor das profundezas.

Porque se teus ouvidos não estiverem conosco nas profundezas, para onde iremos? Para quem clamaremos? Teu é o dia, e tua é a noite, ao teu sinal passam os instantes. Concede um espaço para nossas meditações nas coisas ocultas de tua lei, e não o feches a nós que batemos. Pois não é em vão que tu queres que os segredos obscuros de tantas páginas sejam escritos, tampouco são as florestas desprovidas de seus rebanhos, que nelas se retiram, espalham-se e caminham. Elas se alimentam, deitam-se e ruminam. Aperfeiçoa-me, Senhor, e revela-me esses segredos. Eis que tua voz é minha alegria. Tua voz excede a abundância de prazeres. Dá o que eu amo, porque eu amo, e isso tu deste. Não abandones teus dons nem desprezes tua erva verde que tem sede. Que eu te confesse tudo o que encontrar nos teus livros, ouça a voz de louvor, beba em ti e medite nas maravilhas da tua lei, desde o princípio em que criaste os céus e a Terra, até o reinado eterno da tua santa cidade contigo.

Senhor, tem misericórdia de mim e ouve o meu desejo. Porque não é, segundo penso, da terra, tampouco de ouro nem de prata, muito menos de pedras preciosas ou de trajes de luxo, nem de honras e cargos, nem dos prazeres da carne, nem das necessidades do corpo e desta nossa vida de peregrinação. Tudo isso será acrescentado aos que buscam teu reino e tua justiça. Eis aqui, Senhor meu Deus, onde está o meu desejo. Os ímpios me falaram de prazeres, mas não como tua lei, Senhor. Eis que aí está o meu desejo. Olha, pai, olha, vê e aprova, e seja isso agradável à vista da tua misericórdia, para que eu encontre graça diante de ti, para que o interior das tuas palavras se abra para mim, batendo. Rogo por nosso Senhor Jesus Cristo, teu filho, o homem de tua mão direita, o filho do homem, a quem estabeleceste para ti mesmo, como teu mediador e nosso, por meio de quem nos procuraste, não buscando a ti, mas nos buscando a nós, para que te buscássemos. Teu verbo, por meio de quem criaste todas as coisas, e entre elas, eu também. Teu unigênito, por meio do qual chamaste à adoção o povo crente, e nele eu também. Peço-te por aquele que está sentado à tua direita e intercede junto a ti por nós, em quem estão escondidos todos os tesouros da sabedoria e do conhecimento. Esses eu busco em teus livros. Dele escreveu Moisés, isso diz ele mesmo, isso diz a verdade.

Eu gostaria de ouvir e entender como "No princípio criaste o céu e a Terra". Moisés escreveu isso, escreveu e partiu, passou de ti para ti, tampouco está agora diante de mim. Pois, se estivesse, eu o abraçaria, pediria e suplicaria por ti que me abrisse essas coisas, e colocaria os ouvidos de meu corpo nos sons que saíssem de sua boca. E se ele falasse hebraico, em vão isso atingiria meus sentidos, e nada disso tocaria minha mente, mas se fosse latim eu saberia o que ele disse. Mas como saberia eu se ele falava a verdade? Sim, e se eu soubesse isso também, saberia por ele? Verdadeiramente dentro de mim, dentro da câmara de meus pensamentos, a verdade, nem hebraica nem grega, latina ou mesmo bárbara, sem órgãos de voz ou língua ou som de sílabas, diria: "É a verdade", e eu imediatamente diria com confiança a esse teu homem: "Tu dizes a verdade". Então, não posso perguntar a ele: "Tu, ó verdade, a quem ele disse a verdade, a quem eu suplico, ó Deus meu, perdoa os meus pecados". Tu, que lhe deste teu servo para falar estas coisas, dá-me também a mim para entendê-las.

Eis que os céus e a Terra existem, eles proclamam que foram criados, pois mudam e variam. Ao passo que tudo o que não foi feito e ainda é, nada tem em si que antes não tivesse, e isso é mudar e variar. Eles também proclamam que não se fizeram a si mesmos. "Portanto, somos, porque fomos feitos; não éramos, portanto, antes de sermos, de modo a nos fazermos". Agora, a evidência da coisa é a voz dos que falam. Tu, portanto, Senhor, os fizeste; que és belo, porque eles são belos; que és bom, porque eles são bons; que és, porque eles são; no entanto, eles não são belos nem bons, tampouco são, como tu és o criador deles; comparados a ti, eles não são belos, tampouco bons ou mesmo são. Isso nós sabemos, graças a ti. E nosso conhecimento, comparado ao teu conhecimento, é ignorância.

Mas como fizeste o céu e a Terra? Qual foi o mecanismo de tua tão poderosa estrutura? Não foi como um artífice humano, formando um corpo originado de outro, de acordo com a discrição de sua mente, que pode, de alguma forma, investir-se de tal forma, como vê em si mesmo por seu olho interior. E de onde poderia ele fazer isso, a menos que tu tivesses criado essa mente? Ele investe com uma forma o que já existe e tem um ser, como argila, ou pedra, ou madeira, ou ouro, ou algo semelhante. E de onde seriam eles se tu não os tivesses designado? Tu criaste o corpo do artífice. Tu, a mente que comanda os membros. Tu, a matéria da qual ele faz qualquer coisa. Tu, a apreensão por meio da qual ele absorve sua arte e vê por dentro o que ele faz por fora. Tu, o sentido de seu corpo, por meio do qual, como por um intérprete, ele pode, da mente para a matéria, transmitir o que faz e relatar à sua mente o que foi feito, para que ela, por dentro, possa consultar a verdade, que preside a si mesma, se foi bem feito ou não. Tudo isso te louva, o criador de tudo. Como, pois, ó Deus, fizeste o céu e a Terra? Em verdade, nem no céu nem na terra fizeste o céu e a Terra. Nem no ar nem nas águas, visto que esses também pertencem ao céu e à Terra. Tampouco no mundo inteiro fizeste o mundo inteiro, porque não havia lugar para fazê-lo antes que fosse feito, para que pudesse existir. Tampouco tinhas em tua mão alguma coisa para fazer o céu e a Terra. Pois, de onde terias isso, que não fizeste, para fazer alguma coisa? O que é, senão porque tu és? Portanto, tu falaste, e eles foram feitos, e em tua palavra tu os fizeste.

Mas como falaste? Da mesma forma que a voz que saiu da nuvem, dizendo: "Este é o meu filho amado?". Essa voz passou e passou, começou e terminou, as sílabas soaram e passaram, a segunda após a primeira, a terceira após a segunda, e assim por diante, em ordem, até a última após as demais, e o silêncio após a última. Por isso, é muito claro e evidente que o movimento de uma criatura a expressa, ela mesma temporal, servindo à tua vontade eterna. Essas tuas palavras, criadas por um tempo, o ouvido externo relatou à alma inteligente, cujo ouvido interno estava ouvindo tua palavra eterna. Mas ela comparou essas palavras que soavam no tempo com a tua palavra eterna em silêncio, e disse: "É diferente, muito diferente. Essas palavras estão muito abaixo de mim, e não estão, porque elas fogem e passam; mas a palavra do meu Senhor permanece acima de mim para sempre". Se, então, em palavras sonoras e passageiras, tu disseste que o céu e a Terra deveriam ser feitos, e assim fizeste o céu e a Terra, havia uma criatura corpórea antes do céu e da Terra, por cujos movimentos no tempo aquela voz poderia seguir seu curso no tempo. Mas nada havia de corpóreo antes do céu e da Terra ou, se houvesse, certamente tu sem essa voz passageira terias criado aquilo de que se faz essa voz passageira, para dizer: "Façam-se o céu e a Terra". Pois, seja o que for que existisse, do qual essa voz fosse feita, a menos que fosse feita por ti, não poderia existir de modo algum. Com que palavra, pois, falaste para que se fizesse um corpo, pelo qual se fizessem de novo essas palavras?

Então, tu nos convidas a entender a palavra, Deus, contigo Deus, que é falada eternamente, e por ela todas as coisas são faladas eternamente. O que foi dito não foi dito sucessivamente, uma coisa concluída para que a próxima pudesse ser dita, mas todas as coisas juntas e eternamente. De outro modo, temos tempo e mudança, e não uma verdadeira eternidade nem uma verdadeira imortalidade. Isso eu sei, ó meu Deus, e dou graças. Eu sei, eu te confesso, ó Senhor, e comigo te conheço e te bendigo, aquele que não é ingrato para garantir a verdade. Nós sabemos, Senhor, nós sabemos, pois, na medida que qualquer coisa não é o que foi, e é o que não foi, até agora morre e surge. Nada, portanto, da tua palavra dá lugar ou substitui, porque ela é verdadeiramente imortal e eterna. Portanto, para a palavra coeterna contigo, tu dizes de uma só vez e eternamente tudo o que dizes, e tudo o que tu dizes será feito, é feito. Tampouco tu fazes, a não ser dizendo, e ainda assim não são todas as coisas feitas juntas, ou eternas, que tu fazes dizendo.

Por que, eu te peço, Senhor meu Deus? Eu vejo isso de certa forma, mas como expressá-lo, eu não sei, a menos que seja, que tudo o que começa a ser, e deixa de ser, começa então, e deixa então, quando em tua razão eterna é conhecido, que deve começar ou deixar; na qual razão nada começa ou deixa. Essa é a tua palavra, que também é "o princípio, porque também nos fala". Assim, no evangelho ele fala por meio da carne, e isso soou exteriormente aos ouvidos dos seres humanos, para que pudesse ser acreditado e buscado interiormente, e encontrado na verdade eterna, onde o bom e único mestre ensina a todos os seus discípulos. Ali, Senhor, ouço a tua voz a falar comigo, porque é ele quem nos fala, quem nos ensina. Mas aquele que não nos ensina, embora fale, a nós não fala, pois, mesmo quando somos admoestados por uma criatura mutável, somos apenas conduzidos à verdade imutável, onde aprendemos verdadeiramente, enquanto permanecemos e o ouvimos, e nos regozijamos grandemente por causa da voz do noivo, restaurando-nos a ele, a quem pertencemos. Portanto, o princípio, porque se ele não permanecesse, não haveria para onde voltar quando nos desviássemos. Mas quando retornamos do erro, é por meio do conhecimento, e para que possamos conhecer, ele nos ensina, porque ele é o princípio, e nos fala.

Nesse princípio, ó Deus, fizeste o céu e a Terra, em tua palavra, em teu filho, em teu poder, em tua sabedoria, em tua verdade. Maravilhosamente falando, e maravilhosamente fazendo. Quem compreenderá? Quem o declarará? O que é isso que brilha através de mim e atinge meu coração sem feri-lo, e eu estremeço e me acendo? Eu estremeço à medida que sou diferente dele, e me acendo à medida que sou como ele. É a sabedoria, o ser da sabedoria, que brilha através de mim, cortando minha nebulosidade que mais uma vez se cobre sobre mim, desmaiando dela, através da escuridão que, para meu castigo, acumula-se sobre mim. Minha força é abatida pela necessidade, de modo que não posso sustentar minhas bênçãos, até que tu, Senhor, que foste misericordioso para com todas as minhas iniquidades, cures todas minhas enfermidades. Pois também resgatarás minha vida da corrupção e me coroarás de benignidade e de ternas misericórdias, saciarás meu desejo com coisas boas, porque minha mocidade se renovará como a da águia. Pois na esperança somos salvos, pelo que aguardamos com paciência tuas promessas. Quem puder, que te ouça interiormente, discorrendo sobre teu oráculo. Eu clamarei corajosamente: "Quão maravilhosas são tuas obras, Senhor, em sabedoria tu as fizeste todas; e essa sabedoria é o princípio, e nesse princípio tu fizeste o céu e a Terra".

Não estão, porventura, cheios do seu velho fermento os que nos dizem: "Que fazia Deus antes de fazer os céus e a Terra? Pois, se (dizem eles) estava desempregado e não trabalhava, por que não o faz também daqui por diante, e para sempre, como antes? Caso surgisse em Deus um novo movimento e uma nova vontade de fazer uma criatura que ele nunca tivesse feito antes, como seria isso uma verdadeira eternidade, onde surge uma vontade que não existia? A vontade de Deus não é uma criatura, mas é anterior à criatura, visto que nada poderia ser criado, a menos que a vontade do criador a tivesse precedido. A vontade de Deus, portanto, pertence à sua substância. E se algo surgiu na substância de Deus, que antes não existia, essa substância não pode ser verdadeiramente chamada de eterna. Mas se a vontade de Deus foi desde a eternidade que a criatura deveria ser, por que a criatura não foi também desde a eternidade?".

Os que assim falam ainda não te compreendem, ó sabedoria de Deus, luz das almas, ainda não entendem como são feitas as coisas que por ti e em ti são feitas. No entanto, esforçam-se para compreender as coisas eternas, ao passo que seu coração oscila entre os movimentos das coisas passadas e futuras, e ainda é instável. Quem o sustentará e o fixará, para que se estabeleça por algum tempo, e por algum tempo capte a glória daquela eternidade sempre fixa, e o compare com os tempos que nunca são fixados, e veja que não pode ser comparado e que um longo tempo não pode se tornar longo, a não ser por muitos movimentos que passam, os quais não podem ser prolongados por completo, mas que no eterno nada passa, mas o todo está presente ao passo que nenhum tempo está presente de uma só vez. Seria todo o tempo passado impulsionado pelo tempo vindouro, e todo o tempo vindouro seguiria o passado, e todo o passado e o futuro seriam criados e fluiriam daquilo que está sempre presente? Quem segurará o coração dos seres humanos para que ele permaneça imóvel e veja como a eternidade, sempre imóvel, nem passada nem futura, expressa os tempos passados e futuros? Pode minha mão fazer isso, ou a mão de minha boca, por meio da fala, realizar algo tão grandioso?

Veja, eu respondo àquele que pergunta: "O que Deus fazia antes de criar o céu e a Terra?". Eu não respondo como se diz que alguém fez alegremente (fugindo da pressão da pergunta): "Ele estava preparando o inferno (diz ele) para os curiosos dos mistérios". Uma coisa é responder a perguntas, outra é fazer piada com quem pergunta. Portanto, não respondo, pois antes responderia: "Não sei", o que não sei, do que fazer rir aquele que pergunta coisas profundas

CONFISSÕES DE SANTO AGOSTINHO

e ganhar elogios para aquele que responde coisas falsas. Digo que tu, nosso Deus, és o criador de toda criatura, e se pelos nomes "céu e Terra" entende-se toda criatura, eu digo corajosamente que "antes de Deus fazer o céu e a Terra, Ele não fez coisa alguma". Pois se ele fez, o que ele fez senão uma criatura? E se eu soubesse tudo o que desejo saber para meu proveito, como saberia que nenhuma criatura foi feita, antes que fosse feita qualquer criatura?

Mas, se algum cérebro extravagante vaguear pelas imagens de tempos passados e perguntar que tu, o Deus todo-poderoso, todo-criador e todo-suportador, criador do céu e da Terra, por inúmeras eras te abstiveste de tão grande obra antes de fazê-la, que ele desperte e considere que está se perguntando sobre falsos conceitos. Ou que tempos haveria que não foram feitos por ti? Como poderiam passar, se nunca existiram? Visto que és o criador de todos os tempos, se houve algum tempo antes de criares o céu e a Terra, por que dizem que deixaste de trabalhar? Tu criaste esse mesmo tempo, e os tempos não poderiam passar sem que tu os criasses. Mas se antes dos céus e da Terra não havia tempo, por que alguém perguntaria o que fizeste? Pois não havia "então", quando não havia tempo.

Tampouco tu, pelo tempo, precedes o tempo; caso contrário, não precederias todos os tempos. Tu precedes todas as coisas passadas, pela sublimidade de uma eternidade sempre presente, e superas todas as futuras, porque elas são futuras e, quando vierem, serão passadas. Mas tu és o mesmo, e teus anos não falham. Teus anos não vêm nem vão, enquanto os nossos vêm e vão, para que todos possam vir. Teus anos permanecem juntos, porque de fato permanecem, tampouco os anos que partem são empurrados pelos anos que chegam, porque eles não passam. Mas os nossos todos serão, quando não mais forem. Teus anos são um dia, e teu dia não é diário, mas sim hoje, pois teu dia não dá lugar ao amanhã, tampouco substitui o ontem. Teu dia é a eternidade, por isso geraste o coeterno, a quem disseste: "Hoje te gerei". Tu criaste todas as coisas, e antes de todos os tempos tu és, e em nenhum tempo houve tempo.

Em nenhum momento, então, tu deixaste de fazer qualquer coisa, porque o próprio tempo tu fizeste. E nenhum tempo é coeterno a ti, porque tu permaneces; mas se eles permanecessem, não seriam tempos. Pois o que é o tempo? Quem pode explicar isso de forma rápida e breve? Quem pode, mesmo em pensamento, compreendê-lo, de modo a proferir uma palavra sobre ele? O que mencionamos no discurso de forma mais familiar e consciente do que o tempo? E entendemos, quando falamos dele. Entendemos também, quando ouvimos outra pessoa falar dele. O que é, então, o tempo? Se ninguém me perguntar, eu sei; se eu quiser explicar a quem pergunta, eu não sei; no entanto, afirmo corajosamente que sei que, se nada passou, o tempo passado não foi; e se nada veio, o tempo vindouro não foi; e se nada foi, o tempo presente não foi. Esses dois tempos, então, passado e vindouro, como são eles, visto que o passado agora não é, e o vindouro ainda não é? Mas o presente, se for sempre presente, e nunca passar para o tempo passado, na verdade não deveria ser tempo, mas sim eternidade. Se o tempo presente (se é que deve ser tempo) só vem à existência porque passa para o tempo passado, como podemos dizer que isso é, cuja causa de ser é, que não será, de modo que não podemos verdadeiramente dizer que o tempo é, mas porque está tendendo a não ser?

Mas dizemos "muito tempo" e "pouco tempo" e ainda assim apenas sobre o tempo passado ou futuro. Um longo tempo passado (por exemplo) chamamos de cem anos desde então, ao passo que um longo tempo por vir dizemos cem anos daqui a pouco. Mas a um curto período de tempo passado chamamos (suponhamos) frequentemente de dias desde então, ao passo que a um curto período de tempo vindouro frequentemente chamamos de dias daqui em diante. Em que sentido isso é longo ou curto, o que não é? Pois o passado não é agora, e o futuro, ainda não é. Não digamos, então, "é longo", mas do passado, "foi longo", e do futuro, "será longo". Ó meu Senhor, minha luz, não é também aqui que tua verdade zomba do ser humano? Pois o tempo passado que foi longo, foi longo quando já havia passado, ou quando ainda estava presente? Então, poderia ser longo, quando existia, o que poderia ser longo; mas quando passado, não era mais; portanto, nem poderia ser longo, o que não era de todo. Não digamos, pois, que o tempo passado foi longo, porque não acharemos o que foi longo, visto que, desde que passou, já não existe, mas digamos que o tempo presente foi longo, porque, quando presente, foi longo. Ainda não havia passado, de modo que não existia; portanto, havia o que poderia ser longo, mas depois que passou também deixou de ser longo, o que deixou de ser.

Vejamos, pois, ó alma do homem, se o tempo presente pode ser longo, porque a ti é dado sentir e medir a duração do tempo. O que você me responderá? Cem anos, quando presentes, são muito tempo? Veja primeiro se cem anos podem ser presentes. Pois, se o primeiro desses anos for atual, ele é presente, mas os outros noventa e nove estão por vir e, portanto, ainda não são. Mas se o segundo ano for atual, um já passou, outro é presente e o restante está por vir. E assim, se considerarmos que qualquer ano do meio dessa centena é presente, todos os anteriores a ele são passados; todos os posteriores a ele são futuros; portanto, cem anos não podem ser presentes. Mas veja, pelo menos, se aquele que está agora em curso, ele mesmo está presente, porque se o mês atual for o primeiro os demais estão por vir; se for o segundo, o primeiro já passou, e os demais ainda não. Portanto, o ano atual também não é presente, e se não for presente como um todo, então o ano não é presente. Porque doze meses constituem um ano, dos quais o que está no mês corrente é presente, o mais é passado, ou futuro. E também o mês corrente não é presente, mas somente um dia, o restante é futuro, se for o primeiro; passado, se for o último; se for qualquer um do meio, então é passado e futuro.

Veja como o tempo presente, que só nós achamos que poderia ser chamado de longo, é reduzido à duração de apenas um dia. Examinemos isso também, porque nem um dia está presente como um todo, pois ele se compõe de vinte e quatro horas de noite e de dia, das quais a primeira tem o resto por vir, a última tem o resto passado, e quaisquer das do meio têm as anteriores passadas e as posteriores por vir. Sim, essa hora se passa em partículas voadoras. O que quer que tenha voado, já passou; o que quer que permaneça, está por vir. Se for concebido um instante de tempo que não possa ser dividido nas menores partículas de momentos, somente esse pode ser chamado de presente. No entanto, voa com tal velocidade do futuro para o passado que não pode ser prolongado com a menor permanência, porque se assim for ele se divide em passado e futuro. O presente não tem espaço. Onde está, pois, o tempo que podemos chamar de longo? Ele está por vir? Dele não dizemos: "É longo", porque ainda não é longo, mas dizemos: "Será longo". Quando, pois, será? Porque, se mesmo então, quando ainda está para vir, não será longo (porque o que pode ser longo ainda não é), e assim será longo quando, com base em um futuro que ainda não é, começar a ser agora, e se tornar presente, para que assim exista o que pode ser longo, então o tempo presente clama, nas palavras proferidas, que não pode ser longo.

No entanto, Senhor, percebemos intervalos de tempo, os comparamos e dizemos que alguns são mais curtos e outros mais longos. Medimos também o quanto um tempo é mais longo ou mais curto do que outro, e respondemos: "Esse é o dobro ou o triplo, ao passo que outro apenas uma vez, ou apenas um pouco mais do que outro". Medimos os tempos enquanto estão passando, percebendo-os, mas o passado, que agora não é, ou o futuro, que ainda não é, quem pode medir? A menos que alguém presuma dizer que pode ser medido o que não é. Quando o tempo está passando, ele pode ser percebido e medido, mas quando é passado não pode, porque não é.

Eu pergunto, pai, e não afirmo, ó meu Deus, governe e me guie: "Quem me dirá que não há três tempos (como aprendemos quando meninos e ensinamos aos meninos), passado, presente e futuro; mas somente o presente, porque aqueles dois não são? Ou são eles também? E quando do futuro se torna presente, sai de algum lugar secreto e, assim, quando se retira, do presente se torna passado? Onde os que predisseram as coisas futuras as viram, se ainda não existem? Porque o que não é não pode ser visto. E os que narram as coisas passadas não as poderiam narrar se não as discernissem em sua mente, e se não o fossem, de modo algum poderiam ser discernidas. As coisas passadas e futuras são".

Permita-me, Senhor, buscar mais. Ó minha esperança, que meu propósito não seja confundido. Pois se os tempos passados e futuros existem, eu saberia onde eles estão. Mas, se não posso, sei que, onde quer que estejam, não estão lá como futuros ou passados, mas sim presentes. Caso lá também estiverem no futuro, ainda não estão, e se lá também estiverem no passado, já não estão. Portanto, onde quer que esteja o que quer que seja, está apenas como presente. Embora quando fatos passados são relatados, são extraídos da memória, não as coisas em si que são passadas, mas as palavras que, concebidas pelas imagens das coisas, ao passarem deixaram como traços na mente por meio dos sentidos. Assim, minha infância, que agora não existe mais, está no tempo passado, que agora não existe mais. Agora, quando me lembro de sua imagem e conto sobre ela, eu a vejo no presente, porque ela ainda está em minha memória. Se existe uma causa semelhante para predizer as coisas que estão por vir, para que as imagens de coisas que ainda não existem possam ser percebidas antes, já existentes, confesso, ó meu Deus, que não sei. O que sei, de fato, é que geralmente pensamos antes em nossas ações futuras, e que essa previsão está presente, mas a ação que prevemos ainda não está presente, porque está por vir. E quando nos propusermos e começarmos a fazer o que estávamos prevendo, então essa ação será, porque então ela não será mais futura, mas presente.

Seja qual for o modo de percepção secreta das coisas que estão por vir, isso só pode ser visto, o que é. O que é agora não é futuro, mas presente. Quando, pois, dizemos que as coisas futuras são vistas, não são elas mesmas que ainda não são (isto é, que estão para ser), mas são vistas suas causas ou sinais, que já são. Portanto, elas não são futuras, mas presentes para aqueles que agora veem, por meio das quais o futuro, sendo pré-concebido na mente, é predito. Essas concepções prévias novamente são agora, e aqueles que predizem essas coisas contemplam as concepções presentes diante deles. Deixemos que a grande variedade de coisas forneça um exemplo. Eu contemplo o nascer do dia, eu prevejo que o Sol está prestes a nascer. O que eu contemplo está presente, ao passo que o que eu prevejo está por vir. Não o Sol, que já existe, mas o nascer do Sol, que ainda não existe. Se eu não imaginasse em minha mente o próprio nascer do Sol (como agora, enquanto falo dele), eu não poderia predizê-lo. Mas nem o nascer do dia que vejo no céu é o nascer do Sol, embora o preceda, tampouco a imaginação de minha mente. Esses dois são vistos agora presentes, para que o outro que está por vir possa ser predito. As coisas futuras, portanto, ainda não são, e se ainda não são, não são, e por não serem, não podem ser vistas. Contudo, podem ser preditas por meio das coisas presentes, que são e, assim, podem ser vistas.

Tu, pois, ó soberano da tua criação, de que modo ensinas às almas as coisas futuras? Pois tu ensinaste aos teus profetas. De que modo tu, a quem nada está para vir, ensinas as coisas futuras; ou melhor, do futuro, ensinas as coisas presentes? Pois o que não é, tampouco pode ser ensinado. Esse caminho está muito longe de meu conhecimento, é muito poderoso para mim, não posso alcançá-lo, mas de ti eu posso, quando tu permitires, ó doce luz de meus olhos ocultos.

O que agora está claro e evidente é que nem as coisas futuras nem as passadas existem. Tampouco se diz adequadamente: "Há três tempos, passado, presente e futuro"; no entanto, talvez se possa dizer adequadamente: "Há três tempos: um presente de coisas passadas; um presente de coisas presentes; e um presente de coisas futuras". Pois esses três existem de alguma forma na alma, mas em outros lugares eu não os vejo. O presente das coisas passadas, memória; o presente das coisas presentes, visão; e o presente das coisas futuras, expectativa. Se assim nos for permitido falar, eu vejo três vezes e confesso que são três. Seja dito também que "há três tempos: passado, presente e futuro" em nossa maneira incorreta. Veja, eu não me oponho nem contesto, tampouco encontro falha, se o que é dito assim for entendido, que nem o que está para ser, agora é, nem o que é passado. Pois são poucas as coisas que falamos corretamente, e a maioria delas impropriamente, mas ainda assim as coisas pretendidas são compreendidas.

Eu disse que, mesmo agora, medimos os tempos à medida que passam, a fim de podermos dizer que determinado tempo é o dobro de outro, ou que um é exatamente o mesmo que outro e assim por diante, em quaisquer outras partes do tempo que sejam mensuráveis. Portanto, como eu disse, medimos os tempos à medida que eles passam. E se alguém me perguntasse: "Como você sabe?" Eu poderia responder: "Sei que não medimos nem podemos medir as coisas que não existem; e as coisas passadas e futuras não existem". Mas, como podemos medir o tempo presente, já que ele não tem espaço? Ele é medido enquanto passa, mas quando tiver passado não será medido, pois não haverá nada para ser medido. De onde, por que caminho e para onde passa enquanto está sendo medido? Por onde, senão pelo presente? Para onde, senão para o passado? Portanto, daquilo que ainda não é, através daquilo que não tem espaço, para aquilo que agora não é. O que medimos, senão o tempo em algum espaço? Pois não dizemos "simples", "duplo", "triplo", "igual" ou qualquer outra forma semelhante de falar sobre o tempo, exceto sobre espaços de tempo. Em que espaço, então, medimos a passagem do tempo? No futuro, por onde ele passa? O que ainda não é, não medimos. Ou no presente, pelo qual ele passa? Não há espaço, não medimos; ou no passado, para o qual ele passa? Mas também não medimos o que agora não é.

Minha alma está em chamas para conhecer esse enigma tão intrincado. Não o feches, Senhor meu Deus, bom pai. Por intermédio de Cristo, eu te suplico, não feches essas coisas habituais, mas ocultas, ao meu desejo, para que ele seja impedido de penetrar nelas. Deixa-as surgir por meio de tua misericórdia iluminadora, Senhor. E a quem confessarei minha ignorância de modo mais proveitoso do que a ti, a quem esses meus estudos, tão veementemente acesos em relação às tuas Escrituras, não são incômodos? Dá o que eu amo, pois eu amo, e isso tu me deste. Dá, pai, que realmente sabes dar boas dádivas a teus filhos. Dá, porque tomei sobre mim a responsabilidade de saber, e a dificuldade está diante de mim até que tu a abras. Por Cristo, eu te peço, em seu nome, santo dos santos, que ninguém me perturbe. Pois eu acreditei, e por isso falo. Essa é minha esperança, para isso vivo, para contemplar as delícias do Senhor. Eis que envelheceste meus dias, e eles passam, e não sei como. E falamos de tempo, e tempo, e tempos, e tempos: "Quanto tempo faz que ele disse isso?"; "quanto tempo faz que ele fez isso?"; e "quanto tempo faz que eu vi aquilo?"; e "esta sílaba tem o dobro do tempo daquela sílaba curta?". Essas perguntas nós fazemos, e ouvimos, somos compreendidos e entendemos. Elas são muito manifestas e comuns, e as mesmas coisas estão novamente profundamente ocultas, e a descoberta delas era nova.

Certa vez, ouvi de um homem instruído que os movimentos do Sol, da Lua e das estrelas constituíam o tempo, mas não concordei. Por que os movimentos de todos os corpos não seriam tempos? Ou, se as luzes do céu cessassem e a roda de um oleiro girasse, não haveria tempo pelo qual pudéssemos medir esses giros e dizer que ela se movia com pausas iguais, ou se girava às vezes mais devagar, outras mais rápido, que algumas voltas eram mais longas, outras mais curtas? Enquanto dizíamos isso, não estaríamos também falando no tem-

CONFISSÕES DE SANTO AGOSTINHO

po? Ou, em nossas palavras, haveria algumas sílabas curtas, outras longas, mas porque aquelas soavam em um tempo mais curto, ao passo que outras em um tempo mais longo? Deus, conceda aos seres humanos que vejam em uma coisa pequena as percepções comuns às coisas grandes e pequenas. As estrelas e as luzes do céu também são sinais, estações, anos e dias. No entanto, eu sequer deveria dizer que a volta dessa roda de madeira era um dia, tampouco ele poderia ter dito que não era tempo.

Desejo conhecer a força e a natureza do tempo pelo qual medimos os movimentos dos corpos e dizemos (por exemplo) que determinado movimento é duas vezes mais longo do que outro. Eu pergunto: "Vendo que 'dia' denota não apenas a permanência do Sol sobre a Terra (segundo a qual dia é uma coisa, noite é outra), mas também todo o seu circuito de leste a leste novamente". De acordo com o qual dizemos: "Passaram-se tantos dias", a noite sendo incluída quando dizemos "tantos dias", e as noites não são contadas separadamente. Vendo, então, que um dia é completado pelo movimento do Sol e por seu circuito de leste a leste novamente, pergunto: "O movimento sozinho faz o dia, ou a permanência na qual esse movimento é completado, ou ambos?". Pois, se o primeiro for o dia, então deveríamos ter um dia, embora o Sol devesse concluir esse curso em um espaço de tempo tão pequeno, como uma hora. Se o segundo for o dia, então não seria um dia, se entre um nascer do sol e outro houvesse um intervalo de tempo tão curto quanto o de uma hora. Contudo, o Sol deve passar vinte e quatro vezes para completar um dia. Se ambos, então, nem isso poderia ser chamado de dia se o Sol desse a volta completa no espaço de uma hora. Tampouco se, enquanto o Sol estivesse parado, passasse tanto tempo quanto esse astro normalmente faz todo o seu curso, de manhã a manhã. Portanto, não perguntarei agora o que chamamos dia, mas sim qual é o tempo pelo qual nós, medindo o circuito do Sol, deveríamos dizer que ele foi concluído na metade do tempo habitual, se é que foi concluído em um espaço tão pequeno quanto doze horas. Comparando ambos os tempos, deveríamos chamar um deles de tempo único, outro de tempo duplo, mesmo supondo que o Sol desse a sua volta de leste a leste, às vezes nesse tempo único, às vezes nesse tempo duplo. Que ninguém me diga, então, que os movimentos dos corpos celestes constituem tempos, porque, quando o Sol se deteve para que um deles pudesse realizar sua batalha vitoriosa,[22] o Sol se deteve, mas o tempo continuou. Pois foi em seu espaço de tempo que a batalha foi travada e concluída. Percebo, então, que o

---

22   Segundo a Bíblia, Josué orou e o Sol parou no céu por quase um dia inteiro para que ele pudesse vencer uma guerra essencial para os israelitas (veja-se o capítulo 10 do Livro de Josué).

tempo é uma certa extensão. Mas será que eu o percebo, ou pareço percebê-lo? Tu, luz e verdade, me mostrarás.

Tu me dás o consentimento, se alguém definir o tempo como "movimento de um corpo"? Tu não me convidas. Nenhum corpo é movido, a não ser no tempo, eu ouço, isso tu dizes, mas que o movimento de um corpo é o tempo, eu não ouço. Tu não o dizes. Pois quando um corpo é movido, eu meço pelo tempo quanto tempo ele se move, desde que começou a se mover até que parou? E se eu não visse de onde começou, e ele continuasse a se mover de modo que eu não visse quando termina, eu não poderia medir, exceto, talvez, desde o tempo em que comecei, até que eu deixasse de ver. E se eu olhar bem longe, só posso dizer que é muito tempo, mas não quanto tempo, porque quando dizemos "quanto tempo" fazemos isso por comparação do tipo "isto é tão longo quanto aquilo", ou "duas vezes mais longo que aquilo", ou algo semelhante. Mas quando podemos marcar as distâncias dos lugares, de onde e para onde vai o corpo movido, ou suas partes, se ele se mover como em um torno, então podemos dizer precisamente em quanto tempo o movimento desse corpo ou de sua parte, de um lugar para outro, foi concluído. Visto, pois, que o movimento de um corpo é uma coisa, e aquilo pelo qual medimos sua duração é outra, quem não vê qual das duas coisas deve ser chamada de tempo? Se um corpo ora se move, ora fica parado, então medimos pelo tempo não apenas seu movimento, mas também sua permanência, e dizemos: "Ficou parado tanto quanto se moveu" ou "ficou parado duas ou três vezes mais tempo do que se moveu", ou ainda qualquer outro espaço que nossa medição tenha determinado ou adivinhado mais ou menos, como costumamos dizer. O tempo, portanto, não é o movimento de um corpo.

E eu te confesso, ó Senhor, que ainda não sei o que é o tempo, e novamente te confesso, ó Senhor, que sei que falo isso no tempo, e que tendo falado muito sobre o tempo, esse mesmo "longo" não é longo, mas pela pausa do tempo. Como, pois, sei isso, visto que não sei o que é o tempo? Ou será que não sei como expressar o que sei? Ai de mim, que sequer sei o que não sei. Eis que, ó meu Deus, diante de ti não minto; mas, como falo, assim é o meu coração. Tu acenderás a minha candeia. Tu, Senhor meu Deus, iluminarás as minhas trevas.

Não é verdade que a minha alma te confessa que eu meço os tempos? Porventura meço, ó meu Deus, e não sei o que meço? Meço o movimento de um corpo no tempo, mas o próprio tempo não meço? Ou poderia eu, de fato, medir o movimento de um corpo em quanto tempo e em quanto espaço ele poderia ir de um lugar a outro sem medir o tempo em que ele se move? Esse mesmo

CONFISSÕES DE SANTO AGOSTINHO

tempo, então, como posso medi-lo? Por acaso medimos um tempo mais curto com um mais longo, como pelo espaço de um côvado[23] curto ou o espaço de um côvado longo? De fato, parecemos medir, pelo espaço de um côvado curto, o espaço de um côvado longo e, assim, dizer que um é o dobro do outro. Assim medimos os espaços das estrofes, pelos espaços dos versos, e os espaços dos versos, pelos espaços das intercalações, e os espaços das intercalações, pelos espaços das sílabas, e os espaços das sílabas longas, pelo espaço das sílabas curtas; não medindo por páginas (então medimos espaços, não tempos); mas quando pronunciamos as palavras e elas passam, e dizemos "é uma estrofe longa" em razão de ser composta de tantos versos; versos longos em razão de consistir de tantas intercalações; intercalações longas em razão de serem prolongadas por tantas sílabas; uma sílaba longa em razão de ser dupla. Mas também não obtemos dessa forma nenhuma medida certa de tempo, porque pode ser que um verso mais curto, pronunciado de forma mais completa, tome mais tempo do que um mais longo, pronunciado apressadamente. E assim para um verso, uma intercalação, uma sílaba. Daí me pareceu que o tempo nada mais é do que a prostração; mas do que, eu não sei. Do que eu me admiro, se não for da própria mente? O que eu te peço, ó meu Deus, eu meço quando digo, indefinidamente que "um tempo é maior do que outro", ou definitivamente "um é o dobro do outro"? Que eu meço o tempo, eu sei; no entanto, não meço o tempo vindouro, porque ele ainda não existe, tampouco o presente, porque ele não é prolongado por nenhum espaço, muito menos o passado, porque ele não existe agora. O que, então, eu meço? O tempo que passa, e não o passado? Assim eu disse.

Coragem, minha mente, e prossiga com firmeza. Deus é nosso ajudante. Ele nos criou, e não nós mesmos. Prossigam onde a verdade começa a surgir. Suponhamos que a voz de um corpo comece a soar, e soe, e continue a soar, e ouça, e cesse. Agora é silêncio, e essa voz já passou, e não é mais uma voz. Antes de soar, ela estava por vir, e não podia ser medida, porque ainda não era, e agora não pode, porque não é mais. Portanto, enquanto soava, podia, porque então havia o que podia ser medido. Mesmo assim, não estava parado, pois estava passando e desaparecendo. Poderia, por isso, ser medido? Porque, enquanto passava estava sendo estendido em algum espaço de tempo, para que pudesse ser medido, uma vez que o presente não tem espaço. Se, portanto, poderia, eis que suponhamos que outra voz tenha começado a soar, e ainda soe em um tenor contínuo, sem qualquer interrupção. Vamos medi-la enquanto soa, visto

---

23 Côvado era a medida de comprimento do antebraço, da ponta do dedo médio até o cotovelo, usada por diversas civilizações antigas.

que, quando tiver deixado de soar, já terá passado, e nada mais restará para ser medido. Vamos medi-la verdadeiramente, e dizer quanto é. Mas ela ainda soa, e não pode ser medida a não ser desde o instante em que começou até o fim em que terminou. Pois o que medimos é o próprio espaço entre eles, isto é, de um começo a um fim. Portanto, uma voz que ainda não terminou não pode ser medida, de modo que se possa dizer quão longa ou curta ela é, tampouco pode ser chamada de igual a outra, ou o dobro de uma única, ou algo semelhante. Mas quando termina, já não é mais. Como pode, então, ser medida? Medimos os tempos, mas não os que ainda não são nem os que já não são, tampouco os que não são prolongados por alguma pausa nem os que não têm limites. Não medimos os tempos vindouros nem os passados, tampouco os presentes nem os transitórios. No entanto, medimos os tempos.

"Deus creator omnium", esse verso de oito sílabas alterna entre sílabas curtas e longas. As quatro curtas, então, a primeira, a terceira, a quinta e a sétima, são apenas uma, em relação às quatro longas, a segunda, a quarta, a sexta e a oitava. Cada uma dessas sílabas, para cada uma daquelas, tem um tempo duplo. Eu os pronuncio, faço um relatório sobre eles e os considero assim, como o senso comum percebe. Pelo senso comum, então, eu meço uma sílaba longa por uma curta, e sensivelmente acho que ela tem o dobro do tempo. Mas quando uma soa depois da outra, se a primeira for curta, e a segunda longa, como devo reter a curta, e como, medindo, devo aplicá-la à longa, para que eu possa achar que ela tem o dobro do tempo, já que a longa não começa a soar, a menos que a curta deixe de soar? E aquele muito longo eu meço como presente, visto que não o meço até que termine? Ora, seu fim é sua morte. Onde está a sílaba curta pela qual eu meço? Onde está a longa que eu meço? Ambas soaram, voaram, passaram, não existem mais, e ainda assim eu meço e respondo com confiança (tanto quanto se presume em um sentido praticado) que, quanto ao espaço de tempo, essa sílaba é apenas simples, mas a outra é dupla. No entanto, eu não poderia fazer isso, a menos que elas já tivessem passado e terminado. Não são elas mesmas, que agora não são, que eu meço, mas algo em minha memória, que permanece fixo.

É em você, minha mente, que eu meço os tempos. Não me interrompa, ou seja, não se interrompa com os tumultos de suas impressões. Em você, eu meço os tempos; a impressão que as coisas, à medida que passam, causam em você, permanece mesmo quando elas se vão. Isso é o que ainda está presente, eu meço, não as coisas que passam para causar essa impressão. Isso eu meço, quando meço os tempos. Então, ou isso é tempo, ou eu não meço os tempos.

CONFISSÕES DE SANTO AGOSTINHO

E quando medimos o silêncio e dizemos que esse silêncio durou tanto tempo quanto aquela voz? Não estendemos nosso pensamento à medida de uma voz, como se ela soasse, para que assim possamos relatar os intervalos de silêncio em um determinado espaço de tempo? Embora a voz e a língua estejam paradas, ainda assim, em pensamento, examinamos poemas, versos e qualquer outro discurso ou dimensões de movimentos, e relatamos os espaços de tempo, o quanto isso é em relação àquilo, não de outra forma do que se os pronunciássemos vocalmente. Se um indivíduo quiser emitir um som prolongado e tiver decidido em pensamento qual deve ser a duração, ele já passou em silêncio por um espaço de tempo e, memorizando-o, começa a proferir esse discurso, que continua soando até chegar ao fim proposto. Sim, ele já soou e soará, pois tanto quanto está terminado, já soou, e o resto soará. E assim prossegue, até que a intenção presente transmita o futuro para o passado; o passado aumentando pela diminuição do futuro, até que, pelo consumo do futuro, tudo seja passado.

Como, então, se diminui ou se consome o futuro, que ainda não existe? Ou como se aumenta o passado, que já não existe, a não ser que na mente que decreta isso sejam feitas três coisas? Pois ela espera, considera e se lembra; de modo que aquilo que ela espera, por meio daquilo que considera, passa para aquilo de que se lembra. Quem, pois, nega que as coisas futuras ainda não são? Contudo, há na mente uma expectativa das coisas futuras. E quem nega que as coisas passadas já não são mais? Mas, ainda há na mente a lembrança das coisas passadas. E quem nega que o tempo presente não tem espaço, porque passa em um momento? No entanto, nossa consideração continua, por meio da qual aquilo que será presente passa a ser ausente. Não é, portanto, o tempo futuro que é longo, pois ainda não é: mas um futuro longo é "uma longa expectativa do futuro", tampouco é o tempo passado, que agora não é, que é longo, mas um passado longo é "uma longa lembrança do passado".

Estou prestes a repetir um Salmo que conheço. Antes de começar, minha expectativa é estendida sobre o todo, mas quando começo, o quanto dele eu separar no passado será estendido ao longo de minha memória. Assim, a vida dessa minha ação é dividida entre minha memória quanto ao que repeti e a expectativa quanto ao que estou prestes a repetir, mas a "consideração" está presente comigo, de modo que, por meio dela, o que era futuro pode ser transmitido para se tornar passado. E quanto mais isso é feito repetidamente, tanto mais a expectativa é encurtada, e a memória é ampliada, até que toda a expectativa seja finalmente exaurida, quando toda a ação, tendo terminado, terá passado para a memória. E isso que ocorre em todo o Salmo, o mesmo ocorre em cada porção dele, e em cada sílaba. O mesmo ocorre naquela ação mais longa, da qual esse Salmo pode ser parte. O mesmo ocorre em toda a vida do ser humano, da qual todas suas ações são partes. O mesmo ocorre em toda a era dos filhos dos seres humanos, da qual todas suas vidas são partes.

Mas como tua bondade amorosa é melhor do que todas as vidas, eis que minha vida não passa de uma distração, e tua mão direita me sustenta, em meu Senhor, o filho do homem, o mediador entre ti, o único, e nós, muitos, muitos também, por meio de nossas múltiplas distrações em meio a muitas coisas, para que por Cristo eu possa compreender em quem fui compreendido e possa ser recobrado de minha antiga conduta, para seguir aquele, esquecendo-me do que ficou para trás, e não distraído, mas estendido, não para as coisas que hão de ser e passar, mas para as que estão diante de mim, não distraído, mas atento, sigo pelo prêmio de minha vocação celestial, onde posso ouvir a voz de teu louvor e contemplar tuas delícias, que não virão nem passarão. Mas agora meus anos são passados em luto. E tu, Senhor, és o meu consolo, meu pai eterno, mas fui separado em meio a tempos cuja ordem desconheço; e meus pensamentos, até as entranhas mais profundas de minha alma, são rasgadas e mutiladas com variedades tumultuosas, até que eu flua junto a ti, purificado e fundido pelo fogo de teu amor.

E agora permanecerei e me firmarei em ti, em meu molde, em tua verdade. Sequer suportarei as perguntas das pessoas, que por uma doença têm sede de mais do que podem conter, e dizem: "O que Deus fazia antes de criar o céu e a Terra?" ou "Como foi que ele teve a intenção de fazer qualquer coisa, sendo que nunca fez nada antes?" Ó Senhor, fazes que eles pensem bem no que dizem e descubram que "nunca" não pode ser predicado, quando "tempo" não o é. Isso, então, que Deus diz "nunca ter feito", o que mais se pode dizer, senão "em 'nenhum tempo' ter feito?" Que eles vejam, portanto, que o tempo não pode existir sem ser criado, e parem de falar essa vaidade. Que eles também se estendam em direção às coisas que são anteriores e, assim, te compreendam antes de todos os tempos, o criador eterno de todos os tempos, e que nenhum tempo seja coeterno a ti, muito menos qualquer criatura, mesmo que haja alguma criatura antes de todos os tempos.

Ó Senhor, meu Deus, quão profundo é o recesso de teus mistérios, e quão longe dele me lançaram as consequências de minhas transgressões! Cura meus olhos, para que eu possa compartilhar a alegria de tua luz. Certamente, se houver uma mente dotada de tão vasto conhecimento e presciência, a ponto de conhecer todas as coisas passadas e futuras, como eu conheço um Salmo bem conhecido, essa mente é verdadeiramente maravilhosa e temivelmente surpreendente, uma vez que nada do passado, nada do que virá nas eras posteriores, está mais oculto para ela do que, quando eu cantava esse Salmo, estava oculto para mim o que e quanto dele havia passado desde o início, o que e quanto restava até o fim. Mas, longe de ti, o criador do Universo, criador das almas e dos corpos, longe de ti conhecer de tal maneira todas as coisas passadas e futuras. Muito, muito mais maravilhosamente, e muito mais misteriosamente, o Senhor as conhece. Assim como os sentimentos de alguém que canta o que sabe, ou ouve alguma canção bem conhecida, são causados pela expectativa das palavras que virão e pela lembrança das que já passaram, variadas e com os sentidos divididos, não é assim que qualquer coisa acontece a ti, imutavelmente eterno, ou seja, o eterno criador das mentes. Assim como tu, no princípio, conhecias o céu e a Terra, sem qualquer variedade de teu conhecimento, assim também, no princípio, criaste o céu e a Terra, sem qualquer distração de tua ação. Quem entende, confesse a ti, e quem não entende, confesse a ti. Oh, quão elevado és tu, e ainda assim os humildes de coração são a tua morada, pois tu levantas os que estão curvados, e eles não caem, porque tu és sua sustentação.

Afresco barroco de Santo Agostinho pintado por
Václav Vavřinec Reiner na Igreja de São Tomás,
em Praga (República Tcheca).

LIVRO XII

Meu coração, ó Senhor, tocado pelas palavras de tuas santas escrituras, está muito ocupado em meio a essa pobreza de minha vida. Portanto, na maioria das vezes, a pobreza do entendimento humano é abundante em palavras, porque inquirir tem mais a dizer do que descobrir, e exigir é mais longo do que obter, e nossa mão que bate à porta tem mais trabalho a fazer do que nossa mão que recebe. Nós temos a promessa, quem a anulará? "Se Deus é por nós, quem pode ser contra nós?". "Pedi, e tereis; buscai, e achareis; batei, e abrir-se-vos-á". "Porque todo aquele que pede, recebe; e o que busca, encontra; e ao que bate, abrir-se-lhe-á". Essas são tuas promessas. Quem precisa temer ser enganado, quando a verdade promete?

A humildade da minha língua confessa à tua superioridade que tu fizeste o céu e a Terra, o céu que eu vejo e a terra onde eu piso, a qual carrego sobre mim porque tu a fizeste. Mas onde está o céu dos céus, ó Senhor, do qual ouvimos falar nas palavras do Salmo? O céu dos céus é do Senhor, mas a terra, deu-a ele aos filhos dos homens? Onde está aquele céu que não vemos, para o qual tudo isso que vemos é terra? Pois esse todo corpóreo, não estando totalmente em toda parte, recebeu sua porção de beleza nessas partes inferiores, das quais a mais baixa é o nosso planeta Terra. Mas para aquele céu dos céus, mesmo o céu de nossa Terra, não passa de Terra. Sim, esses dois grandes corpos podem ser absurdamente chamados de Terra, para aquele céu desconhecido, que é do Senhor, não dos filhos dos homens.

E agora essa terra era invisível e sem forma, e havia não sei que profundidade de abismo, sobre a qual não havia luz, porque não tinha forma. Por isso mandaste que se escrevesse que havia trevas sobre a face do abismo. Que outra coisa seria, senão a ausência de luz? Se houvesse luz, onde estaria ela, senão no alto, acima de tudo e iluminando? Onde, pois, não havia luz, qual era a presença das trevas, senão a ausência de luz? Portanto, as trevas estavam sobre ela, porque a luz não estava sobre ela, assim como onde não há som é o silêncio que habita. E o que é o silêncio ali, senão a ausência de som? Não ensinaste, Senhor, a sua alma que te confessa? Não me ensinaste, Senhor, que antes de formares e diversificares esta matéria informe, não havia nada, nem cor, nem figura, nem corpo, nem espírito? No entanto, não era totalmente nada, pois o Universo ainda não havia sido formado, sem qualquer beleza.

CONFISSÕES DE SANTO AGOSTINHO

Como, então, deveria ser chamado, para que pudesse ser, de alguma forma, transmitido àqueles de mente mais entorpecida, senão por alguma palavra comum? E o que, entre todas as partes do mundo, pode ser encontrado mais próximo de uma absoluta ausência de forma do que a terra e as profundezas? Ocupando o estágio mais baixo, elas são menos belas do que as outras partes mais elevadas, todas transparentes e brilhantes. Portanto, não posso conceber que a ausência de forma da matéria (que tu criaste sem beleza, para fazer este belo mundo) seja adequadamente indicada aos humanos pelo nome de terra invisível e sem forma.

Assim, quando o pensamento procura o que o sentido pode conceber sob isso, e diz a si mesmo: "Não é forma intelectual, como a vida ou a justiça, porque é a matéria dos corpos, tampouco objeto do sentido, porque sendo invisível e sem forma não havia nela nenhum objeto de visão ou sentido", ao passo que o pensamento do ser humano assim diz a si mesmo, ele pode se esforçar para conhecê-la, sendo ignorante dela, ou para ser ignorante, conhecendo-a.

Mas eu, Senhor, se eu quisesse, por minha língua e minha pena, confessar a ti o todo, tudo o que tu me ensinaste sobre esse assunto – cujo nome, ouvindo antes, e não entendendo, quando aqueles que não o entendiam me falavam dele, eu o concebia como tendo inúmeras formas e diversas e, portanto, não a concebia de forma alguma, minha mente lançava para cima e para baixo "formas" sujas e horríveis, fora de toda ordem, mas ainda assim "formas", e eu a chamava de sem forma, não porque ela não tivesse nenhuma forma, mas porque ela tinha uma forma que minha mente, se apresentada a ela, rejeitaria como algo inusitado e chocante, e a fragilidade humana ficaria perturbada. Ainda assim, aquilo que eu concebia era sem forma, não como se fosse privado de toda forma, mas em comparação com formas mais belas; e a verdadeira razão me persuadiu de que eu deveria despojá-lo totalmente de todos os resquícios de forma, se eu quisesse conceber a matéria absolutamente sem forma. Mas eu não podia, porque antes eu poderia imaginar que não fosse de forma alguma, que deveria ser privado de toda forma, do que conceber uma coisa entre a forma e o nada, nem formada, nem nada, um quase nada sem forma. Assim, minha mente se entregou a esse questionamento com meu espírito, que se encheu de imagens de corpos formados, mudando-os e variando-os, conforme sua vontade, por isso me debrucei sobre os corpos e examinei mais profundamente sua mutabilidade, pela qual eles deixam de ser o que eram e começam a ser o que não eram. E essa mesma mudança de forma para forma eu suspeitava que fosse através de um certo estado sem forma, não através de um mero nada. Entretanto, isso eu desejava saber, não apenas suspeitar. Nem por tudo isso meu coração deixará de honrar-te e de cantar louvores pelas coisas que não é capaz de expressar. A mutabilidade das coisas mutáveis é capaz de todas as formas em que essas coisas mutáveis são transformadas. E o que é essa mutabilidade? É a alma? É o corpo? É aquilo que constitui a alma ou o corpo? Se alguém dissesse: "um nada, alguma coisa", um "é, não é", eu diria que era isso, mas de alguma forma já o era naquela época, como sendo capaz de receber essas figuras visíveis e compostas.

De onde lhe veio esse grau de ser, senão de ti, de quem são todas as coisas, até onde elas são? Tanto mais longe de ti, quanto mais distante de ti, pois não é a fartura de lugar. Tu, portanto, Senhor, que não és um em um lugar e outro em outro, mas o mesmo, e o mesmo, e o mesmo, e o mesmo, santo, santo, santo, senhor Deus todo-poderoso, no princípio, que é de ti, em tua sabedoria, que nasceu de tua substância, criaste algo, e isso do nada. Tu criaste o céu e a Terra, não de ti mesmo, pois assim eles deveriam ser iguais ao teu filho unigênito e, portanto, a ti também, embora não fosse justo que algo fosse igual a ti, que não fosse de ti. E nada mais havia além de ti, do qual pudesses criá-los, ó Deus, trindade una e unidade trina, do nada criaste o céu e a Terra, uma coisa grande e uma coisa pequena, pois tu és todo-poderoso e bom para fazer todas as coisas boas, mesmo o grande céu e a pequena terra. Tu eras, e nada havia além disso, por meio do qual criaste o céu e a Terra, coisas de dois tipos: uma perto de ti, a outra perto de nada, uma à qual só tu deverias ser superior; a outra, à qual nada deveria ser inferior.

Mas aquele céu dos céus era para ti mesmo, Senhor, e a terra que deste aos filhos dos homens, para ser vista e sentida, não era como a que vemos e sentimos agora. Porque era invisível, sem forma, e havia um abismo, no qual não havia luz, ou a escuridão estava acima do abismo, isto é, mais do que no abismo. Porque o abismo de águas, agora visível, mesmo nas suas profundezas tem uma luz própria e natural, perceptível em qualquer grau aos peixes e répteis no seu fundo. Todo esse abismo era quase nada, porque até então era totalmente sem forma. No entanto, já havia o que poderia ser formado. Tu, Senhor, criaste o mundo de uma matéria sem forma, que do nada criaste quase nada, para daí fazeres essas grandes coisas, das quais nós, filhos dos homens, nos maravilhamos. Muito maravilhoso é esse céu corpóreo, do qual firmamento entre água e água, no segundo dia, após a criação da luz, tu disseste: "Faça-se", e foi feito. A esse firmamento chamaste céu, isto é, a terra e o mar que criaste no terceiro dia, dando uma figura visível à matéria informe, que criaste antes de todos os dias. Porque antes de todos os dias havias feito um céu, mas aquele era o céu do céu, porque no princípio fizeste o céu e a Terra. Mas essa mesma terra que fizeste era matéria informe, porque era invisível e sem forma, e havia trevas nas profundezas, terra invisível e sem forma, de quase nada tu poderias fazer todas essas coisas das quais esse mundo mutável consiste, mas não subsiste, cuja própria mutabilidade aparece nele, de modo que os tempos podem ser observados e contados nele. Os tempos são criados pelas alterações das coisas, ao passo que as figuras, cuja matéria é a terra invisível mencionada, são variadas e transformadas.

Portanto, o Espírito, o mestre de teu servo, quando relata que tu, no princípio, criaste o céu e a Terra, não fala de tempos nem de dias. Em verdade, o céu dos céus que criaste no princípio é uma criatura intelectual que, embora não seja de modo algum coeterno a ti, a trindade, ainda assim participa de tua eternidade e, por meio da doçura da mais feliz contemplação de ti mesmo, restringe fortemente sua mutabilidade. Sem qualquer queda desde sua primeira criação, apegando-se a ti, está situado além de toda a vicissitude dos tempos. Sim, tampouco essa mesma falta de forma da terra, invisível e sem forma, é contada entre os dias. Pois onde não há figura nem ordem, nada vem ou vai; e onde isso não existe, claramente não há dias nem qualquer vicissitude de espaços de tempo.

Oh, que a luz, a verdade, a luz de meu coração, e não minha escuridão, fale comigo. Eu caí nisso e me obscureci e mesmo assim eu te amava. Eu me desviei e me lembrei de ti. Ouvi tua voz atrás de mim, pedindo-me que voltasse, e quase não a ouvi, em meio ao tumulto dos inimigos da paz. E agora, eis que volto aflito e ofegante para buscar tua fonte. Que ninguém me impeça! Dela beberei e assim viverei. Não me deixes ser minha vida, porque de mim mesmo eu vivia mal, a morte era para mim mesmo, mas eu revivo em ti. Fala comigo, discursa para mim. Eu acreditei em teus livros, e tuas palavras são muito cheias de mistério.

Já me disseste com voz forte, ó Senhor, em meu ouvido interno, que tu és eterno, que só tu tens imortalidade, uma vez que não podes ser mudado quanto à figura ou ao movimento, tampouco tua vontade é alterada pelos tempos, pois nenhuma vontade que varia é imortal. Isso é claro para mim aos teus olhos, e que seja cada vez mais claro para mim, eu te peço. Na manifestação disso, que eu permaneça com sobriedade sob tuas asas. Tu também me disseste com voz forte, Senhor, em meu ouvido interno, que tu criaste todas as naturezas e substâncias que não são o que tu mesmo és, e ainda assim são. Que somente aquilo que não é de ti, que não é, e o movimento da vontade de ti, que és, para aquilo que em menor grau é, porque tal movimento é transgressão e pecado. Que o pecado de nenhum homem te prejudica ou perturba a ordem de teu governo, seja ele o primeiro ou o último. Isso é claro para mim aos teus olhos, e que seja cada vez mais claro para mim, eu te peço, e na manifestação disso, que eu permaneça com sobriedade sob tuas asas.

Também me disseste com voz forte, em meu ouvido interno, que tampouco aquela criatura tem coeternidade a ti, cuja felicidade só tu és, e que com a mais perseverante pureza, extraindo seu alimento de ti, em nenhum lugar e em nenhum momento manifesta sua mutabilidade natural. Estando tu sempre presente com ela, a quem ela se apega com toda a sua afeição, sem esperar o futuro nem transportar para o passado o que recorda, não é alterada por nenhuma mudança, tampouco distraída em nenhum momento. Ó criatura abençoada, se é que ela existe, por se apegar à tua bem-aventurança, abençoada em ti, seu eterno habitante e seu iluminador! Também não sei que nome posso dar ao céu dos céus, que é o do Senhor, do que à tua casa, que contempla tuas delícias sem qualquer desvio para outra, uma mente pura, harmoniosamente unida, por aquele estado de paz estabelecido dos espíritos santos, os cidadãos da tua cidade nos lugares celestiais, muito acima dos lugares celestiais que vemos.

Com isso, a alma, cuja peregrinação é longa e distante, pode entender que, se agora tem sede de ti, se suas lágrimas agora se tornam seu pão, enquanto todos os dias lhe dizem: "Onde está teu Deus? E quais são os teus dias, senão a tua eternidade, como os teus anos que não falham, porque tu és sempre o mesmo?"; com isso, então, a alma que é capaz, pode entender até a que ponto tu és, acima de todos os tempos, eterno. Vendo que tua casa, que em nenhum momento foi para um país distante, embora não seja coeterna contigo, ainda assim, por se apegar contínua e infalivelmente a ti, não sofre mudança de tempos. Isso é claro para mim aos teus olhos, e que seja cada vez mais claro para mim, eu te peço, e na manifestação disso, que eu permaneça com sobriedade sob tuas asas.

Não sei o que falta de forma nas mudanças dessas últimas e mais baixas criaturas. Quem me dirá, a não ser alguém que por causa do vazio de seu coração se maravilhe e se jogue para cima e para baixo em meio às próprias fantasias? Pois claramente não poderia, porque, sem a variedade de movimentos, não há tempos, tampouco nenhuma variedade, onde não há figura.

Consideradas essas coisas, por mais que tu dês, ó meu Deus, por mais que tu me estimules a bater à porta, e por mais que tu me abras ao bater, duas coisas eu acho que tu fizeste, não dentro do compasso do tempo, nenhuma das quais é coeterna a ti. Uma, tão formada, que sem qualquer cessação de contemplação, sem qualquer intervalo de mudança, embora mutável, mas não mudada, pode desfrutar completamente de tua eternidade e imutabilidade. Outra, tão sem forma que não tinha aquilo que poderia ser mudado de uma forma para outra, seja de movimento ou de repouso, de modo a se tornar sujeita ao tempo. Mas essa tu não deixaste assim sem forma, porque antes de todos os dias, no princípio tu criaste o céu e a Terra, as duas coisas de que falei. Mas a Terra era invisível e sem forma, e havia trevas nas profundezas. Nessas palavras, a ausência de forma é transmitida a nós (para que tais capacidades possam ser desenvolvidas gradualmente, já que não são capazes de conceber uma privação total de toda forma, sem chegar a nada), por meio da qual outro céu poderia ser criado, juntamente a uma Terra visível e bem formada. As águas diversamente ordenadas, e tudo o mais que está na formação do mundo, registradas como tendo sido, não sem dias, criadas, e isso, como sendo de tal natureza, que as sucessivas mudanças de tempos podem ocorrer nelas, como se estivessem sujeitas a alterações designadas de movimentos e de formas.

Isto, pois, é o que eu concebo, ó meu Deus, quando ouço a tua escritura dizer: "No princípio Deus fez o céu e a Terra, e a Terra era invisível e sem forma, e havia trevas nas profundezas", sem mencionar o dia em que tu os criaste. É isso que eu concebo, que por causa do céu dos céus – aquele céu intelectual, cujas inteligências conhecem tudo de uma vez, não em parte, não obscuramente, não através de um vidro, mas como um todo, em manifestação, face a face. Não uma coisa agora, e outra coisa daqui a pouco, mas (como eu disse) conhecem tudo de uma vez, sem qualquer sucessão de tempos. Por causa da terra invisível e sem forma, sem qualquer sucessão de tempos, cuja sucessão apresenta "uma coisa agora, outra coisa daqui a pouco", porque onde não há forma, não há distinção de coisas. Então, por causa desses dois, um primitivo formado e um primitivo sem forma; um, o céu, mas o céu do céu, o outro, a terra, mas a terra invisível e sem forma, porque desses dois eu concebo, tua escritura disse sem menção de dias que "No princípio Deus criou o céu e a Terra". Imediatamente, ela mencionou a terra de que falava; e também, na medida em que o firmamento é registrado para ser criado no segundo dia, e chamado de céu, ela nos transmite de qual céu Deus falou antes, sem menção de dias.

Maravilhosa é a profundidade de tuas palavras, cuja superfície está diante de nós, convidando os pequeninos. Elas são de uma profundidade maravilhosa. Ó meu Deus, que profundidade maravilhosa! É terrível olhar para ela, um horror de honra e um tremor de amor. Seus inimigos eu odeio veementemente. Se tu os matasses com tua espada de dois gumes, para que não fossem mais inimigos dela, eu amo que eles sejam mortos para si mesmos, para que possam viver para ti. Eis que há outros que não são reprovadores, mas exaltam o livro de Gênesis. "O Espírito de Deus", dizem eles, "que por meio de seu servo Moisés escreveu essas coisas, não queria que essas palavras fossem entendidas dessa forma. Ele não queria que fosse entendido como você diz, mas de outra forma, como nós dizemos". Deus todo-poderoso, sendo juiz, eu respondo assim: "Afirmarás que é falso o que, com voz forte, a verdade me diz em meu ouvido interno, a respeito da eternidade do criador, que sua substância não é alterada pelo tempo, tampouco sua vontade separada de sua substância?". Deus não deseja uma coisa agora, outra logo mais, mas uma vez, e de uma vez e sempre, ele deseja todas as coisas que deseja, não de novo e de novo nem agora uma coisa e, depois, deseja o que antes não desejava, muito menos deseja o que antes desejava. Porque tal vontade é e nenhuma coisa mutável é eterna, mas nosso Deus é eterno. Além disso, o que ele me diz em meu ouvido interno, a expectativa das coisas que estão por vir se torna visão, quando elas estão por vir, e essa mesma visão se torna memória, quando elas já passaram. Ora, todo pensamento que assim varia é mutável, e nenhuma coisa mutável é eterna, mas nosso Deus é eterno. Essas coisas eu deduzo e junto, e descubro que meu Deus, o Deus eterno, não fez nenhuma criatura por nova vontade nem seu conhecimento admite qualquer coisa transitória. "Que direis, pois, ó contraditores? Essas coisas são falsas?". "Não", dizem eles. "Então, seria falso que toda natureza já formada, ou matéria capaz de forma, não seja senão daquele que é supremamente bom, porque ale é supremamente?". "Nós não negamos isso", dizem eles. "O que, então, você nega? Que há uma certa criatura sublime, com um amor tão casto que se apega ao verdadeiro e verdadeiramente eterno Deus, que, embora não seja coeterno com ele, ainda assim não é separado dele, tampouco dissolvido na variedade e vicissitude dos tempos, mas repousa na mais verdadeira contemplação apenas dele?". Tu, ó Deus, para aquele que te ama tanto quanto mandas, te mostras e o satisfazes; portanto, ele não se afasta de ti nem de si mesmo. Esta é a casa de Deus, não de forma terrena nem de forma celestial, corpórea, mas espiritual, e participante da tua eternidade, porque sem deserção para sempre. Tu a fizeste firme para todo o sempre, e lhe deste uma lei da qual ela não passará. Tampouco é coeterno a ti, ó Deus, porque não é sem princípio, pois foi feito.

Embora não encontremos tempo antes dela, a sabedoria foi criada antes de todas as coisas. Não aquela sabedoria que é totalmente igual e coeterna a

CONFISSÕES DE SANTO AGOSTINHO

ti, nosso Deus, seu pai, e por quem todas as coisas foram criadas, e em quem, como o princípio, criaste o céu e a Terra, mas aquela sabedoria que é criada, isto é, a natureza intelectual, que, ao contemplar a luz, é luz. Embora criada, também é chamada de sabedoria. Mas a diferença que há entre a luz que ilumina e a que é iluminada, tanto há entre a sabedoria que cria e a que é criada como entre a justiça que justifica e a justiça que é feita pela justificação. Pois também nós somos chamados de tua justiça, porque assim diz um servo teu: "Para que nele fôssemos feitos justiça de Deus". Portanto, uma vez que uma certa sabedoria foi criada antes de todas as coisas, a mente racional e intelectual daquela tua casta cidade, nossa mãe, que está acima, e é livre e eterna nos céus, em que céus, senão naqueles que te louvam, o céu dos céus? Porque este também é o céu dos céus para o Senhor. Embora não encontremos tempo antes dela (porque aquilo que foi criado antes de todas as coisas também precede a criatura do tempo), ainda assim a eternidade do próprio criador está diante dela, de quem, sendo criada, ela teve o início, não de fato do tempo (pois o próprio tempo ainda não existia), mas de sua criação.

Por isso, nosso Deus, ela é tão diferente de ti, e não a mesma, porque, embora não encontremos o tempo nem antes dela nem mesmo nela (estando sempre pronto para contemplar tua face, e nunca se afastando dela, portanto, não é alterada por nenhuma mudança), ainda assim há nela uma obrigação de mudar, o que o faria escurecer e esfriar, mas por uma forte afeição a ti, como o meio- -dia perpétuo, ela brilha e resplandece de ti. Ó casa mais luminosa e deliciosa! Amei tua beleza e o lugar da habitação da glória de meu Senhor, teu construtor e possuidor. Suspire por ti o meu viajante, e eu direi àquele que te fez: "Que ele se apodere de mim também em ti, pois ele me fez da mesma forma. Desgarrei-me como ovelha perdida; contudo, sobre os ombros do meu pastor, teu edificador, espero ser reconduzido a ti".

"Que me dizeis vós, ó contraditores, a quem eu estava falando, que ainda credes que Moisés foi o santo servo de Deus, e seus livros, os oráculos do Espírito Santo? Não é esta casa de Deus, que não é de fato coeterna a Deus, mas segundo sua medida, eterna nos céus, quando buscais mudanças de tempos em vão, porque não as encontrareis? Pois aquilo a que é sempre bom apegar-se a Deus ultrapassa toda a extensão e todos os períodos de tempo que giram". "É", dizem eles. "Então, de tudo o que meu coração proferiu em voz alta ao meu Deus, quando interiormente ouviu a voz de seu louvor, que parte disso você afirma ser falsa? É o fato de que a matéria não tinha forma, e como não havia forma, não havia ordem? Onde não havia ordem não poderia haver vicissitude de tempos, ainda assim esse quase nada, na medida em que não era totalmente nada, era certamente dele, de quem é tudo o que é, em qualquer grau que seja". "Isso também", dizem eles, "nós não negamos".

Com eles eu agora converso um pouco em tua presença, ó meu Deus, que permites que todas essas coisas sejam verdadeiras, que tua verdade sussurre à minha alma. Quanto àqueles que negam essas coisas, que ladrem e se ensurdeçam o quanto quiserem. Tentarei persuadi-los a se aquietarem e também abrir neles um caminho para tua palavra. Mas se eles se recusarem e me repelirem, eu imploro, ó meu Deus, que não te cales para mim. Fala verdadeiramente em meu coração, pois só tu falas assim. Eu os deixarei soprar sobre o pó lá fora, levantando-o para os seus olhos. Eu mesmo entrarei em meu quarto e ali entoarei uma canção de amor a ti, gemendo com gemidos indizíveis, em meu caminho, e lembrando-me de Jerusalém, com o coração erguido para ela, Jerusalém minha pátria, Jerusalém minha mãe, e tu mesmo que governas sobre ela, o iluminador, pai, guardião, marido, o puro e forte deleite, e a sólida alegria, e todas as coisas boas indizíveis, sim, todas ao mesmo tempo, porque o único soberano e verdadeiro bem. Tampouco serei afastado, até que tu reúnas tudo o que sou, deste estado disperso e desordenado, na paz daquela nossa mais querida mãe, onde já estão as primícias do meu espírito (de onde me certifico dessas coisas), e tu o conformes e confirmas para sempre, ó meu Deus, minha misericórdia. Mas aqueles que não afirmam que todas essas verdades são falsas, que honram tua santa escritura, estabelecida pelo santo Moisés, colocando-a, como nós, no topo da autoridade a ser seguida, e ainda assim me contradizem em alguma coisa, eu respondo assim: "Por ti mesmo julga, ó nosso Deus, entre minhas confissões e as contradições dessas pessoas".

Eles dizem: "Embora essas coisas sejam verdadeiras, Moisés não pretendia essas duas, quando, por revelação do Espírito, disse: 'No princípio Deus criou o céu e a Terra', ele não quis dizer, sob o nome de céu, aquela criatura espiritual ou intelectual que sempre contempla a face de Deus, tampouco sob o nome de terra, aquela matéria sem forma". "O que então, aquele homem de Deus", questionam eles, "quis dizer, como dizemos, o que ele declarou com aquelas palavras?". "O quê?". "Com o nome de céu e terra ele primeiramente significaria", perguntam eles, "universal e amplamente, todo este mundo visível para, depois, por meio da enumeração dos vários dias, organizar em detalhes e, por assim dizer, peça por peça, todas aquelas coisas que aprouve ao Espírito Santo enunciar dessa forma. Pois eram tais as pessoas rudes e carnais a quem ele falava, que ele as considerava aptas para que lhes fosse confiado o conhecimento das

CONFISSÕES DE SANTO AGOSTINHO

obras de Deus apenas visíveis?". Eles concordam, no entanto, que as palavras "terra invisível" e "sem forma", bem como aquele "abismo sombrio" (do qual é subsequentemente mostrado que todas essas coisas visíveis que todos nós conhecemos foram feitas e organizadas durante aqueles "dias") podem, não incongruentemente, ser entendidas como essa primeira matéria sem forma.

O que aconteceria se outro questionasse que "essa mesma falta de forma e confusão da matéria foi, por essa razão, primeiramente transmitida sob o nome de céu e Terra, porque dela foi criado e aperfeiçoado este mundo visível com todas as naturezas que mais manifestamente aparecem nele, que é muitas vezes chamado pelo nome de céu e Terra?". E se outro indagar que "a natureza invisível e visível não é, de fato, inapropriadamente chamada de céu e Terra, por isso, a criação universal, que Deus fez em sua sabedoria, isto é, no princípio, foi compreendida sob essas duas palavras? Não obstante, uma vez que todas as coisas não são feitas da substância de Deus, mas do nada (porque elas não são as mesmas que Deus é, e há uma natureza mutável em todas elas, quer permaneçam como a casa eterna de Deus, quer sejam mudadas como a alma e o corpo do ser humano), consequentemente a matéria comum de todas as coisas visíveis e invisíveis (ainda não formadas, embora capazes de forma), da qual deveria ser criado tanto o céu quanto a Terra (ou seja a criatura invisível e visível, quando formada), recebeu os mesmos nomes dados à Terra invisível e sem forma e às trevas nas profundezas, mas com a seguinte distinção: por Terra invisível e sem forma entende-se a matéria corpórea, antes de ser qualificada por qualquer forma, ao passo que por trevas nas profundezas entende-se a matéria espiritual, antes de sofrer qualquer restrição em sua fluidez ilimitada ou receber qualquer luz da sabedoria.

Ainda resta a uma pessoa dizer, se quiser, que "as naturezas já aperfeiçoadas e formadas, visíveis e invisíveis, não são significadas sob o nome de céu e Terra, quando lemos que 'No princípio Deus fez o céu e a Terra', mas que o início ainda não formado das coisas, o material apto a receber forma e fabricação, foi chamado por esses nomes, porque nele estavam contidas confusamente, ainda não distinguidas por suas qualidades e formas, todas aquelas coisas que, sendo agora digeridas em ordem, são chamadas de céu e Terra, sendo uma a criação espiritual e a outra a criação corpórea".

Ouvindo e considerando bem todas essas coisas, não contenderei com palavras, porque isso para nada aproveita, senão para a subversão dos ouvintes. Mas a lei é boa para edificação, se alguém a usar legitimamente, porque o seu fim é a caridade, proveniente de um coração puro e de uma boa consciência, e de uma fé não fingida. E bem sabia o nosso Mestre que de dois mandamentos dependia toda a lei e os profetas. E o que me prejudica, ó meu Deus, tu que iluminas meus olhos em segredo, confessando zelosamente essas coisas, uma vez que diversas coisas podem ser entendidas sob essas palavras que, no entanto, são todas verdadeiras, o que eu digo me prejudica se eu pensar de forma diferente do que outro pensa que o escritor pensou? Todos nós, leitores, realmente nos esforçamos para descobrir e entender o que ele quer dizer quando lemos e, uma vez que acreditamos que ele fala verdadeiramente, não ousamos imaginar que ele tenha dito qualquer coisa que nós mesmos saibamos ou pensemos ser falsa. Enquanto todo ser humano se esforça para entender nas sagradas escrituras o mesmo que o escritor entendeu, que mal há em uma pessoa entender o que tu, a luz de todas as mentes que falam a verdade, mostras ser verdade, embora aquele que lê não tenha entendido isso, visto que ele também entendeu uma verdade, embora não seja essa verdade?

Pois é verdade, ó Senhor, que tu criaste o céu e a Terra, bem como é verdade que o princípio é a tua sabedoria, na qual tu crias tudo. Também é verdade que este mundo visível tem como sua maior parte o céu e a Terra, que resumidamente compreendem todas as naturezas feitas e criadas. E também é verdade que tudo o que é mutável nos dá a entender uma certa falta de forma, pela qual recebe uma forma, ou é mudado, ou transformado. É verdade que aquilo que não está sujeito a nenhum tempo, que se apega de tal maneira à forma imutável, como se estivesse sujeito à mudança, nunca seria mudado. É verdade que aquela ausência de forma, que é quase nada, não pode estar sujeita à alteração dos tempos. É verdade que aquilo de que uma coisa é feita pode, por um certo modo de falar, ser chamado pelo nome da coisa originada dela. Por isso, aquela ausência de forma, da qual o céu e a Terra foram feitos, pode ser chamada de céu e terra. É verdade que, das coisas que têm forma, não há nenhuma mais próxima de não ter forma do que a Terra e as profundezas. É verdade que não apenas todas as coisas criadas e formadas, mas tudo o que é capaz de ser criado e formado, tu fizeste, de quem são todas as coisas. É verdade que tudo o que é originado daquilo que não tinha forma, não tinha forma antes de ser formado.

Dessas verdades, das quais não duvidam aqueles cujos olhos interiores tu capacitaste a ver tais coisas, e que acreditam inabalavelmente que teu servo Moisés falou no Espírito da verdade, de todas elas, então, ele toma uma, que diz: "No princípio Deus fez o céu e a Terra", isto é, "em Sua Palavra coeterna com ele mesmo, Deus fez o inteligível e o sensível, ou a criatura espiritual e corpórea". Há outro que diz, "No Princípio Deus fez o céu e a terra, isto é, em sua palavra coeterna Deus fez a massa universal deste mundo corpóreo, com todas aquelas criaturas aparentes e conhecidas que ele contém". Outro ainda diz: "No princípio Deus fez o céu e a Terra, isto é, em sua palavra coeterna Deus fez a matéria sem forma das criaturas espirituais e corpóreas". E outro, que diz, "No princípio Deus criou o céu e a Terra; isto é, em sua palavra coeterna com Deus criou a matéria informe da criatura corpórea, na qual o céu e a Terra estavam ainda confusos, os quais, sendo agora distinguidos e formados, neste dia vemos na maior parte deste mundo". Outro, que diz: "No princípio Deus fez o céu e a Terra, isto é, no início da criação e da obra, Deus fez aquela matéria informe, contendo confusamente em si tanto o céu quanto a Terra, da qual, sendo formados, eles agora se destacam e são aparentes, com tudo o que há neles".

E com relação ao entendimento das palavras seguintes, de todas essas verdades, ele escolhe uma para si mesmo, que diz: "Mas a Terra era invisível e sem forma, e havia trevas no abismo, isto é, aquela coisa corpórea que Deus fez era ainda uma matéria sem forma de coisas corpóreas, sem ordem, sem luz". Outro diz: "A terra era invisível e sem forma, e havia trevas nas profundezas, isto é, tudo isso, que é chamado de céu e Terra, era uma matéria sem forma e escura, da qual o céu corpóreo e a Terra corpórea deveriam ser feitos, com todas as coisas neles, que são conhecidas por nossos sentidos corpóreos". Outro diz: "A terra era invisível e sem forma, e havia trevas nas profundezas, isto é, tudo isso, que é chamado de céu e Terra, era uma matéria sem forma e sombria, da qual deveria ser feito tanto o céu inteligível, em outro lugar chamado de céu dos céus, quanto a Terra, ou seja, toda a natureza corpórea, sob cujo nome também está incluído este céu corpóreo. Em suma, da qual toda criatura visível e invisível deveria ser criada". Outro que diz: "A terra era invisível e sem forma, e havia trevas nas profundezas, a escritura não chamou essa falta de forma pelo nome de céu e Terra, mas essa falta de forma já existia, a qual ele chamou de Terra invisível e sem forma, e trevas nas profundezas, da qual ele havia dito antes, que Deus havia feito o céu e a Terra – a criatura espiritual e corpórea". Outro diz: "A terra era invisível e sem forma, e havia trevas nas profundezas; isto é, havia uma certa matéria sem forma, da qual a escritura disse que Deus fez o céu e a Terra, a saber, toda a massa corpórea do mundo, dividida em duas grandes partes, superior e inferior, com todas as criaturas comuns e conhecidas nelas".

Se alguém tentar disputar contra essas duas últimas opiniões, da seguinte maneira: "Se você não permitir que essa falta de forma da matéria pareça ser chamada pelo nome de céu e Terra; logo, havia algo que Deus não havia feito, do qual fazer o céu e a Terra, pois nem a escritura nos disse que Deus fez essa matéria, a menos que a entendamos como significando o nome de céu e Terra, ou apenas terra, quando é dito: 'No princípio Deus fez o céu e a Terra' que, portanto, por conseguinte, a Terra era invisível e sem forma (embora lhe agradasse chamar assim a matéria sem forma), não devemos entender outra matéria, mas aquela que Deus fez, da qual está escrito: 'Deus fez o céu e a Terra'". Os defensores de qualquer uma dessas duas últimas opiniões, ao ouvirem isso, responderão: "Nós não negamos que essa matéria sem forma tenha sido, de fato, criada por Deus, aquele Deus de quem todas as coisas são muito boas, pois assim como afirmamos que é um bem maior, que é criado e formado, também confessamos que é um bem menor, que é capaz de ser criado e formado, mas ainda assim é bom. No entanto, dizemos que as escrituras não estabeleceram que Deus fez essa ausência de forma, bem como não estabeleceram muitas outras, como os Querubins e Serafins, e aquelas das quais o apóstolo fala claramente: 'Tronos, dominações, principados e potestades. Tudo o que Deus fez é muito evidente'. Ou, se naquilo que é dito, ele fez o céu e a Terra, todas as coisas estão compreendidas, o que diremos das águas, sobre as quais o Espírito de Deus se moveu?".

No caso de eles estarem incluídos nessa palavra "terra", como, então, a matéria sem forma pode ser entendida nesse nome de terra, quando vemos as águas tão belas? Ou, se assim se entende, por que, então, está escrito que da mesma forma foi feito o firmamento, e chamado céu, e que as águas foram feitas? As águas não permanecem sem forma e invisíveis, uma vez que as vemos fluindo de maneira tão bela. Mas, se elas receberam essa beleza, quando Deus disse: "Ajuntem-se as águas debaixo do firmamento, para que o ajuntamento seja a sua própria formação", o que se dirá das águas que estão acima do firmamento? Visto que, se não tivessem forma, não seriam dignas de um lugar tão honroso, tampouco está escrito com que palavra foram formadas. Se, portanto, o Gênesis é omisso quanto à criação de qualquer coisa por Deus, que, no entanto, Deus fez, nem a fé sã nem o entendimento bem fundamentado duvidam, tampouco qualquer ensinamento sóbrio ousará afirmar que essas águas são coeternas com Deus, com base no fato de que as encontramos mencionadas no livro de Gênesis, mas não encontramos quando foram criadas. Por que (como a verdade nos ensina) não deveríamos entender que aquela matéria sem forma (que a escritura chama de Terra invisível e sem forma, e de profundezas escuras) foi criada por Deus assim do nada e, portanto, não é coeterna a ele, apesar de essa história ter omitido quando ela foi criada?".

CONFISSÕES DE SANTO AGOSTINHO

Essas coisas, então, sendo ouvidas e percebidas, de acordo com a fraqueza de minha capacidade (que confesso a ti, ó Senhor, que a conheces), vejo que dois tipos de discordância podem surgir quando uma coisa é relatada em palavras por verdadeiros relatores. Um, a respeito da verdade das coisas, outro, a respeito do significado do relator. Perguntamos de uma forma sobre a criação da criatura, o que é verdade; de outra forma, o que Moisés, aquele excelente ministro de tua fé, gostaria que seu leitor e ouvinte entendesse por essas palavras. Quanto ao primeiro tipo, afastem-se todos aqueles que imaginam saber como verdade o que é falso. Já quanto ao outro, afastem-se também todos aqueles que imaginam que Moisés escreveu coisas falsas. Mas que eu me una em ti, ó Senhor, com aqueles que se deleitam em ti, com aqueles que se alimentam de tua verdade, na amplitude da caridade, e que nos aproximemos juntos das palavras de teu livro e busquemos nelas o teu significado, por meio do significado de teu servo, por cuja pena tu as distribuíste.

Mas qual de nós, entre as tantas verdades que ocorrem aos inquiridores nessas palavras, conforme são diferentemente entendidas, descobrirá esse único significado, a ponto de afirmar: "Isso Moisés pensou", e "isso ele teria entendido naquela história" com a mesma confiança que ele teria de que "isso é verdade" se Moisés pensou isso ou aquilo? Eis que, ó meu Deus, eu, teu servo, que neste livro te ofereci um sacrifício de confissão e oro para que, por tua misericórdia, possa pagar-te meus votos, posso, com a mesma confiança com que afirmo que, em teu mundo incomutável, criaste todas as coisas visíveis e invisíveis, afirmar também que Moisés não quis dizer outra coisa senão isso, quando escreveu: "No princípio, Deus fez o céu e a Terra?". Não, porque não vejo em sua mente que ele tenha pensado nisso quando escreveu essas coisas, como vejo em tua verdade para ter certeza. Pois ele poderia ter seus pensamentos sobre o início da criação de Deus, quando disse que "no princípio", e por céu e Terra, nesse lugar, ele poderia pretender nenhuma natureza formada e aperfeiçoada, seja espiritual ou corpórea, mas ambas incipientes e ainda sem forma. Percebo que qualquer uma das duas coisas que tenha sido dita pode ter sido verdadeiramente dita, mas qual das duas ele pensou nessas palavras eu não percebo. No entanto, se foi qualquer um desses sentidos, ou qualquer outro além desses (que não mencionei aqui), que esse grande homem viu em sua mente quando proferiu essas palavras, não duvido que ele o tenha visto verdadeiramente e o tenha expressado adequadamente.

Que ninguém me importune, então, dizendo que Moisés não pensou como você diz, mas como eu digo, pois se ele me perguntar: "Como você sabe que Moisés pensou o que você deduz de suas palavras?", eu deveria aceitar a pergunta de bom grado, e responderia, talvez, como eu disse, ou algo mais amplo, se ele fosse inflexível. Ó meu Deus, vida dos pobres, em cujo seio não há contradição, derrama em meu coração um orvalho suave, para que eu possa suportar pacientemente aqueles que me dizem isso, não porque tenham um espírito divino e tenham visto no coração de teu servo o que falam, mas porque são orgulhosos, desconhecendo a opinião de Moisés, mas amando a própria, não porque seja verdadeira, mas porque é a que eles manifestam.

Caso contrário, eles amariam igualmente outra opinião verdadeira, assim como eu amo o que eles dizem, quando dizem a verdade, não porque é deles, mas porque é verdadeiro. Por isso mesmo não é deles, porque é verdadeiro. Mas se eles a amam porque é verdadeira, então ela é tanto deles quanto minha, como sendo comum a todos os amantes da verdade. Entretanto, se eles alegam que Moisés não quis dizer o que eu digo, mas o que eles dizem, isso não me agrada, não me agrada e não me agrada, pois, ainda que fosse assim, a imprudência deles não pertence ao conhecimento, mas sim à ousadia, e não é a perspicácia, mas a vaidade que a originou. Portanto, ó Senhor, teus julgamentos são terríveis, visto que tua verdade não é minha nem de uma pessoa ou de outra, mas pertence a todos nós, a quem tu chamas publicamente para participar dela, advertindo-nos terrivelmente para que não a consideremos privada para nós mesmos, para que não sejamos privados dela. Todo aquele que desafia o que é próprio de si mesmo, que tu propões que todos desfrutem, e quer ter como seu o que pertence a todos, é levado do que é comum para o que é seu, isto é, da verdade para a mentira. Pois quem profere mentira a profere contra si mesmo.

Ouve, ó Deus, tu que és o melhor juiz, a própria verdade, ouve o que eu vou dizer a esse injuriador, ouve, pois é diante de ti que eu falo, e diante de meus irmãos, que empregam a tua lei legitimamente, para o fim da caridade. Ouve e vê, se assim te aprouver, o que eu vou dizer a ele. Por essa palavra fraterna e pacífica, eu respondo: "Se ambos vemos que é verdade o que tu dizes, e ambos vemos que é verdade o que eu digo, onde, peço-te, o vemos? Nem eu em ti, tampouco tu em mim, mas ambos na própria verdade imutável, que está acima de nossas almas". Visto que não lutamos contra a própria luz do Senhor Deus, por que lutar contra os pensamentos de nosso próximo, que não podemos ver, como a verdade imutável é vista? Se o próprio Moisés tivesse aparecido para nós e dissesse: "Isto eu quis dizer", nem assim nós o veríamos, mas acreditaríamos. Não nos ensoberbeçamos, pois, uns contra os outros, acima do que está escrito: amemos ao Senhor nosso Deus de todo o nosso coração, de toda a nossa alma, e de todo o nosso entendimento, bem como ao nosso próximo como a nós mesmos. Tendo em vista esses dois preceitos de caridade, a menos que acreditemos que Moisés quis dizer tudo o que nesses livros ele quis dizer, faremos de Deus um mentiroso, imaginando que a mente de nosso servo é diferente do que ele nos ensinou. Veja agora quão insensato é, em meio a tanta abundância de significados mais verdadeiros, que podem ser extraídos dessas palavras, afirmar precipitadamente qual deles Moisés quis dizer principalmente, e com contendas perniciosas ofender a própria caridade, por cuja causa ele falou todas as coisas, cujas palavras estamos prestes a expor.

Contudo, eu, ó meu Deus, tu que elevas minha humildade e me dá descanso de meu trabalho, que ouves minhas confissões e perdoas meus pecados. Visto que me ordenaste amar ao meu próximo como a mim mesmo, não posso crer que tenhas dado a Moisés, teu fiel servo, menos dádiva do que eu desejaria ou queria que me tivesses dado, se eu tivesse nascido na época em que ele nasceu, e se me tivesses colocado naquele cargo, para que, com o serviço de meu coração e língua, aqueles livros pudessem ser distribuídos, os quais, por tanto tempo depois, beneficiariam todas as nações e, por todo o mundo, por intermédio de tal eminência de autoridade, superariam todas as afirmações de ensinamentos falsos e orgulhosos. Se eu fosse Moisés (sabendo que todos nós viemos da mesma massa, e o que é o ser humano se tu não te importas com ele?), eu teria desejado, se eu fosse o que ele era e tivesse sido ordenado por ti a escrever o livro de Gênesis, que me fosse dado tal poder de expressão e tal estilo, que sequer aqueles que ainda não conseguem entender como Deus criou pudessem rejeitar os ditos, como se estivessem além de sua capacidade, e aqueles que tivessem alcançado isso pudessem encontrar a opinião verdadeira a que haviam chegado pelo pensamento, não deixada de lado naquelas poucas palavras daquele teu servo, mas se outro homem, pela luz da verdade, tivesse descoberto outra, essa também não deixaria de ser descoberta naquelas mesmas palavras.

Assim como uma fonte em um riacho estreito é mais abundante e fornece uma maré para mais riachos em espaços maiores, do que qualquer um desses riachos que, após um grande intervalo, é derivado da mesma fonte, a relação daquele teu dispensador, que deveria beneficiar a muitos que discorressem sobre ela, transborda de uma linguagem estreita para correntes da mais clara verdade, de onde cada ser humano pode extrair para si mesmo toda a verdade que puder sobre esses assuntos, uma, uma verdade, outra, outra verdade, por maiores circunlocuções de discurso. Pois alguns, quando leem ou ouvem essas palavras, concebem que Deus, como um homem ou alguma massa dotada de poder ilimitado, por alguma nova e súbita resolução, exterior a si mesmo, como se estivesse a uma certa distância, criou o céu e a Terra, dois grandes corpos acima e abaixo, nos quais todas as coisas estão contidas.

E quando ouvem isto que Deus disse: "Faça-se, e foi feito", eles concebem palavras começadas e terminadas, soando no tempo e passando, depois de cuja partida aquilo veio a existir, o que foi ordenado a fazer, e qualquer coisa do gênero o conhecimento dos seres humanos com o mundo material sugeriria, nos quais, sendo ainda pequeninos e carnais, enquanto sua fraqueza é exercida por esse humilde modo de falar, como no seio materno, a fé deles é salutarmente edificada e, assim, passam a ter a certeza de que Deus fez todas as naturezas, as quais, em admirável variedade, seus olhos contemplam. Isso significa que se alguém que despreza, por ser simples demais, com uma fraqueza orgulhosa, estender-se além do ninho guardião, infelizmente cairá miseravelmente. Tem compaixão, ó Senhor Deus, de que os que vão pelo caminho não pisem a ave que não foi criada, e envia o teu anjo para recolocá-la no ninho, a fim de que viva até que possa voar.

Outros, porém, para os quais essas palavras não são mais um ninho, mas sim uma frondosa árvore frutífera, veem os frutos escondidos nelas, voam alegremente ao redor delas e, com notas alegres, os procuram e colhem. Por lerem ou ouvirem essas palavras é que eles veem que todos os tempos passados e vindouros são superados por tua permanência eterna e estável, ainda que não haja criatura formada no tempo, que não seja de tua autoria, cuja vontade, por ser a mesma que tu és, criaste todas as coisas, não por qualquer mudança de vontade nem por uma vontade que antes não existia, e que essas coisas não saíram de ti mesmo, à tua semelhança, que é a forma de todas as coisas, mas do nada, uma semelhança sem forma, que deveria ser formada por tua semelhança (recorrendo à tua unidade, de acordo com a capacidade designada, na medida em que é dada a cada coisa em sua espécie), e todas poderiam ser feitas muito boas, quer permaneçam ao teu redor, quer sejam gradualmente removidas no tempo e no lugar, feitas ou submetidas às belas variações do Universo. Essas coisas eles veem e se regozijam, no pouco grau que podem, à luz de tua verdade.

Outro inclina sua mente para o que é dito: "No princípio, Deus fez o céu e a Terra", e nisso contempla a sabedoria, o princípio, porque Deus também nos fala. Outro igualmente inclina sua mente sobre as mesmas palavras, e por princípio entende o início das coisas criadas. No princípio Deus fez, como se fosse dito, ele primeiro fez. Entre aqueles que entendem que no princípio significa "em tua sabedoria criaste o céu e a Terra", um acredita que a matéria da qual o céu e a Terra deveriam ter sido criados seria chamada de céu e Terra, ao passo que outro entende serem naturezas formadas e distinguidas. Já outro entende ser uma natureza formada, e essa espiritual, sob o nome de céu, a outra sem forma, uma matéria corpórea, sob o nome de Terra. Aqueles que, pelos nomes "céu" e "terra", entendem a matéria como ainda informe, da qual o céu e a Terra deveriam ser formados, tampouco a entendem de uma única maneira, mas sim aquela matéria da qual tanto a criatura inteligível quanto a sensível deveriam ser aperfeiçoadas, outra, aquela apenas, da qual essa massa corpórea sensível deveria ser feita, contendo em seu vasto seio essas naturezas visíveis e comuns. Tampouco entendem o mesmo aqueles que acreditam que as criaturas já ordenadas e dispostas estão nesses lugares chamados céu e Terra, mas um, tanto o invisível quanto o visível, o outro, apenas o visível, no qual contemplamos esse céu luminoso e essa Terra escura, com as coisas neles contidas.

Mas aquele que não entende de outra forma os dizeres "no princípio ele fez", só pode realmente entender que Deus fez o céu e a Terra da matéria do céu e da Terra, isto é, da criação universal inteligível e corpórea. Pois, se ele quisesse entender o Universo como já formado, poderia ser corretamente perguntado a ele: "Se Deus fez isso primeiro, então o que ele fez depois?". Depois do Universo ele não encontrará nada. Então, ele deve, mesmo contra sua vontade, ouvir outra pergunta: "Como Deus fez isso primeiro, se nada depois?". Mas quando ele diz que Deus fez a matéria primeiro sem forma, depois formada, não há absurdo, se ele for qualificado para discernir o que precede pela eternidade, o que pelo tempo, o que pela escolha e o que no original. Por eternidade, como Deus é antes de todas as coisas; por tempo, como a flor antes do fruto; por escolha, como o fruto antes da flor; por origem, como o som antes da melodia. Desses quatro, o primeiro e o último mencionados são compreendidos com extrema dificuldade; os dois do meio, facilmente. Uma visão rara e muito elevada é contemplar tua eternidade, ó Senhor, imutável, tornando as coisas mutáveis e, assim, antes delas. E quem, novamente, é de entendimento tão aguçado, a ponto de ser capaz de discernir, sem grandes esforços, como o som pode existir antes da melodia; porque uma melodia é um som formado; e uma coisa não formada pode existir; ao passo que aquilo que não existe não pode ser formado. Assim, a matéria é anterior à coisa feita, não porque ela a faz, visto que ela própria é feita, tampouco é anterior por intervalo de tempo, porque não emitimos primeiro, no tempo, sons sem forma, sem cantar e, depois, os adaptamos ou moldamos na forma de um cântico, como a madeira ou a prata, da qual é feito um baú ou vaso. Tais materiais, com o tempo, também precedem as formas das coisas feitas com eles, mas no canto não é assim, porque quando é cantado, seu som é ouvido em razão de não haver primeiro um som informe, que depois é transformado em um cântico. Cada som, tão logo seja produzido, desaparece, e você não consegue encontrar algo para recordar e pela arte para compor. Assim, então, o cântico se concentra em seu som, cujo som é sua matéria. E isso de fato é formado, para que possa ser uma melodia. Portanto, (como eu disse) a matéria do som é anterior à forma da melodia, não antes, através de qualquer poder que tenha para torná-lo uma melodia, pois um som não é de forma alguma o mestre de obras da melodia, mas sim algo corpóreo, sujeito à alma que canta, da qual faz uma melodia. Tampouco é o primeiro em tempo, pois é apresentado juntamente à melodia. Também não é o primeiro em escolha, pois um som não é melhor do que uma melodia, sendo que a melodia não é apenas um som, mas um belo som. É o primeiro no original, porque uma melodia não recebe forma para se tornar um som, mas um som recebe uma forma para se tornar uma melodia. Com esse exemplo, que aquele que for capaz entenda como a matéria das coisas foi feita pela primeira vez, e chamada de céu e Terra, porque o céu e a Terra foram feitos dela. No entanto, ela não foi feita primeiro no tempo, porque as formas das coisas dão origem ao tempo, mas aquilo que era sem forma, que agora é, no tempo, um objeto de sentido juntamente à sua forma. No entanto, nada pode ser relacionado a essa matéria, a não ser como se fosse anterior no tempo, ao passo que em valor ela é a última (porque as coisas formadas são superiores às coisas sem forma) e é precedida pela eternidade do criador para que assim pudesse haver do nada, de onde algo poderia ser criado.

Nessa diversidade de opiniões verdadeiras, que a própria verdade produza a concórdia. E nosso Deus tenha misericórdia de nós, para que possamos

CONFISSÕES DE SANTO AGOSTINHO

usar a lei legitimamente, o fim do mandamento, a pura caridade. Com isso, se uma pessoa indagar: "Qual desses foi o sentido de teu servo Moisés?", essa não seria a linguagem de minhas confissões, não deveria eu confessar a ti: "Eu não sei", e ainda assim eu sei que esses sentidos são verdadeiros, exceto aqueles carnais, dos quais eu falei o que parecia necessário. E mesmo aqueles pequeninos esperançosos que assim pensam têm o benefício de que as palavras de teu livro não os assustam, apresentando coisas elevadas com simplicidade e, com poucas palavras, um significado abundante. Todos nós que, eu confesso, vemos e expressamos a verdade entregue nessas palavras, amemos uns aos outros e, conjuntamente, amemos a ti, nosso Deus, a fonte da verdade, se estivermos sedentos por ela, e não por vaidades. Sim, honremos de tal forma teu servo Moisés, o dispensador dessa escritura, cheio do teu espírito, a ponto de acreditar que, quando por tua revelação ele escreveu essas coisas, ele pretendia aquilo que, entre elas, se destaca principalmente tanto pela luz da verdade quanto pela fecundidade do lucro.

Portanto, quando alguém diz: "Moisés quis dizer como eu"; e outro: "Não, mas como eu", suponho que falo com mais reverência: "Por que não como ambos, se ambos são verdadeiros?". E se houver um terceiro, ou um quarto, sim, se qualquer outro veja qualquer outra verdade nessas palavras, por que não acreditar que ele viu todos esses por meio dos quais o verdadeiro Deus temperou as escrituras sagradas de acordo com os sentidos de muitos, quem veria nelas coisas verdadeiras a não ser diversos? Eu destemidamente falo isso de meu coração, que se eu fosse escrever qualquer coisa para ter autoridade suprema, preferiria escrever assim, para que qualquer verdade que alguém pudesse apreender sobre esses assuntos pudesse ser transmitida em minhas palavras, em vez de estabelecer meu significado tão claramente a ponto de excluir o resto, que não sendo falso, não poderia me ofender. Portanto, ó meu Deus, não serei tão imprudente a ponto de não acreditar que o Senhor concedeu o mesmo a esse grande homem. Ele, sem dúvida, quando escreveu essas palavras, percebeu e pensou em toda a verdade que pudemos encontrar, sim, e em tudo o que não pudemos, nem ainda podemos, mas que pode ser encontrado nelas.

Por fim, ó senhor, que és Deus e não carne e sangue, se as pessoas vissem menos poderia alguma coisa ser ocultada de teu bom espírito (que me conduzirá à terra da retidão), que tu mesmo, por meio dessas palavras, estavas prestes a revelar aos leitores nos tempos vindouros, embora aquele por meio de quem elas foram ditas, talvez entre muitos significados verdadeiros, tenha pensado em algum? Mas a nós, ó Senhor, revela esse mesmo significado, ou qualquer outro verdadeiro que te aprouver, para que, se nos descobrires o mesmo, como a esse teu servo, ou a qualquer outro, por ocasião dessas palavras, possas nos alimentar, e não nos enganar. Veja, senhor meu Deus, o quanto escrevemos em poucas palavras, quanto te peço! Que força nossa, sim, que idades seriam suficientes para todos os teus livros dessa maneira? Permita-me, então, confessar-te mais brevemente e escolher um único sentido verdadeiro, certo e bom que tu me inspirarás, embora muitos ocorram, onde muitos possam ocorrer, sendo essa a lei da minha confissão, que se eu disser o que teu ministro quis dizer, isso é certo e melhor, porque isso eu devo tentar, e se eu não conseguir, ainda assim devo dizer o que tua verdade quis me dizer por meio de suas palavras, que também revelaram a Moisés o que o senhor quis significar.

Afresco de Santo Agostinho, Doutor da Igreja Católica, pintado por Gersam Turri, presente no Santuário do Santíssimo Crucifixo, na comuna italiana Como.

LIVRO XIII

Eu te invoco, ó meu Deus, minha misericórdia, que me criaste e não te esqueceste de mim. Eu te invoco em minha alma que, pelo desejo que tu mesmo inspiraste, preparaste para ti. Não me deixes agora de invocar-te, a quem impediste antes que eu invocasse, e me incitaste com muitos e repetidos apelos, para que eu te ouvisse de longe, e me convertesse, e invocasse a ti, que me invocaste. Tu, senhor, apagaste todos os meus maus merecimentos, para não retribuir em minhas mãos, com o que me afastei de ti, e impediste todos os meus bons merecimentos, de modo a retribuir a obra de tuas mãos com que me fizeste. Porque antes de eu existir, tu eras, eu não era coisa alguma, à qual pudesses conceder que existisse, no entanto, eis que, por tua bondade, estou impedindo tudo isso que me fizeste e de que me fizeste. Pois nem precisaste de mim, tampouco sou tão bom a ponto de ser útil a ti, meu senhor e Deus, não para servir-te, como se quisesses te cansar de trabalhar ou para que teu poder não fosse menor, se faltasse meu serviço, muito menos para cultivar teu serviço, como uma terra que deve permanecer inculta, a menos que eu te cultive, mas para servir e adorar-te, para que eu possa receber um bem-estar de ti, de quem vem o fato de eu ser capaz de ter bem-estar.

Da plenitude de tua bondade subsiste tua criatura, de modo que um bem que de modo algum poderia beneficiar-te nem era de ti (para que não fosse igual a ti) poderia ainda ser, uma vez que poderia ser feito de ti. Pois o que o céu e a Terra, que criaste no princípio, mereciam de ti? Que as naturezas espirituais e corpóreas que criaste em tua sabedoria digam o que mereciam de ti, para depender delas (mesmo em seu estado incerto e sem forma, seja espiritual ou corpóreo, pronto para cair em uma liberdade imoderada e em uma distante singularidade para ti. O espiritual, embora sem forma, é superior ao corpóreo, apesar de ser formado, e o corpóreo, embora sem forma, é melhor do que se fosse totalmente nada). Assim, depender de tua palavra, como sem forma, a menos que pela mesma palavra eles fossem trazidos de volta à tua unidade, dotados de forma e de ti, o único e soberano bem, fossem feitos todos muito bons. Como mereciam eles de ti, mesmo sem forma, uma vez que não tinham sido nem mesmo isso, mas de ti?

Como a matéria corpórea merecia de ti ser invisível e sem forma, visto que ela não era sequer isso, mas que tu a criaste e, portanto, por não ser, não poderia merecer de ti ser criada? Ou como poderia a criatura espiritual incipiente merecer de ti, até para fluir e refluir sombriamente como as profundezas, diferente de ti, a menos que tivesse sido, pela mesma palavra, voltada para aquilo, por quem foi criada, e por ele assim iluminada, tornada luz, embora não igualmente, mas de forma conforme àquela forma que é igual a ti? Pois assim como em um corpo ser não é o mesmo que ser belo, senão ele não poderia ser deformado, para um espírito criado viver não é o mesmo que viver sabiamente, senão ele deveria ser sábio de forma imutável. Mas é bom que ele sempre se apegue a ti, para que não perca a luz que obteve ao se voltar para ti, ao se afastar de ti, e recaia em uma vida semelhante às profundezas sombrias. Nós mesmos, que somos criaturas espirituais quanto à alma, nos afastamos de ti, nossa luz, e naquela vida, às vezes, éramos trevas e ainda trabalhávamos em meio às relíquias de nossas trevas, até que, em teu único filho, passamos a ser tua justiça, como as montanhas de Deus. Pois temos sido teus julgamentos, que são como o grande abismo.

O que disseste no princípio da criação: "Haja luz, e houve luz", eu entendo, não de forma inadequada, da criatura espiritual, porque já havia uma espécie de vida que tu poderias iluminar. Mas, assim como não tinha direito a ti para uma vida que pudesse ser iluminada, também agora que existia não tinha nada para ser iluminado. Nem seu estado informe poderia ser agradável a ti, a menos que se tornasse luz, e isso não por existir simplesmente, mas por contemplar a luz iluminadora e se apegar a ela, de modo que o fato de ter vivido, e vivido feliz, não aconteceu por causa de nada além de tua graça, sendo transformado por uma mudança melhor para aquilo que não pode ser transformado em pior ou melhor, que só tu és, porque só tu simplesmente és. Para ti não é uma coisa viver, outra coisa é viver abençoadamente, visto que tu mesmo és a própria bem-aventurança.

O que, então, poderia faltar ao teu bem, que tu mesmo és, embora essas coisas nunca tivessem existido ou permanecessem sem forma, que tu criaste, não por falta, mas sim pela plenitude de tua bondade, restringindo-as e convertendo-as em forma, não como se tua alegria fosse satisfeita por elas? Pois, sendo tu perfeito, a imperfeição deles é desagradável, e por isso eles foram aperfeiçoados por ti e te agradam, não como se tu fosses imperfeito e, por meio do aperfeiçoamento deles também devesses ser aperfeiçoado. Teu bom espírito foi de fato levado sobre as águas, e não levado por elas, como se repousasse sobre elas. Aqueles sobre os quais se diz que o teu bom espírito repousa, o senhor o faz repousar em si mesmo. Tua vontade incorruptível e imutável, em si mesma suficiente para si mesma, foi carregada

CONFISSÕES DE SANTO AGOSTINHO

sobre a vida que tu criaste, para a qual, viver não é um viver feliz, visto que ela também vive, oscilando e fluindo em sua escuridão, para a qual resta ser convertida a seu espírito, por quem foi feita, e viver mais e mais pela fonte da vida, e em sua luz ver a luz, e ser aperfeiçoada, iluminada e embelezada.

Eis que agora a trindade me aparece em um vidro escuro, que és tu meu Deus, porque tu, ó pai, naquele que é o princípio de nossa sabedoria, que é tua sabedoria, nascido de ti mesmo, igual a ti e coeterno, isto é, em teu filho, criaste o céu e a Terra. Muito dissemos sobre o céu dos céus, e sobre a Terra invisível e sem forma, e sobre o abismo tenebroso, em referência à instabilidade errante de sua deformidade espiritual, a menos que tivesse sido convertida a Deus, de quem tinha seu grau de vida e por sua iluminação tornou-se uma vida bela, e o céu daquele céu, que mais tarde foi colocado entre água e água. E sob o nome de Deus, eu agora segurava o pai, que fez essas coisas, e sob o nome de princípio, o filho, em quem o senhor fez essas coisas, e acreditando, como eu acreditava, que meu Deus era a trindade, eu pesquisei mais em suas santas palavras, e eis que teu espírito se moveu sobre as águas. Eis a trindade, meu Deus, pai, e filho, e Espírito Santo, criador de toda a criação.

Mas qual foi a causa, ó luz que fala a verdade? A ti elevo meu coração. Não deixe que ele me ensine vaidades, mas dissipe suas trevas, e diga-me, eu te peço, por nossa mãe caridade, diga-me a razão, eu te peço, por que depois da menção do céu e da Terra invisível e sem forma, e da escuridão nas profundezas, tua escritura deveria mencionar teu espírito? Seria porque era conveniente que o conhecimento dele fosse transmitido, como sendo "levado acima", e isso não poderia ser dito, a menos que aquilo fosse mencionado primeiro, sobre o qual teu espírito pode ser entendido como tendo sido levado? Pois nem ele foi carregado acima do pai, tampouco do filho, muito menos poderia ser corretamente dito que foi carregado acima, se não fosse carregado sobre nada. Assim, em primeiro lugar, devia-se falar daquilo sobre o qual ele poderia ser suportado e, em seguida, dele, de quem não convinha falar de outra forma senão como sendo suportado. Por que não convinha que o conhecimento dele fosse transmitido de outra forma, a não ser como sendo suportado acima?

Portanto, aquele que for capaz, siga com o entendimento de teu apóstolo, quando ele disse assim: "Porque o teu amor é derramado em nossos corações pelo Espírito Santo que nos é dado". Com relação aos dons espirituais, ele nos ensina uma maneira mais excelente de caridade, quando ele dobra o joelho diante de ti por nós, para que possamos ter o conhecimento supremo do amor de Cristo. Desde o princípio, foi Cristo elevado acima das águas. A quem direi isso? Como falar do peso dos maus desejos, para baixo, para o abismo íngreme, e como a caridade se eleva novamente por teu espírito, que foi carregado sobre as águas? A quem direi isso? Como falarei isso? Não é no espaço que nos fundimos e emergimos. O que pode ser mais, e ainda assim o que pode ser menos parecido? São afeições, são amores, a impureza de nosso espírito fluindo para baixo com o amor das preocupações, e a santidade do teu nos elevando pelo amor do repouso sem ansiedade, para que possamos elevar nossos corações a ti, aonde teu espírito é levado para ficar acima das águas e chegar àquele repouso supremo, quando nossa alma tiver passado pelas águas.

Os anjos caíram, a alma do ser humano caiu e, assim, apontou o abismo naquela profundeza escura, pronta para toda a criação espiritual, se tu não tivesses dito desde o princípio: "Haja luz", e houvesse luz, e toda inteligência obediente de tua cidade celestial tivesse se apegado a ti e descansado em teu espírito, que é sustentado imutavelmente sobre tudo o que é mutável. De outra forma, até o céu dos céus seria em si mesmo um abismo sombrio. Mas agora é luz no Senhor. Pois mesmo naquela miserável inquietação dos espíritos, que caíram e descobriram as próprias trevas, quando despojados das vestes de tua luz, tu revelas suficientemente quão nobre tu fizeste a criatura razoável, para a qual nada será suficiente para proporcionar um descanso feliz, a não ser tu, e sequer ela mesma. Tu, ó nosso Deus, iluminarás nossas trevas, de ti nasce nossa vestimenta de luz, e então nossas trevas serão como o meio-dia. Ó meu Deus, dá-te a mim, restaura-te a mim, eis que eu amo, e se for pouco, quero amar mais fortemente. Não posso medir para saber quanto amor ainda me falta, para que minha vida possa correr para teus braços e não se afastar, até que esteja escondida no lugar oculto de tua presença. Só sei que, ai de mim, se não estiver em ti, não só fora, mas também dentro de mim mesmo, e toda abundância que não seja o meu Deus é um vazio para mim.

Mas o pai ou o filho não foram levados sobre as águas? Se isso significa, no espaço, como um corpo, então o Espírito Santo também não foi. Se a imutável supereminência da divindade acima de todas as coisas mutáveis, então tanto o pai como o filho e o Espírito Santo foram levados sobre as águas. Por que, então, isso é dito apenas de teu espírito, por que é dito apenas dele? Como se ele estivesse no lugar, quem não está no lugar, de quem somente está escrito que ele é teu dom? Em teu dom nós descansamos, ali nós te desfrutamos. Nosso descanso é o nosso lugar. O amor nos eleva até lá, e teu bom espírito eleva nossa humildade das portas da morte. Em teu bom prazer está a nossa paz. O corpo, pelo próprio peso, se esforça para chegar ao seu lugar. O peso não se dirige apenas para baixo, mas para o próprio lugar. O fogo tende para cima, a pedra para baixo. Eles são impelidos por seu peso, buscam os próprios lugares. O óleo derramado sobre a água é elevado acima da água, e a água derramada sobre o óleo afunda abaixo do óleo. Eles são impelidos por seus pesos a buscar os próprios lugares. Quando estão fora de sua ordem, ficam inquietos; quando voltam à ordem, ficam em repouso. Meu peso é meu amor, e assim sou carregado para onde quer que eu seja carregado. Somos inflamados. Por teu dom somos acesos e levados para cima, brilhamos interiormente e avançamos. Subimos em teus caminhos que estão em nosso coração e cantamos uma canção, brilhamos interiormente com teu fogo, com o teu bom fogo, e vamos, porque subimos para a paz de Jerusalém, porque me alegrei com aqueles que me disseram: "Subiremos à casa do Senhor". Ali nos colocou a tua boa vontade, para que nada mais desejemos, a não ser ficar ali para sempre.

Bendita criatura, que, sendo ela mesma diferente de ti, não conheceu outra condição senão a de que, assim que foi feita, sem qualquer intervalo, por teu dom, que é sustentado acima de todas as coisas mutáveis, foi sustentado acima por aquele chamado pelo qual tu disseste: "Haja luz", e houve luz. Em nós, porém, isso se deu em épocas diferentes, pois éramos trevas e nos tornamos luz, mas disso só se diz o que teria sido se não tivesse sido iluminado. E isso é dito como se antes fosse instável e tenebroso, para que assim apareça a causa pela qual foi feito diferente, a saber, que ao ser voltado para a luz infalível tornou-se luz. Quem puder, que entenda isso, que pergunte a ti. Por que ele deveria me incomodar, como se eu pudesse iluminar qualquer pessoa que viesse a este mundo?

Qual de nós compreende a trindade todo-poderosa? No entanto, qual não fala dela, se de fato é ela? Rara é a alma que, embora fale dela, sabe do que está falando. Eles discutem e lutam, mas, sem paz, nenhuma pessoa tem essa visão. Eu gostaria que os seres humanos considerassem esses três, que estão em si mesmos. Esses três são, de fato, muito diferentes da trindade. Eu apenas digo onde eles podem praticar a si mesmos, e lá provar e sentir quão longe eles estão. Ora, os três de que falei são: ser, saber e querer. Pois eu sou, e sei, e quero; eu sei e quero; e sei que sou e quero; e quero ser e saber. Nesses três pontos, portanto, aquele que puder discernir veja quão inseparável é a vida, sim, uma vida, uma mente e uma essência, e, por fim, quão inseparável é a distinção, e ainda assim uma distinção. Certamente, uma pessoa tem isso diante de si, que ele olhe para dentro de si mesmo, veja e me diga. Mas quando ele descobrir e puder dizer qualquer coisa sobre isso, que ele não pense que encontrou o que está acima disso, que é imutável, e sabe que é imutável, e deseja ser imutável. Se por causa desses três há em Deus também uma trindade, ou se todos os três estão em cada um, de modo que os três pertencem a cada um, ou se ambas as formas de uma só vez, maravilhosamente, simplesmente e ainda assim de forma múltipla, Deus é ligado a si mesmo, dentro de si mesmo, mas sem limites, por meio do qual ele é, e é conhecido por si mesmo e basta a si mesmo, imutavelmente o mesmo ser, pela abundante grandeza de sua unidade. Quem pode conceber isso prontamente? Quem poderia expressá-lo de alguma forma? Quem poderia, de alguma forma, pronunciar-se precipitadamente sobre isso?

Prossiga em sua confissão, diga ao senhor seu Deus: "Ó minha fé, santo, santo, santo, ó senhor meu Deus, em teu nome fomos batizados, pai, filho e Espírito Santo; em teu nome batizamos, pai, filho e Espírito Santo, porque entre nós também, em seu Cristo, Deus fez o céu e a Terra, a saber, o povo espiritual e carnal de sua Igreja". Sim, e nossa Terra, antes de receber a forma de doutrina, era invisível e sem forma, e estávamos cobertos pelas trevas da ignorância. Tu castigaste o ser humano por causa da iniquidade, e teus julgamentos foram para ele como o grande abismo. Mas, como o teu espírito era elevado sobre as águas, tua misericórdia não abandonou nossa miséria, e disseste: "Haja luz. Arrependei-vos, porque é chegado o reino dos céus. Arrependei-vos, que haja luz". E porque nossa alma estava perturbada dentro de nós, lembramo-nos de ti, Senhor, desde a terra do Jordão, e daquele monte igual a ti mesmo, mas pouco por nossa causa, e nossas trevas nos desagradaram, voltamo-nos para ti e houve luz. E eis que éramos às vezes trevas, mas agora somos luz no Senhor.

Pela fé, e não pela vista, porque pela esperança somos salvos, mas a esperança que se vê não é esperança. As profundezas chamam as profundezas, mas agora com a voz dos teus esguichos de água. Aquele que diz: "Não vos pude falar como a espirituais, mas como a carnais", esse ainda não se julga alcançado, e se esquece das coisas que ficaram para trás, e se aproxima das que estão adiante, e geme, sobrecarregado, e a sua alma tem sede do Deus vivo, como o cervo das fontes, e diz: "Quando virei? desejando ser revestida da sua casa que é do céu, e clama a este abismo inferior, dizendo: 'Não vos conformeis com este mundo, mas transformai-vos pela renovação do vosso entendimento. E não sejais meninos no entendimento, mas na malícia, sede meninos, para que no entendimento sejais perfeitos' e, 'ó gálatas insensatos, quem vos enganou?'". Mas agora não mais em sua voz, mas na tua, que enviaste o teu espírito do alto, por meio daquele que subiu ao alto e abriu as comportas de seus dons, para que a força de suas correntes alegrasse a cidade de Deus. Esse amigo do noivo suspira por ele, tendo agora as primícias do espírito depositadas com ele, mas ainda gemendo em seu íntimo, aguardando a adoção, ou seja, a redenção de seu corpo. Por ele suspira, como membro da noiva, bem como por ele tem ciúmes, como amigo do noivo suspira depois, tendo agora as primícias do espírito depositadas com ele, mas ainda gemendo em si mesmo, aguardando a adoção, ou seja, a redenção de seu corpo; por ele suspira, como membro da noiva; por ele tem ciúmes, como amigo do noivo; por ele tem ciúmes, não por si mesmo; porque com a voz de teus esguichos de água, e não com a própria voz, ele chama aquela outra profundeza, de quem, sendo ciumento, teme, para que, assim como a serpente enganou Eva com sua sutileza, a mente deles não seja corrompida pela pureza que há em nosso noivo, teu único filho. Oh, que luz de beleza será essa, quando o virmos como ele é, e aquelas lágrimas que têm sido meu alimento dia e noite, enquanto eles me dizem diariamente: "Onde está agora o Teu Deus?".

Eis que eu também digo: "Ó meu Deus, onde estás?". Veja, onde estás! Em ti eu respiro um pouco, quando derramo minha alma por mim mesmo na voz de alegria e louvor, o som daquele que guarda o dia santo. E ainda assim é triste, porque recai e se torna um abismo, ou melhor, percebe que ainda é um abismo. A ela se refere minha fé, que tu acendeste para iluminar meus pés durante a noite: "Por que estás triste, ó minha alma, e por que me perturbas? Espera no Senhor". Sua palavra é descanso para os pés. Espera e persevera até que a noite, a mãe dos ímpios, até que a ira do Senhor seja vencida, da qual nós também já fomos filhos, e às vezes éramos trevas, relíquias que trazemos em nosso corpo, mortas por causa do pecado, até que o dia amanheça e as sombras se dissipem. Espera no Senhor. Pela manhã, estarei em tua presença e te contemplarei, para sempre te confessarei. Pela manhã, estarei em tua presença e verei a saúde do meu semblante, meu Deus, que também vivificará nossos corpos mortais, pelo espírito que habita em nós, porque Deus, em misericórdia, foi levado sobre nossas trevas interiores e profundezas flutuantes, de quem recebemos, nessa peregrinação, a confirmação de que agora seremos luz, enquanto somos salvos pela esperança e somos filhos da luz e filhos do dia, não filhos da noite nem das trevas, como às vezes éramos. Entre quem e nós, nessa incerteza do conhecimento humano, tu apenas divides. Tu, que provas nossos corações, e chamas a luz de dia e as trevas de noite. Quem nos discerne, senão tu? E que temos nós que não tenhamos recebido de ti? Da mesma massa se fazem vasos para honra, e outros para desonra.

Ou quem, senão tu, nosso Deus, nos fez aquele firmamento de autoridade sobre nós na tua divina escritura? Como se diz: "Porque o céu será dobrado como um pergaminho; e agora está estendido sobre nós como uma pele". Tua divina escritura é de autoridade mais eminente, uma vez que os mortais, por meio dos quais tu a distribuis a nós, passaram pela mortalidade. Tu sabes, Senhor, tu sabes, como tu, com peles, vestiste os seres humanos, quando eles, pelo pecado, tornaram-se mortais. Por isso, como uma pele, estendeste o firmamento do teu livro, isto é, tuas palavras harmoniosas, que, pelo ministério de pessoas mortais, espalhaste sobre nós. Com a morte deles aquele sólido firmamento de autoridade, em teus discursos apresentados por eles, foi mais eminentemente estendido sobre todos os que estão sob ele. Enquanto eles viviam aqui, não foi tão eminentemente estendido. Tu ainda não tinhas estendido o céu como uma pele, tu ainda não tinhas ampliado em todas as direções a glória de suas mortes.

Olhemos, Senhor, para os céus, obra de teus dedos, afastemos de nossos olhos a nuvem que espalhaste sob eles. Ali está o teu testemunho, que dá sabedoria aos pequeninos; aperfeiçoa, ó meu Deus, o teu louvor da boca dos pequeninos e das crianças de peito. Pois não conhecemos outros livros que destruam tanto o orgulho, que destruam tanto o inimigo e o defensor, que resiste à tua reconciliação defendendo os próprios pecados. Não conheço, Senhor, não conheço outras palavras tão puras que me persuadam a confessar, que tornem meu pescoço flexível ao teu jugo e que me convidem a servir-te por nada. Permita-me entendê-las, bom pai, conceda isso a mim, que estou sob elas, porque para aqueles que estão sob elas, o senhor as estabeleceu.

Há outras águas acima deste firmamento, creio que imortais e separadas da corrupção terrena. Que eles louvem teu nome, que eles te louvem, o povo supercelestial, teus anjos, que não têm necessidade de olhar para este firmamento, ou de ler para saber de tua palavra. Eles sempre contemplam tua face e ali leem, sem nenhuma sílaba no tempo, o que deseja tua vontade eterna; eles leem, eles escolhem, eles amam. Estão sempre lendo, e aquilo que leem nunca passa, pois, ao escolher e ao amar, leem a própria imutabilidade de teu conselho. Seu livro nunca está fechado, nem seu pergaminho dobrado. Tu mesmo és isso para eles, e és eternamente, porque tu os ordenaste acima deste firmamento, que estabeleceste firmemente sobre a enfermidade do povo inferior, onde eles poderiam olhar para cima e aprender tua misericórdia, anunciando no tempo aquele que fez os tempos. Tua misericórdia, Senhor, está nos céus, e a tua verdade chega até as nuvens. As nuvens passam, mas o céu permanece. Os pregadores da tua palavra passam desta vida para outra, mas a tua escritura se espalha pelo povo, até o fim do mundo. Contudo, o céu e a Terra passarão, mas as tuas palavras não passarão. Porque o rolo se enrolará, e a erva sobre a qual foi estendido passará com a sua beleza, mas a tua palavra permanece para sempre, a qual agora nos aparece sob a imagem escura das nuvens, e através do vidro dos céus, não como é, porque nós também, embora bem-amados de teu filho, ainda não aparecemos o que seremos. Ele olha através da grade de nossa carne, e nos falou com ternura, e nos acendeu, e corremos atrás de seus odores. Mas quando ele aparecer, então seremos semelhantes a ele, pois o veremos como ele é. Como ele é, Senhor, assim será a nossa visão.

Pois, como tu és, só tu sabes, porque és imutável, e sabes ser imutável, e queres ser imutável. Tua essência sabe, e deseja imutavelmente e teu conhecimento é, e deseja imutavelmente. Tua vontade é, e sabe imutavelmente. Tampouco parece correto aos teus olhos que, assim como a luz imutável conhece a si mesma, ela deva ser conhecida pela coisa iluminada e mutável. Portanto, minha alma é como uma terra onde não há água, porque, assim como não pode por si mesma iluminar-se, também não pode por si mesma satisfazer-se. A fonte da vida está em ti, assim como na tua luz veremos a luz. Quem reuniu os amargurados em uma só sociedade? Pois todos eles têm um só fim, uma felicidade temporal e terrena, para a qual fazem todas as coisas, embora oscilando para cima e para baixo com uma variedade inumerável de preocupações. Quem, senhor, senão tu, disse: "Ajuntem-se as águas em um só lugar, e apareça a terra seca, que tem sede de ti?". Também o mar é teu, e tu o fizeste, e tuas mãos prepararam a terra seca. Nem a amargura das vontades dos seres humanos, mas o ajuntamento das águas, é chamado de mar, porque tu restringes os desejos perversos das almas das pessoas, e lhes fixas os limites, até onde lhes é permitido passar, para que suas ondas se quebrem umas contra as outras, e assim tu o fazes um mar, pela ordem do teu domínio sobre todas as coisas.

As almas que têm sede de ti, e que aparecem diante de ti (sendo por outros limites divididas da sociedade do mar), tu regas com uma doce fonte, para que a terra produza seu fruto, e tu, senhor Deus, assim ordenando, nossa alma pode brotar obras de misericórdia de acordo com sua espécie, amando nosso próximo no alívio de suas necessidades corporais, tendo semente em si mesma de acordo com sua semelhança, quando, por sentir nossa enfermidade, nos compadecemos de modo a aliviar os necessitados; ajudando-os, como nós seríamos ajudados, se estivéssemos na mesma necessidade; não somente nas coisas fáceis, como a erva que dá semente, mas também na proteção de nossa assistência, com nossa melhor força, como a árvore que dá fruto, isto é, fazendo bem em salvar aquele que sofre injustiça das mãos dos poderosos, e dando-lhe o abrigo da proteção, pela força poderosa do juízo justo.

Assim, senhor, assim, eu te peço, que brote, como tu fazes, como tu dás alegria e capacidade, que a verdade brote da terra, e a justiça desça do céu, e que haja luzes no firmamento. Partamos o nosso pão para o faminto e tragamos para nossa casa os pobres sem lar. Vistamos os nus, e não desprezemos os da nossa carne. E que a nossa luz temporária irrompa, e nós mesmos, com base nessa frutificação inferior da ação, chegando ao deleite da contemplação, obtendo a palavra de vida no alto, apareçamos como luzes no mundo, aderindo ao firmamento de tua escritura. Pois ali tu nos instruis a fazer a divisão entre as coisas intelectuais e as coisas dos sentidos, como entre o dia e a noite; ou entre as almas, dadas às coisas intelectuais ou às coisas dos sentidos, de modo que agora não apenas tu, no segredo do teu julgamento, como antes do firmamento ser feito, divides entre a luz e as trevas, mas teus filhos espirituais também estabelecidos e classificados no mesmo firmamento (agora que tua graça está aberta em todo o mundo), podem iluminar a Terra e dividir entre o dia e a noite, e servir como sinais dos tempos, de que as coisas velhas já passaram e que todas as coisas se tornaram novas. Que a nossa salvação está mais próxima do que quando cremos, e que a noite já passou, e o dia está próximo. Que tu coroarás o teu ano com bênçãos, enviando os trabalhadores da tua bondade para a tua seara, em cuja semeadura outros trabalharam, enviando-os também para outro campo, cuja colheita será no fim. Assim, tu atendes às orações de quem pede e abençoas os anos dos justos. Tu és o mesmo, e em teus anos que não falham, tu preparas um celeiro para nossos anos que passam. Por um conselho eterno, tu, em suas devidas épocas, concedes bênçãos celestiais sobre a Terra. Pois a um é dada pelo espírito a palavra de sabedoria, como se fosse a luz menor; a outro, a fé; a outro, o dom com a luz da verdade perspicaz, como se fosse a regra do dia. A outro, a palavra de conhecimento pelo mesmo espírito, como se fosse a luz menor; a outro, a fé; a outro, o dom de curar; a outro, a operação de milagres; a outro, a profecia; a outro, o discernimento de espíritos; a outro, várias espécies de línguas. E todos estes como se fossem estrelas. Porque todas essas coisas operam o mesmo e único espírito, repartindo a cada um o que lhe apraz, e fazendo aparecer as estrelas manifestamente, para delas tirar proveito. Mas a palavra de conhecimento, na qual estão contidos todos os sacramentos, que variam em suas estações como se fosse a lua, e aqueles outros avisos de dons, que são contados em ordem, como se fossem estrelas, na medida em que ficam aquém daquele brilho da sabedoria, que alegra o dia mencionado anteriormente, são apenas para o governo da noite. São necessárias para aqueles a quem teu prudentíssimo servo não podia falar como a um espiritual, mas como a um carnal. Sim, aquele que fala com sabedoria entre os perfeitos. Mas o homem natural, que é como um bebê em Cristo e se alimenta de leite, até que se fortifique para o alimento sólido e seus olhos possam contemplar o Sol, não habite em uma noite destituída de toda luz, mas contente-se com a luz da lua e das estrelas. Assim falas, nosso Deus todo-sábio, em teu livro, teu firmamento, para que possamos discernir todas as coisas, em uma contemplação admirável, embora ainda em sinais e em tempos, e em dias e em anos.

Primeiro, é necessário que nos lavemos, purificando-nos, tirando o mal de nossas almas e de diante dos olhos, para que apareça a terra seca. Aprender a fazer o bem, julgar o órfão, defender a viúva, para que a terra produza erva verde para mantimento, e árvore que dê fruto. Venham, arrazoemos juntos, diz o Senhor, para que haja luminares no firmamento dos céus, e eles resplandeçam sobre a Terra. Aquele homem rico perguntou ao bom mestre o que deveria fazer para alcançar a vida eterna. Que o bom mestre lhe dissesse (a quem ele não considerava mais do que um homem; mas ele é bom porque é Deus), que lhe dissesse que, se quiser entrar na vida, deve guardar os mandamentos. Que afaste de si a amargura da malícia e da maldade. Não matar, não cometer adultério, não furtar, não levantar falso testemunho. Que a terra seca apareça e produza a honra de pai e mãe e o amor ao próximo. Tudo isso (diz ele) tenho guardado. De onde, pois, tantos espinhos, se a terra é fértil? Vai, desarraiga os espinheiros da avareza, vende o que tens, e farta-te de fruto, dando aos pobres, e terás um tesouro no céu, e segue ao Senhor, se queres ser perfeito, associado com aqueles de quem ele fala a sabedoria, que sabe o que há de repartir ao dia e à noite, para que também tu o saibas, e para ti haja luminares no firmamento dos céus, o que não acontecerá se o teu coração não estiver ali, tampouco acontecerá se não estiver ali o teu tesouro, como ouviste do bom mestre. Mas a terra estéril se entristeceu, e os espinhos sufocaram a palavra.

Ó geração eleita, ó fracos do mundo, que abandonou tudo para seguir o Senhor, sigam após ele e confundam os poderosos, sigam-no, ó pés formosos, e resplandeçam no firmamento, para que os céus anunciem a sua glória, fazendo separação entre a luz dos perfeitos, embora não como os anjos e as trevas dos pequeninos, embora não desprezados. Brilhem sobre a Terra. E o dia, iluminado pelo Sol, pronuncie ao dia a palavra da sabedoria; e à noite, brilhando com a Lua, mostrem à noite a palavra do conhecimento. A Lua e as estrelas brilham para a noite; contudo, a noite não as obscurece, pois elas lhe dão luz em seu grau. Eis que Deus disse: "Haja luminares no firmamento do céu". De repente, veio do céu um som, como se fosse o estrondo de um vento impetuoso, e apareceram línguas entrelaçadas, como que de fogo, e pousou sobre cada uma delas. E no firmamento do céu foram feitos luminares que tinham a palavra da vida. Corram por toda parte, ó fogos santos, ó fogos formosos, porque são a luz do mundo, e não devem estar escondidos; aquele a quem vocês se apegaram é exaltado, e os exaltou. Corram de um lado para outro, e sejam conhecidos de todas as nações.

E o mar conceba e dê à luz suas obras; e as águas deem à luz a criatura que se move e que tem vida. Porque vocês, separando o precioso do vil, foram transformados na boca de Deus, pela qual ele diz: "Produzam as águas, não o ser vivente que a terra produz, mas o ser vivente que se move, e as aves que voam sobre a terra". Teus sacramentos, ó Deus, pelo ministério dos teus santos, moveram-se em meio às ondas de tentações do mundo, para santificar os gentios em teu nome, em teu batismo. E em meio a essas coisas, muitas grandes maravilhas foram realizadas, como se fossem grandes baleias; e as vozes de teus mensageiros voando acima da Terra, no firmamento aberto de teu livro, que foi colocado sobre eles, como sua autoridade sob a qual eles deveriam voar, para onde quer que fossem.

Pois não há fala nem língua em que a voz deles não seja ouvida, visto que o som deles se espalhou por toda a Terra, e suas palavras até o fim do mundo, porque tu, Senhor, os multiplicaste com bênçãos.

Falo falsamente, ou misturo e confundo, e não faço distinção entre o conhecimento lúcido dessas coisas no firmamento do céu e as obras materiais no mar ondulado e sob o firmamento do céu? Pois daquelas coisas cujo conhecimento é substancial e definido, sem qualquer aumento por geração, como se fossem luzes de sabedoria e conhecimento, ainda assim, mesmo nelas, as operações materiais são muitas e diversas. Uma coisa crescendo, originada de outra, elas são multiplicadas por tua bênção, ó Deus, que refrescaste a fastidiosidade dos sentidos mortais, de modo que uma coisa no entendimento de nossa mente pode, pelos movimentos do corpo, ser de muitas maneiras exposta e expressa. Esses sacramentos têm as águas trazidas à tona, mas em tua palavra. As necessidades do povo, afastado da eternidade de tua verdade, as trouxeram, mas em teu evangelho, porque as próprias águas as lançaram, cuja amargura doentia foi a causa, por isso foram enviadas em tua palavra.

Agora, todas as coisas que fizeste são belas, mas eis que tu mesmo és indescritivelmente mais belo, que fizeste tudo, de quem, se Adão não tivesse caído, nunca teria saído a salinidade do mar, isto é, a raça humana tão profundamente curiosa, e tempestuosamente inchada, e incansavelmente caindo para cima e para baixo. Então, não haveria necessidade de teus dispensadores operarem em muitas águas, de maneira corpórea e sensível, feitos e ditos misteriosos. Pois essas criaturas que se movem e voam agora me parecem significar que as pessoas que são iniciadas e consagradas por sacramentos corpóreos não devem lucrar mais, a menos que sua alma tenha uma vida espiritual e a menos que, após a palavra de admissão, ela busque a perfeição.

E assim, em tua palavra, não as profundezas do mar, mas a terra separada da amargura das águas, produz, não a criatura que se move e que tem vida, mas a alma vivente. Pois agora ela não precisa mais de batismo, como os pagãos, e como ela mesma tinha, quando foi coberta pelas águas (porque não há outra entrada para o reino dos céus, uma vez que tu determinaste que essa deveria ser a entrada). Também não procuras maravilhas de milagres para fazer crer, pois não é tal que, a menos que veja sinais e maravilhas, não crerá, agora que a terra fiel está separada das águas que foram amargas com a infidelidade, e as línguas são um sinal, não para os que creem, mas sim para os que não creem. A terra que fundaste sobre as águas também não precisa daquela espécie voadora que, por tua palavra, as águas produziram. Envia a tua palavra a ela por meio dos teus mensageiros, pois falamos da obra deles, mas és tu que operas neles para que produzam nela uma alma vivente. A terra a produz, porque a terra é a causa de eles operarem isso na alma, assim como o mar foi a causa de eles operarem nas criaturas que se movem e que têm vida, e nas aves que voam sob o firmamento do céu, das quais a terra não tem necessidade, embora se alimente do peixe que foi tirado do abismo, sobre a mesa que preparaste na presença dos que creem. Por isso foi tirado do abismo, para alimentar a terra seca, e as aves, embora criadas no mar, ainda se multiplicam sobre a terra. Pois a infidelidade do homem foi a causa das primeiras pregações dos evangelistas. Contudo, os fiéis também são exortados e abençoados por eles, dia após dia, em grande número. Mas a alma vivente tem seu início na Terra, pois só é proveitoso para aqueles que já estão entre os fiéis conter-se do amor deste mundo, para que sua alma possa viver para ti, que estava morta enquanto vivia em prazeres, em prazeres que trazem a morte, Senhor, pois tu, Senhor, és o deleite vivificante do coração puro.

Agora, então, que teus ministros trabalhem sobre a terra – não como sobre as águas da infidelidade, pregando e falando por meio de milagres, sacramentos e palavras místicas, em que a ignorância, mãe da admiração, poderia estar atenta a eles, por reverência a esses sinais secretos. Pois essa é a entrada na fé para os filhos de Adão, esquecidos de ti, enquanto se escondem de tua face e se tornam um abismo sombrio. Que teus ministros trabalhem agora como em terra seca, separados dos redemoinhos do grande abismo, e que sejam um modelo para os fiéis, vivendo diante deles e estimulando-os à imitação. Porque assim ouvem os seres humanos, não somente para ouvir, mas também para fazer. Busquem o Senhor, e suas almas viverão para que a terra produza a alma vivente. Não se conformem com o mundo. Afastem-se dele. A alma vive evitando o que morre afetando. Confinem-se da selvageria descontrolada do orgulho, da volúpia vagarosa do luxo e do falso nome do conhecimento, para que assim as feras sejam domadas, o gado seja quebrado ao jugo e as serpentes, inofensivas. Pois esses são os movimentos de nossa mente sob uma alegoria, isto é, a arrogância do orgulho, o deleite da luxúria e o veneno da curiosidade são os movimentos de uma alma morta, porque a alma não morre de modo a perder todo o movimento, mas morre ao abandonar a fonte da vida, e assim é tomada por este mundo transitório e se conforma com ele.

Tua palavra, ó Deus, é a fonte da vida eterna, e não passa. Portanto, essa partida da alma é contida pela tua palavra, quando nos é dito: "Não vos conformeis com este mundo; para que assim a terra possa, na fonte da vida, produzir uma alma viva". Isto é, uma alma tornada continente na tua palavra, pelos teus evangelistas, seguindo os seguidores do teu Cristo. Pois isso é segundo a sua espécie, porque o ser humano costuma imitar o seu amigo. Sejam (diz ele) como eu sou, porque eu também sou como vocês. Assim, nessa alma vivente, haverá bons animais, com mansidão de ação (pois tu ordenaste: "Continua com teus negócios com mansidão, e assim serás amado por todos os homens"); e bom gado, que, se comer, não se sobrecarregará, tampouco se não comer terá falta alguma; e boas serpentes, não perigosas para fazer mal, mas prudentes para nos precavermos; e só investigando essa natureza temporal, basta que a eternidade seja vista claramente, sendo compreendida pelas coisas que estão feitas. Essas criaturas são obedientes à razão, quando, sendo impedidas de nos causar dano mortal, elas vivem e são boas.

Eis que, ó senhor, nosso Deus, nosso criador, quando nossas afeições tiverem sido refreadas do amor do mundo, pelo qual morremos por vivermos mal, e começarmos a ser uma alma vivente, por vivermos bem, e a tua palavra, que falaste por meio do teu apóstolo, for cumprida em nós: "Não vos conformeis com este mundo", segue-se também a palavra que tu acrescentaste, dizendo: "Mas transformai-vos pela renovação da vossa mente", não agora segundo a nossa espécie, como se seguíssemos o nosso próximo que nos precedeu, tampouco como se vivêssemos segundo o exemplo de algum homem melhor (pois tu não dissete: "Que o homem seja feito segundo a sua espécie", mas sim que: "Façamos o homem segundo a nossa imagem e semelhança"), para que possamos provar qual é a tua vontade. Para isso, disse aquele teu dispensador (que gerou filhos pelo evangelho), para que não os tivesse para sempre como bebês, aos quais ele deveria alimentar com leite e cuidar como uma ama; sejam transformados (disse ele) pela renovação de suas mentes, para que possam provar qual é a boa, agradável e perfeita vontade de Deus. Tu não dissete: "Faça-se o homem", mas "Façamos o homem". Tampouco dissete: "segundo a sua espécie", mas "segundo a nossa imagem e semelhança". O ser humano, sendo renovado em sua mente, e contemplando e compreendendo tua verdade, não precisa do homem como seu diretor, de modo a seguir sua espécie; mas, por tua direção, prova qual é a boa, agradável e perfeita vontade de tua parte. Sim, tu o ensinas, agora tornado capaz, a discernir a trindade da unidade e a unidade da trindade. Portanto, ao que foi dito no plural: "Façamos o homem", acrescenta-se ainda no singular: "E Deus fez o homem"; e ao que foi dito no plural: "Conforme a nossa semelhança", acrescenta-se no singular: "Conforme a imagem de Deus". Assim é o ser humano renovado no conhecimento de Deus, segundo a imagem daquele que o criou; e, tendo sido feito espiritual, julga todas as coisas (todas as coisas que devem ser julgadas), mas a si mesmo não é julgado por ninguém.

O fato de ele julgar todas as coisas corresponde ao seu domínio sobre os peixes do mar, sobre as aves do céu, sobre todos os animais domésticos e selvagens, sobre toda a terra e sobre todos os répteis que se arrastam sobre a terra. Isso ele faz pelo entendimento de sua mente, por meio do qual percebe as coisas do espírito de Deus, ao passo que, de outra forma, o ser humano, sendo colocado em posição de honra, não tinha entendimento, e era comparado aos animais brutos e se tornava semelhante a eles. Na tua Igreja, pois, ó nosso Deus, segundo a graça que lhe concedeste (porque somos tua obra, criados para as boas obras), não somente os que estão espiritualmente constituídos, mas também os que espiritualmente se sujeitam aos que estão constituídos, pois assim fizeste o ser humano macho e fêmea, na tua graça espiritual, segundo o sexo do corpo, não há macho nem fêmea, porque nem judeu nem grego, nem escravo nem livre. As pessoas espirituais (sejam as que estão no comando, sejam as que obedecem) julgam espiritualmente, não aquele conhecimento espiritual que brilha no firmamento (porque não devem julgar quanto a essa autoridade suprema), tampouco podem julgar teu livro, mesmo que algo nele não brilhe claramente, pois submetemos nosso entendimento a ele e temos certeza de que mesmo o que está fechado à nossa visão, ainda assim é correto e verdadeiro. Assim o ser humano, embora agora espiritual e renovado no conhecimento de Deus segundo a imagem daquele que o criou, deve ser um cumpridor da lei, não um juiz. Tampouco julga ele a distinção entre homens espirituais e carnais, que são conhecidos aos teus olhos, ó nosso Deus, e que ainda não se nos revelaram por obras, para que por seus frutos os conheçamos; mas tu, Senhor, já os conheces, e os tens dividido e chamado em segredo, desde que o firmamento foi feito. Tampouco julga ele, embora espiritualmente, o povo inquieto deste mundo, pois o que tem ele que fazer para julgar os que estão

CONFISSÕES DE SANTO AGOSTINHO

de fora, não sabendo quais deles entrarão mais tarde na doçura da tua graça, e quais continuarão na perpétua amargura da impiedade?

O ser humano que fizeste segundo a tua imagem, não recebeu domínio sobre os luminares do céu nem sobre o próprio céu oculto, tampouco sobre o dia e a noite, que tu denominaste antes da fundação do céu, muito menos sobre o ajuntamento das águas, que é o mar, mas recebeu domínio sobre os peixes do mar, e as aves do céu, e sobre todos os animais domésticos, e sobre toda a terra, e sobre todos os répteis que se arrastam sobre a terra. Deus julga e aprova o que acha certo, e desautoriza o que acha errado, seja na celebração dos sacramentos pelos quais as pessoas são iniciadas, conforme tua misericórdia busca em muitas águas; ou naquele em que é apresentado o peixe, do qual, retirado das profundezas, a terra devota se alimenta; ou nas expressões e sinais de palavras, sujeitos à autoridade de teu livro, tais sinais, que saem da boca e soam, voando como se estivessem sob o firmamento, interpretando, expondo, discutindo, disputando, consagrando ou orando a ti, de modo que o povo possa responder: "Amém!". O pronunciamento vocal de todas essas palavras é ocasionado pelas profundezas deste mundo e pela cegueira da carne, que não pode ver os pensamentos, de modo que é necessário falar em voz alta aos ouvidos, de modo que, embora as aves voadoras se multipliquem sobre a terra, elas têm seu início nas águas. O ser humano espiritual também julga, permitindo o que é certo e proibindo o que acha errado, nas obras e na vida dos fiéis; suas esmolas, como se a terra produzisse frutos, e da alma viva, vivendo pela domesticação das afeições, na castidade, no jejum, nas santas meditações; e das coisas que são percebidas pelos sentidos do corpo. Sobre todas essas coisas, diz-se agora que ele julga, e que também tem poder de correção.

Mas o que é isso, e que tipo de mistério? Eis que abençoas a humanidade, ó Senhor, para que cresça e se multiplique, e encha a terra. Não nos dás, assim, uma dica para entendermos alguma coisa? Por que também não abençoaste a luz, que chamaste de dia, tampouco o firmamento do céu nem as luzes, ou as estrelas, sequer a terra e o mar? Eu poderia dizer que tu, ó Deus, que nos criaste segundo a tua imagem, poderia dizer que foi do teu agrado conceder essa bênção especialmente ao ser humano. Não tiveste, da mesma forma, abençoado os peixes e as baleias, para que aumentassem e se multiplicassem, e enchessem as águas do mar, e para que as aves se multiplicassem sobre a terra. Eu poderia dizer também que essa bênção pertencia propriamente a essas criaturas, que são geradas de sua espécie, se eu a tivesse encontrado dada às árvores frutíferas, às plantas e aos animais da terra. Mas agora nem às ervas, muito menos às árvores, tampouco aos animais ou às serpentes é dito: "Crescei e multiplicai-vos". Não obstante todos esses, bem como os peixes, as aves ou os humanos, por geração, aumentam e continuam sua espécie.

Que direi, pois, ó verdade, ó luz minha? Que foi dito por brincadeira e sem sentido? Não é assim, ó pai de piedade, longe de um ministro de tua palavra dizer isso. E se eu não entender o que tu queres dizer com essa frase, que meus superiores, isto é, aqueles que têm mais entendimento do que eu, façam melhor uso dela, de acordo com o que tu, meu Deus, deste a cada pessoa para entender. Que a minha confissão também seja agradável aos teus olhos, na qual te confesso que creio, ó Senhor, que não falas assim em vão, tampouco suprimirei o que essa lição me sugere. Pois é verdade, e não vejo o que poderia me impedir de entender assim as palavras figurativas de tua Bíblia. Eu sei que uma coisa pode ser significada de várias maneiras por expressões corpóreas, o que é entendido de uma maneira pela mente; e o que é entendido de várias maneiras na mente, o que é significado de uma maneira pela expressão corpórea. Eis que o único amor de Deus e de nosso próximo, por meio de que múltiplos sacramentos e inúmeras línguas, e em cada uma das várias línguas, em quão inumeráveis modos de falar, ele é expresso corporalmente. Assim, a descendência das águas aumenta e se multiplica. Observe novamente, quem quer que leia isso, eis que o que a escritura entrega, e a voz pronuncia uma única maneira, "No princípio Deus criou o céu e a Terra", não é entendido de forma múltipla, não através de qualquer engano de erro, mas por vários tipos de sentidos verdadeiros? Assim, a descendência do ser humano aumenta e se multiplica.

Se, portanto, concebermos as naturezas das coisas em si, não alegoricamente, mas apropriadamente, então a frase cresce e se multiplica, concorda com todas as coisas que vêm da semente. Mas se tratarmos as palavras como faladas figurativamente (o que eu suponho ser o propósito da escritura, que certamente não atribui essa bênção de forma supérflua à descendência de animais aquáticos e do ser humano apenas); então encontramos "multidão" para pertencer a criaturas espirituais e corporais, como no céu e na Terra, e para justos e injustos, como na luz e nas trevas; e aos autores sagrados que têm sido os ministros da lei para nós, como no firmamento que está estabelecido entre as águas e as águas; e à sociedade de pessoas ainda na amargura da infidelidade, como no mar; e ao zelo de almas santas, como

CONFISSÕES DE SANTO AGOSTINHO

na terra seca; e às obras de misericórdia pertencentes a esta vida presente, como nas ervas que dão sementes e nas árvores que dão frutos; e aos dons espirituais apresentados para edificação, como nas luzes do céu; e às afeições formadas para a temperança, como na alma viva. Em todos esses casos encontramos multidões, abundância e aumento, mas o que deve aumentar e se multiplicar de tal forma que uma coisa possa ser expressa de muitas maneiras, e uma expressão entendida de muitas maneiras, não encontramos, exceto em sinais corporalmente expressos e em coisas mentalmente concebidas. Por sinais corporalmente pronunciados entendemos as gerações das águas, necessariamente ocasionadas pela profundidade da carne; por coisas mentalmente concebidas, as gerações humanas, em razão da fecundidade da razão. E para esse fim acreditamos que tu, Senhor, tenhas dito a esses tipos: "Aumentai e multiplicai-vos". Pois, com essa bênção, creio que tu nos concedeste um poder e uma faculdade, tanto para expressar de várias maneiras o que entendemos apenas de uma, quanto para entender de várias maneiras o que lemos como sendo obscuramente transmitido apenas de uma. As águas do mar são reabastecidas, que não são movidas senão por vários significados, assim, com o aumento humano, a terra também é reabastecida, cuja secura aparece em seu desejo, e a razão a domina.

Eu também diria, ó senhor meu Deus, o que a escritura a seguir me faz pensar. Sim, eu direi, e não temerei. Eu direi a verdade, pois tu mesmo me inspiraste com o que desejas que eu diga com base nessas palavras. Por nenhuma outra inspiração além da tua, creio que falo a verdade, pois tu és a Verdade, e todo homem é mentiroso. Aquele, pois, que profere mentira, fala do que lhe é próprio; para que eu possa falar a verdade, falarei da tua. Eis que nos deste por mantimento toda erva que dá semente e que está sobre toda a terra, e toda árvore em que há fruto de árvore que dá semente. E não somente a nós, mas também a todas as aves do céu, e aos animais da terra, e a todos os répteis, embora aos peixes e às grandes baleias não os deste. Dissemos que esses frutos da terra significavam, e figuravam em uma alegoria, as obras de misericórdia que são providas para as necessidades desta vida originados da terra frutífera. Tal terra era a do piedoso Onesíforo,[24] a cuja casa concedeste misericórdia, porque muitas vezes ele refrescava o teu Paulo e não se envergonhava da sua corrente. Assim fizeram também os irmãos, e tal fruto produziram, os quais da Macedônia lhe supriram as

---

24 Um dos primeiros cristãos citado no Novo Testamento, em II Timóteo (2 Timóteo 1:16–18 e 2 Timóteo 4:19).

faltas. Mas como se entristeceu por causa de algumas árvores que não lhe deram o fruto que lhe era devido, quando diz: "Na minha primeira resposta ninguém me apoiou, mas todos me abandonaram. Rogo a Deus que isso não lhes seja imputado". Esses frutos são devidos àqueles que nos ministram a doutrina espiritual por meio de sua compreensão dos mistérios divinos. São devidos a eles, como homens. Sim, e devidos a eles também, como a alma viva, que se dá como exemplo, em toda a continuidade, e devidos a eles também, como criaturas voadoras, por suas bênçãos que são multiplicadas sobre a terra, porque seu som se espalhou por todas as terras.

Mas os que se alimentam desses frutos se deleitam com eles, e não se deleitam com eles, cujo Deus é o seu ventre. Porque nem naqueles que os produzem está o fruto, mas no espírito com que os produzem. Aquele, pois, que servia a Deus, e não ao seu ventre, bem vejo por que se alegrava. Vejo-o, e me alegro com ele. Porque havia recebido dos filipenses o que eles lhe haviam enviado por Epafrodito[25]. Contudo, vejo por que se alegrava. Porque, na verdade, muito me alegro (diz ele) no Senhor, por ter finalmente voltado a florescer seu cuidado para comigo, o qual também tinham, mas havia se tornado penoso. Esses filipenses, pois, já se haviam secado, com um longo cansaço, e se haviam secado, por assim dizer, quanto a dar esse fruto de uma boa obra. Paulo se alegra por eles, por terem florescido de novo, e não por si mesmos, mas por terem suprido suas necessidades. Portanto, diz ele, "Não que eu esteja falando de necessidade, pois aprendi estar contente em qualquer estado em que me encontre. Sei tanto ser humilhado como abundar, em toda parte e em todas as coisas sou instruído tanto a estar cheio como a ter fome, tanto a abundar como a passar necessidade. Posso todas as coisas naquele que me fortalece".

De que te alegrarás, pois, ó grande Paulo? De que te alegrarás? De que te alimentarás, ó homem, renovado no conhecimento de Deus, segundo a imagem daquele que te criou, alma vivente, de tanto viver, língua como a das aves que voam, falando mistérios? Porque a essas criaturas é devido esse alimento. O que é que te alimenta? A alegria. Ouçamos o que se segue: "Não obstante, fizeram bem em participar da minha aflição". Por isso ele se alegra, e aqui se alimenta, porque fizeram bem, e não porque a sua situação foi aliviada, dizendo: "Tu me confortaste quando eu estava angustiado", pois ele sabia que podia abundar e passar necessidade em ti, senhor, que o

---

25 Epafrodito é citado de forma exemplar pelo apóstolo Paulo no Novo Testamento, em Filipenses 2:25-30; 4:18.

fortaleces. "Porque vocês, filipenses, bem sabem [diz ele] que, no princípio do evangelho, quando parti da Macedônia, nenhuma igreja se comunicava comigo quanto a dar e receber, senão somente vocês. Porque até em Tessalônica enviaram uma e outra vez à minha necessidade". Quanto a essas boas obras, ele agora se regozija com o fato de terem retornado e se alegra por terem florescido novamente, como quando um campo frutífero retoma seu verde.

Foi por sua necessidade, porque disse: "Vocês supriram minha necessidade!". Ele se alegra por isso? Certamente, não por isso. Mas como podemos saber isso? Porque ele mesmo diz imediatamente, "Não porque eu deseje um presente, mas porque eu desejo o fruto". Aprendi de ti, meu Deus, a distinguir entre um dom e um fruto. O dom é a própria coisa que ele dá, que nos transmite essas necessidades, como dinheiro, comida, bebida, roupa, abrigo, ajuda, ao passo que o fruto é a boa e correta vontade do doador.

O bom mestre não disse apenas: "Aquele que recebe um profeta", mas acrescentou: "em nome de um profeta", bem como não disse apenas: "Aquele que recebe um homem justo", mas acrescentou: "em nome de um homem justo". Então, na verdade, isso isolará o profeta, a história isolada da história, e reforçará o fato de que quem receber uma xícara de chá por ocasião de uma refeição de um de seus pequeninos servirá como segundo por ocasião de uma refeição de um de seus discípulos, e reforçará o fato de que quem receber uma xícara de chá por ocasião de uma refeição de um de seus pequeninos servirá como segundo em comando por ocasião de uma refeição de um de seus pequeninos. O dom é receber um profeta, receber um homem justo, dar um copo de água fria a um discípulo, ao passo que o fruto é fazer isso em nome de um profeta, em nome de um homem justo, em nome de um discípulo. Elias foi alimentado com fruto pela viúva que sabia que alimentava um homem de Deus e, por isso, o alimentou, mas foi alimentado com um presente pelo corvo. Não foi o homem interior de Elias que foi alimentado dessa forma, mas apenas o exterior, que também poderia ter perecido por falta desse alimento.

Diremos, portanto, Senhor, que os homens carnais e pagãos precisam de comida para alimentar seu servo, enquanto os espanhóis de São Domingos precisam receber presentes, o que significa que devem ser alimentados por animais do mar. Embora eles não saibam por que isso deve ser feito e para que fim, nem eles alimentam estes, nem estes são alimentados por eles;

porque nem um faz isso por uma intenção santa e correta, tampouco o outro se alegra com seus dons, cujos frutos ainda não são vistos. Pois é com isso que a mente se alimenta, com o que se alegra. Portanto, os peixes e as baleias não se alimentam de tais carnes, como a terra não produziu até que foi separada e dividida da amargura das ondas do mar.

E tu, ó Deus, viste tudo o que tinhas feito, e eis que era muito bom. Das várias espécies de tuas obras, quando disseste "sejam", e elas foram, viste que cada uma delas era boa. Sete vezes considerei escrito que viste que o que fizeste era bom, e esta é a oitava, que viste cada coisa que fizeste, e eis que não somente era boa, mas também muito boa, como sendo agora totalmente boa. Pois, individualmente, eram apenas boas, mas, no todo, eram boas e muito boas. Todos os corpos formosos exprimem o mesmo, porque um corpo composto de membros todos formosos é muito mais formoso do que os mesmos membros, por cuja mistura bem ordenada o todo é aperfeiçoado, não obstante os membros individualmente serem também formosos.

E procurei com atenção se sete ou oito vezes tu viste que tuas obras eram boas, quando elas te agradavam. Em tua visão não encontrei tempos, pelos quais eu pudesse entender que tu viste tantas vezes o que fazes. E eu disse: "Senhor, essa tua escritura não é verdadeira, uma vez que tu és verdadeiro e, sendo a verdade, a apresentaste? Por que, então, me dizes: "que em tua visão não há vezes", enquanto essa tua escritura me diz que o que tu fizeste a cada dia, tu viste que era bom, e quando eu os contei, descobri quantas vezes". A isso tu me respondes, pois és o meu Deus, e com uma voz forte falas ao teu servo em seu ouvido interno, rompendo minha surdez e clamando: "Ó homem, o que a minha escritura diz, eu digo; e ainda assim isso fala no tempo; mas o tempo não tem relação com a minha palavra, porque a minha palavra existe em igual eternidade comigo mesmo. Assim, as coisas que vês por meio do meu espírito, eu as vejo; assim como o que falas por meio do meu espírito, eu falo. E assim, quando vês essas coisas no tempo, eu não as vejo no tempo; assim como quando falas no tempo, Eu não as falo no tempo".

E eu ouvi, ó senhor meu Deus, e bebi uma gota de doçura de tua verdade, e entendi que algumas pessoas não gostam de tuas obras; e dizem que muitas delas tu fizeste, compelido pela necessidade, como o tecido dos céus e a harmonia das estrelas, e que não as fizeste com o que era teu, mas que elas foram criadas em outro lugar e de outras fontes, para que tu as reunisses, compactasses e combinasses, quando, de teus inimigos venci-

CONFISSÕES DE SANTO AGOSTINHO

dos, ergueste as muralhas do Universo, para que eles, presos pela estrutura, não pudessem novamente se rebelar contra ti. Com relação a outras coisas, dizem que tu não as criaste, sequer as compactaste, tais como toda a carne e todas as criaturas muito minúsculas, e tudo o que tem sua raiz na terra, mas que uma mente em inimizade contigo, e outra natureza não criada por ti, e contrária a ti, geraram e estruturaram essas coisas nesses estágios inferiores do mundo. Insensatos são aqueles que dizem isso, porque não veem tuas obras por teu espírito, tampouco te reconhecem nelas.

Mas tu vês neles aqueles que, pelo teu espírito, veem essas coisas. Portanto, quando eles veem que essas coisas são boas, tu vês que elas são boas, e tudo o que, por amor de ti, te agrada, tu te agradas nelas, e tudo o que, pelo teu espírito, nos agrada, agrada-te em nós. Que ser humano sabe as coisas do ser humano, senão o espírito do ser humano, que nele está? Assim também as coisas de Deus ninguém as sabe, senão o espírito de Deus. "Ora, nós [diz ele] não recebemos o espírito deste mundo, mas o espírito que vem de Deus, para que pudéssemos conhecer as coisas que nos foram dadas gratuitamente por Deus". E fui admoestado: "Na verdade, ninguém sabe as coisas de Deus, senão o espírito de Deus; como, pois, sabemos nós também as coisas que nos são dadas por Deus?". A resposta me foi dada: "Porque as coisas que conhecemos pelo seu espírito, essas ninguém conhece, senão o espírito de Deus". Porque, como foi dito com razão aos que falavam pelo espírito de Deus: "Não sois vós que falais", assim também foi dito com razão aos que sabem pelo espírito de Deus: "Não sois vós que sabeis". E não menos acertadamente se diz aos que veem pelo espírito de Deus: "Não sois vós que vedes", assim, tudo o que, pelo espírito de Deus, eles veem ser bom, não são eles, mas Deus que vê que é bom. Uma coisa, então, é um indivíduo pensar que é ruim o que é bom, como fazem os mencionados; outra, que o que é bom uma pessoa deve ver que é bom (como tuas criaturas são agradáveis a muitos, porque são boas, a quem ainda assim tu não agradas nelas, quando eles preferem apreciá-las a ti). Por outro lado, que o ser humano veja que o mensageiro vê nele que ele o vê, ou seja, que ele se sinta encorajado pelo caminho que traçou e pelo apoio que recebeu do Espírito Santo, que nos foi dado por quem vemos que tudo o que é, em qualquer grau, é bom. Pois é dele, que não é em grau, mas o que ele é, é.

Graças a ti, Senhor. Contemplamos o céu e a Terra, seja a parte corpórea, superior e inferior, seja a criatura espiritual e corpórea, e no adorno dessas partes, em que consiste a pilha universal do mundo, ou melhor, a criação universal, vemos a luz feita e dividida das trevas. Vemos o firmamento do céu, seja aquele corpo primário do mundo, entre as águas espirituais superiores e as águas corporais inferiores, seja (já que isso também é chamado de céu) esse espaço de ar através do qual vagueiam as aves, entre aquelas águas que estão em vapores transportados acima delas, e em noites claras destilam em orvalho, e aquelas águas mais pesadas que fluem ao longo da terra. Há também a terra benéfica, o solo benéfico, o pedido, o benefício, o benefício da cooperação. Contemplamos as luzes que brilham do alto, o Sol para ser suficiente para o dia, a Lua e as estrelas para alegrar a noite e que, por meio de todas elas, os tempos devem ser marcados e significados. Contemplamos, por todos os lados, um elemento úmido, repleto de peixes, animais e pássaros, porque a grosseria do ar, que sustenta os voos dos pássaros, engrossa-se com a exalação das águas. Contemplamos a face da terra adornada com criaturas terrestres, e o ser humano, criado à tua imagem e semelhança, mesmo por meio da tua imagem e semelhança (que é o poder da razão e do entendimento), colocado sobre todas as criaturas irracionais. E assim como em sua alma há um poder que tem domínio por direção, outro foi feito sujeito, para que pudesse obedecer, também para o homem, corporalmente, foi feita uma mulher, que na mente de seu entendimento razoável deveria ter uma paridade de natureza, mas no sexo de seu corpo, deve se submeter ao sexo do marido da mesma forma que o apetite de fazer tem vontade de conceber a habilidade de fazer o que é certo pela razão da mente.

Que as tuas obras te louvem, para que te amemos, e que te amemos, para que as tuas obras te louvem, as quais, desde o tempo, têm princípio e fim, nascente e poente, crescimento e decadência, forma e privação. Louvem-te as tuas obras, para que te amemos, e amemos-te, para que te louvem as tuas obras, que desde o tempo têm princípio e fim, nascente e poente, crescimento e decadência, forma e privação. Elas têm, então, sua sucessão de manhã e tarde, parte secretamente, parte aparentemente, pois foram feitas do nada, por ti, não de ti, não de qualquer matéria que não fosse tua, ou que fosse anterior, mas de matéria concretizada (isto é, ao mesmo tempo criada por ti), porque a seu estado sem forma, sem qualquer intervalo de tempo tu deste forma. Vendo que a matéria do céu e da Terra é uma coisa, e a forma é outra, tu fizeste a matéria do nada, mas a forma do mundo originada da matéria sem forma; no entanto, ambas juntas, de modo que a forma deve seguir a matéria, sem qualquer intervalo de atraso. Graças a ti, ó Senhor.

CONFISSÕES DE SANTO AGOSTINHO

Examinamos também o que tu desejas que seja mostrado, seja pela criação ou pela relação das coisas em tal ordem. E vimos que as coisas isoladamente são boas, e juntas são muito boas, em tua palavra, em teu unigênito, tanto no céu quanto na Terra, a cabeça e o corpo da Igreja, em tua predestinação antes de todos os tempos, sem manhã nem tarde. Mas quando tu começaste a executar no tempo as coisas predestinadas, para que pudesses revelar coisas ocultas e retificar nossas desordens, porque nossos pecados pairavam sobre nós, e havíamos afundado nas profundezas das trevas, teu bom espírito foi levado sobre nós, para nos ajudar no devido tempo. E justificaste os ímpios e os separaste dos iníquos, bem como criaste o firmamento de autoridade de teu livro entre os que estavam acima, que deveriam ser dóceis a ti, e os que estavam abaixo, que deveriam estar sujeitos a eles. E reuniste a sociedade dos incrédulos em uma conspiração, para que o zelo dos fiéis pudesse aparecer, e eles pudessem realizar obras de misericórdia, até distribuindo aos pobres suas riquezas terrenas, para obter as celestiais. Depois disso, acendeste certas luzes no firmamento, teus santos, tendo a palavra da vida e brilhando com uma autoridade eminente estabelecida no alto por meio de dons espirituais. Depois disso, para a iniciação dos gentios incrédulos, produziste, originados da matéria corpórea, os sacramentos, milagres visíveis e formas de palavras de acordo com o firmamento de teu livro, pelos quais os fiéis deveriam ser abençoados e multiplicados. Em seguida, tu formaste a alma viva dos fiéis, por meio de afeições bem ordenadas pelo vigor da continência. E depois disso, a mente sujeita somente a ti e não precisando imitar nenhuma autoridade humana, tu renovaste segundo tua imagem e semelhança, e submeteste suas ações racionais à excelência do entendimento, como a mulher ao homem, e a todos os ofícios de teu ministério necessário para o aperfeiçoamento dos fiéis nesta vida. Tu quiseste que, para seus usos temporais, coisas boas, frutíferas para si mesmas no tempo vindouro fossem dadas pelos mesmos fiéis. Todas essas coisas vemos, e são muito boas, porque tu as vês em nós, e nos deste o teu espírito, pelo qual podemos vê-las e, nelas, amar-te.

Ó Senhor Deus, dá-nos paz (pois tu nos deste todas as coisas), a paz do descanso, a paz do sábado, que não tem noite. Porque toda essa magnífica variedade de coisas muito boas, havendo terminado a sua carreira, há de passar, porque nelas houve manhã e tarde.

Mas o sétimo dia não tem tarde nem noite, porque tu o santificaste para uma continuidade eterna, para que aquilo que tu fizeste depois das tuas obras, que eram muito boas, descansando no sétimo dia, embora tu as tenhas feito em descanso ininterrupto, para que a voz do teu livro nos anuncie de antemão que nós também, depois das nossas obras (portanto, muito boas, porque tu as deste a nós), descansaremos em ti no sábado da vida eterna.

Então descansarás em nós, como agora trabalhas em nós, e assim será o teu descanso por meio de nós, como essas são as tuas obras por meio de nós. Mas tu, Senhor, sempre trabalhas e sempre estás em repouso. Nem vê no tempo nem se move no tempo, tampouco descansa em um tempo; no entanto, faz as coisas vistas no tempo, sim, os próprios tempos e o descanso que resulta do tempo.

Nós vemos essas coisas que tu fizeste, porque elas são, e são porque tu as vês. E vemos por fora, que elas são, e por dentro, que elas são boas, mas tu as viste lá, quando feitas, onde tu as viste, ainda a serem feitas. E mais tarde fomos movidos a fazer o bem, depois que nosso coração concebeu teu espírito. No tempo anterior fomos movidos a fazer o mal, abandonando-te. Tu, o único, o bom Deus, nunca deixaste de fazer o bem. E nós também temos algumas boas obras, por teu dom, mas não eternas, e depois delas, confiamos em descansar em tua grande santificação. Mas tu, sendo o bem que não precisa de bem algum, estás sempre em repouso, porque teu repouso és tu mesmo. E quem pode ensinar o ser humano a entender isso? Que anjo pode ensinar um anjo? Ou que anjo é capaz de ensinar um ser humano? Que isso seja pedido a ti, buscado em ti, batido em ti. Assim será recebido, assim será encontrado, assim será aberto. Amém.

GRATIAS TIBI DOMINE

Os Quatro Doutores da Igreja Católica, com Santo Agostinho representado. Por Gerard Seghers.

A cópia da obra *Confissões de Santo Agostinho* de 1471 teve uma folha adicionada em 1473, que foi riscada várias vezes, onde Henricus expressa seu desejo de reformar o Mosteiro de Interlaken (Suíça).